Scaling LEADERSHIP
리더십 스케일업

SCALING LEADERSHIP
Copyright © 2019
All Rights Reserved. This Translation is published under license with the original publisher John Wiley & Sons, Inc. through EYA Co., Ltd.
Korean translation copyright © 2025 by Next Wave Media

이 책의 한국어판 저작권은 EYA(에릭양 에이전시)를 통한
John Wiley & Sons, Inc.와의 독점계약으로 흐름출판이 소유합니다.
저작권에 의하여 한국 내에서 보호를 받는 저작물이므로 무단전재 및 복제를 금합니다.

Scaling LEADERSHIP

나와 조직의 역량을 극적으로 확장하는 법

리더십 스케일업

로버트 앤더슨 · 윌리엄 애덤스 지음
한숙기 · 김현주 · 박미혜 옮김

흐름출판

추천의 글

다시, 리더십을 확장할 때

혼란은 많고 시간은 없습니다. 끊임없이 변화하고 불확실한 환경 속에서도 모든 조직은 훌륭한 제품과 탁월한 서비스를 제공하라는 요구를 받습니다. 이는 조직을 이끌어야 하는 우리 리더에게는 두렵지만, 한편 설레기도 한 도전입니다. 팀을 위대한 도전으로 이끄는 것이 바로 나와 당신의 임무입니다.

그런데 여러분은 어떨지 모르겠지만 나는 지금 감당할 수 없는 어려움에 처해 있고 도움이 절실히 필요합니다. 팀의 성과를 혁신하는 것은 생각보다 어렵고 오랜 시간이 걸립니다. 무엇보다 가장 힘든 과제는 우리 자신을 혁신하는 것입니다. 이 책 『리더십 스케일업』은 조직의 변화를 이끌고자 하는 의식적인 열망을 통해 우리 자신을 근본적으로 변화시키는 여정에 관한 이야기입니다. 리더이자 문제 해결사, 그리고 더 창의적인 존재로 성장해가는 과정에 대한 이야기이기도 합니다.

여기서 '창의적 존재'는 리더가 창의적이라는 것 이상의 의미로, 조직 전체가 창의적으로 거듭나는 것을 뜻합니다. 당신의 리더들과 직원들이 가진 잠재력은 실로 엄청납니다. 눈에 보이지 않을 수 있지만 당신의 리더십에 따라 그 잠재력은 폭발할 수도, 사그라들 수도 있습니다.

잠재력을 이끌어내는 리더의 모습은 하나로 고정되어 있지 않습니다. 훌륭한 리더들이 가진 성격 특성이 다양하다는 사실은 언제나 나를 놀라게 합니다. 한편으로 많은 리더들이 자신이 조직의 발목을 잡고 있다는 사실을 인지하지 못한다는 점에서는 당혹감을 느끼곤 합니다. 물론 거기에는 충분한 이유가 있습니다. 조직에서 직급이 높아질수록 현장과 직접 소통할 기회는 점점 줄어듭니다. 문제는 이런 단절이 우리가 깨닫지도 못하는 사이에 너무 자주, 너무 쉽게 일어난다는 데 있습니다.

많은 리더들이 모든 권한을 쥐고 있어야 비로소 '리딩하고 있다'고 믿습니다. 도움을 요청하는 것을 나약하다는 신호로 오해하기도 합니다. 어떤 리더들은 강한 책임감 때문에 자신이 쌓아온 기술과 경험에만 의존한 채 일방적으로 지시하려 합니다. 그러는 사이 주변에 있는 유능한 인재들의 학습과 성장은 가로막히고 맙니다.

'리더는 모든 해답을 갖고 있어야 한다'는 믿음은 착각입니다. 복잡성이 점점 커지는 오늘날, 이런 믿음은 오히려 심각한 장애물이 됩니다. 이러한 사고방식은 리더를 수동적이고 방어적으로 만들며 본의 아니게 자신과 팀의 창의성까지 억누르게 됩니다. 리더의 행동은 조직의 분위기를 결정합니다. 리더인 우리는 구성원들이 안전함을 느끼는 환경을 만들 수도, 불안을 느끼는 환경을 만들 수도 있습니다.

그런데 리더 자신이 정작 조직의 분위기를 제대로 인지하지 못하는 경우가 많습니다. 구성원들은 이를 분명히 느끼고, 관찰하며, 반응합니다. 리더 자신에게는 편안한 환경일지라도 지나치게 리더 중심으로 만들어진 환경이라면 구성원들에게는 전혀 다른 결과를 가져올 수 있습니다.

리더가 만들어내는 분위기는 구성원들이 심리적으로 안전하다고 느끼는지, 자유롭게 이견을 말할 수 있는지, 위험을 감수할 수 있는지, 아니면 체면손상이나 경력에 대한 리스크를 걱정하며 조심스럽게 행동할지를 결정합니다. 사람들은 환경이 안전하지 않다고 느끼면 자신이 진정으로 생각하거나 느끼는 바를 드러내지 않습니다. 그렇기 때문에 리더에게는 자기 성찰이 무엇보다 중요합니다.

하지만 우리는 종종 자신이 만들어낸 환상에 갇혀 현실을 직시하지 못합니다. 자기 성찰이 단순히 혼자만의 활동으로 그쳐서는 안 되는 이유가 여기에 있습니다. 혼자서는 우리가 가진 제한된 시야를 벗어나기 어렵습니다. 타인의 경험을 완전히 이해할 수 없기에 다양한 관점을 수용하고 열린 마음으로 자신을 돌아보는 태도가 반드시 필요합니다.

이 책의 두 저자는 성장하고자 하는 리더에게 세 가지 중요한 질문을 던집니다.

- 우리는 주변으로부터 어떻게 인식되고 있는가?

- 우리의 리더십은 구성원들에게 어떤 영향을 미치고 있는가?
- 우리는 어떻게 반응성 태도에서 창의성 태도로, 분리에서 통합으로 나아갈 수 있는가?

이 책은 구성원 각자의 잠재력을 어떻게 개발할 것인지, 그리고 주변 사람들의 감정과 인간적 요소를 어떻게 인식하고 존중할 것인지에 대한 체계적인 가이드를 제시합니다.

직장은 단순한 일터를 넘어, 우리의 집이자 커뮤니티입니다. 우리는 직장 공동체와 가정 사이에서 균형 잡힌 건강한 삶을 원합니다. 조직의 모든 수준에서 목적의식, 개방성, 그리고 심리적 안전을 원합니다. 이 모든 것은 단지 바람직한 가치가 아니라, 우리가 마주한 기회와 위협에 효과적으로 대응하기 위해 반드시 '확장되어야 할 조직'의 핵심 조건입니다.

- 에드 캣멀, 픽사 애니메이션 스튜디오 공동 창립자

옮긴이의 글

복잡할수록 중요해지는 리더십
성공할수록 어려워지는 리더십

  사람들은 맡은 일에 대한 성과와 역량을 바탕으로 조직에서 리더로 승진합니다. 승진은 지금까지 보인 업무 전문성, 열정, 개인적 효과성에 대한 조직의 보상이자 사회적 인정이며 조직 내 중요한 사람으로 자리매김하는 기회가 됩니다.

  기쁨도 잠시, 폭발적으로 증가하는 업무와 다양해진 이해관계, 쏟아지는 기대는 리더직 수행을 위태롭게 합니다. 역설적이게도 바로 그 순간, 기회와 위기가 동시에 시작되는 것입니다. 역할의 복잡도와 리더에게 부과되는 무한에 가까운 책임감은 리더직을 세상에서 가장 까다로운 과업으로 만듭니다. 아무리 준비된 리더라 하더라도, 또 계속 리더십 훈련에 매진한다 하더라도 모든 것을 다 잘해야 하는 슈퍼맨 환상과 책임져야 할 긴 과업 목록 앞에서 압도되지 않을 리더는 없을 것입니다.

  코치로서 리더십 개발 현장에서 만난 리더들은 예외 없이 어떻게 좋은 리더가 될 수 있는지 진지하게 고민합니다. 그럼에도 대부분의 경우 노력은 빗나가고 좋은 의도는 휘발되고 원하는 리더의 모습은 요원합니다. 왜 그럴까요? 방향이 틀렸을까요? 진정성이 부족한가요? 우리가 처한 VUCA 시대에는 지위가 올라감에 따라 역할과 책임이 커지는 속도가 사람의 역량이 커지는 속도를 훨씬 능가하기 때문에 개발 격차가 존재합니다. 이는 특정 개인의 문제가 아니라 이 시대의 리더가 맞는 공통의 도전입니다. 바로 이 구조적인 개발 격차에서 논의가 시작된다는 점에서 이 책은 과녁을 적중합니다..

세상이 복잡할수록 리더십은 더욱 중요합니다. 복잡도에 대응할 수 있는 리더가 필요하기 때문입니다. 이 책은 VUCA 환경이 모든 경영의 담론을 빨아들이고 있는 "바로 요즈음"을 위해 쓰인 책 같습니다. 하나의 인풋이 예상치 못한 결과로 이어지는 것은 조직이 복잡한 시스템이기 때문입니다. 조직의 구성원 한 사람에게로 렌즈를 맞추면 거기에도 복잡한 시스템이 있습니다. 시스템 안에 또 시스템이 있습니다. 여러 층으로 중첩된 시스템은 해법 찾기를 더욱 어렵게 만듭니다. 찾은 해법 간에 충돌이 일어나기도 합니다. 따라서 이 시대 리더에게 필요한 것은 VUCA 세상에 대처할 만큼의 복잡한 내부 운영체계나 진화된 의식구조입니다.

그런데 현실은 어떠한가요? 리더의 도전은 복잡성 방향으로 발산되는데 나의 해법은 익숙한 방식으로 수렴됩니다. 더 많은 사람들의 능력을 확장시켜야 할 때, 내 안의 역량을 극대화하는 데 몰두합니다. 목적을 향해 미래로 나아가야 할 때, 지금의 안전함에 갇혀 있습니다. 모두의 성공을 겨냥해야 할 때, 내 자신의 안위 지키기에 급급합니다. 리더십 사다리에서 한 계단씩 올라갈수록 성공의 왕좌가 가까워짐과 동시에 리더십 위기도 다가옵니다. 지금까지 잘 해온 리더가 확대된 역할에 걸맞게 혁신하지 않으면 즉 스케일업 하지 않으면 낙마하는 경우가 종종 있습니다. 스케일업을 위한 리더의 혁신을 다뤘다는 점에서 이 책은 과녁을 적중합니다.

성공할수록 리더십이 어려워지는 또 다른 이유는 바로 그 성공의 역사 때문입니다. 과거 성공 경험은 계속 축적되면서 나를 따라다니는 망령이 되어 위기의 순간마다 등장합니다. 한번 통했던 생존법은 마스터키가 되어 늘 내 곁에서 출동 대기 중입니다. 잘 하는 것을 할 때 느껴지는 자기효능감은 너무도 달콤하여 계속 쓰고 싶은 유혹을 느낍니다. 강점을 지나치게 확장하면 대부분의 경우 약점이 됩니다. 이 책에서는 강점의 부채liability 현상에 주목합니다. 얼마나 인사이트풀합니까? 잘하는 능력을 발휘했는데 빚이 발생하다니… 겉으로는 성과를 내고 있지만 뒤에서는 곳간이 썩고 있다니… 새로운 역할에서 새롭게 구축해야 할 역량은 뒷전으로 하고 기존 역량 내에서의 효율화만 집중한다면 리더십도, 조직도 더 이상 확장되지 않습니다.

조직에는 다양한 레벨에서 피드백이 명시적으로 또는 암묵적으로 조직과 개인 간, 상품과 조직 간, 리더와 구성원 간 오고 갑니다. 조직은 피드백이 풍부한 환경입니다. 그런데 높은 직급일수록 피드백은 귀해집니다. 직급이 높을수록, 좋지 않은 피드백일수록 진실 공유의 두려움이 크기 때문입니다. 효과적 리더는 피드백에 열려 있는 반면 비효과적 리더는 지속적 피드백을 받고 자신의 개발 격차를 직면하는 것을 회피합니다. 결과적으로 자신도 인지하지 못한 채 직면하고 싶지 않은 방식으로 스스로를 상쇄합니다. 이 책은 환경과 직위의 변화에 따라 피드백이 풍부한 환경을 만들고 거기에 머물도록 지속적으로 시스템을 디자인할 것을 강조합니다. 이 책은 바로 피드백 수집을 통해 밝혀진 리더십 효과성의 진실을 밝힙니다.

리더십 효과성을 뛰어넘는 비즈니스 성과는 없습니다. 리더의 효과성은 스킬이나 행동도 중요하지만 내부 운영체계 또는 의식수준에 달려 있습니다. 이너게임Inner Game이 아웃터게임Outer Game을 좌우합니다. 이런 이유로 이 책 저자 두 명은 리더십 역량의 내적인 면과 외적인 면을 모두 아우르는 최초의 진단 도구인 리더십서클 프로파일을 개발했습니다. 리더십서클은 포춘 50대 기업 등 글로벌 기업에서 선호되는 360도 다면 진단으로서 성인의 정신발달단계와 유니버설 리더십 모델을 연계하여 리더의 의식구조에 기반하여 역량을 측정합니다. 진단 결과는 하나의 큰 원으로 보여주는데 이는 인간이 "놀랍도록 복잡하고 아름답게 통합된 온전한 인격체"라고 전제하기 때문입니다. 좋은 소식은 로버트 케건Robert Kegan의 성인발달이론에 의하면 성인이 되어도 우리의 정신 구조는 계속 발달하여 더 높은 단계의 의식에 도달할 수 있다는 점입니다.

전 세계 20만 리더, 300만 평가자, 3억 데이터포인트를 가진 이 책은 리더십서클 진단에서 축적된 빅데이터를 근거로 하고 있습니다. 평가자로서 참여한 리더들이 동료 리더를 평가한 생생한 주관식 답변 데이터를 그룹화하고 77개 카테고리로 분류·비교 분석함으로써 효과적 리더와 비효과적 리더 간의 변별성을 귀납적으로 도출했습니다. 고창의성 리더군, 중간 창의성 리더군, 고반응성 리더군, 중간 반응성 리더군 등 네 그룹으로 나눠 무엇이 이들을 구분 짓게 하는지, 각 그룹에 따라 강점과 취약점이 어떻게 달라지는지, 각각의 특성을 비교 분석한 결과를 담고 있습니다. 현장에서 길어올린 살아있는 데이터는 저자들이 평생 천착한 동서양의 방대한 리더십 이론 체계를 통해 다음의 독보적 인사이트로 변신합니다.

- 조직의 성과는 리더의 의식 수준을 넘지 못한다.
- 한 수준의 규모에서 효과가 있는 리더십은 확장되지 않는다면 다음 단계에서 한계에 부딪힐 가능성이 있다. 필요 역량의 미개발로 인한 불균형뿐 아니라 자신의 효과성을 상쇄하는 일까지 일어난다.
- 창의성 리더는 스스로 역량을 확장할 뿐 아니라 다른 사람의 역량을 개발함으로써 확장이 일어난다. 리더십 확장은 함께 하는 이의 역량과 그릇을 개발함으로써 달성된다.
- 반응성 리더는 주로 자신의 추진력과 역량을 통해 결과를 만들어 내지만 다른 사람과 조직 역량을 확장하지는 않는다.
- 효과성이 떨어지는 리더는 효과적 리더와 공통의 강점을 가지고 있으나 효과적 리더에게서 존재하는 특정 역량이 결정적으로 부족하다.
- 효과적 리더와 비효과적 리더 간 가장 큰 차이를 보이는 것은 피플

- 직급이 올라가고 업무가 복잡해질수록 비차별적 강점에 의존하게 되는데 이는 오히려 자신에게 불리하게 작용할 수 있다.
- 현재와 미래의 리더십에서 직면하는 복잡한 과제에 맞춰 의식 구조를 진화시켜 반응성에서 창의성으로, 재능 상쇄에서 재능 배가로, 자신의 능력 활용에서 팀의 능력 증폭으로 리더십 확장을 이루는 것이 리더십 개발의 요체이다.

이 책은 바로 이 확장의 과정(리더로서의 자기 혁신을 통해 조직의 변화로 이어지는 여정)을 구체적으로 안내합니다. 거대한 혼란 속에서도 길을 찾고자 하는 리더, 더 나은 질문을 던지고 더 깊은 성찰을 시작하려는 리더를 위한 책입니다. 리더십은 더 이상 '해답을 아는 사람의 몫'이 아니라 '함께 성장할 수 있는 환경을 만드는 사람의 책임'입니다. 이 책은 그 첫걸음을 어떻게 시작할지 고민하는 당신에게 강력한 나침반이 될 것입니다. 지금 우리 자신을 바꾸는 일이 곧 조직을 바꾸는 일임을 믿는다면 이 책을 읽어야 할 이유는 분명합니다.

저자는 마지막까지 묻고 있습니다. "당신의 리더십은 확장될 준비가 되어 있습니까?"

한숙기 한스코칭 대표
3명의 공동역자를 대표하여

머리말

확장하지 않으면 죽는다

생명은 확장되지 않으면 소멸하며 성장은 모든 생명체의 본질입니다. 어느 날 아침, 현관 밖으로 나갔다가 커다란 아카시아 나무 아래 떨어진 작은 씨앗이 보도블록을 밀어내며 자라고 있는 모습을 본 적이 있습니다. 작고 연약해 보이는 이 씨앗 하나가 언젠가는 수백만 개의 씨앗을 퍼뜨리는 나무로 자라날 것입니다. 그런 의미에서 씨앗 하나에는 거대한 숲이 담겨 있습니다.

기업도 마찬가지입니다. 마당의 나무처럼 기업은 성장을 추구합니다. 그러나 성장을 이루지 못하면 생명력을 잃게 됩니다. 따라서 어떤 의미에서 '확장'은 곧 생명입니다. 하지만 우리는 이제 무제한적인 성장이 지구와 사회에 위협이 되는 시대에 살고 있습니다. 우리 저자들은 바로 이 지점에서 당신에게 다음과 같은 질문을 던집니다.

우리는 무엇을 확장해야 하는가?

답은 명확합니다. 우리가 확장해야 할 것은 조직의 '규모'가 아니라, 복잡한 비즈니스, 조직, 그리고 글로벌 과제를 풀어낼 수 있는 새로운 역량과 혁신적인 해결책입니다. 리더라면 마땅히 이것을 목표로 삼아야 합니다. 확장을 위한 역량은 이제 비즈니스뿐만 아니라 모든 분야에서 필수적인 요소가 되었습니다. 그리고 그 중심에는 리더십이 있습니다.

리더는 먼저 리더십을 확장함으로써 자기 자신을 확장하는 법을 배워야 합니다. 그러나 모든 리더십이 효과적인 것은 아닙니다. 지금 우리에게 필요한 것은 혁신과 적응력, 지속 가능성, 민첩성, 참여를 조직의 성장 전략과 연결하는 리더십입니다. 의식적인 리더십, 이것이야말로 지금 이 시대가 요구하는 방식입니다. 나아가 이해관계자 모두가 함께 성공할 수 있도록 이끄는 리더십이 필요합니다.

오너십이나 그로 인한 보상은 이해관계자 중 하나일 뿐입니다. 직원은 자신이 성장하고 성취할 수 있는 일터를 원하고, 고객은 신뢰할 수 있는 기업과 거래하길 바랍니다. 공급업체는 상호 이익이 가능한 장기적 파트너십을 원하며 지역사회는 기업이 활동하는 공간에서 성장할 자격이 있습니다. 지구와 생태계는 우리가 보존하고 풍요롭게 만들어야 할 대상입니다. 위대한 기업은 이 모든 영역에서 균형 있게 역량과 규모를 확장하며, 이해관계자 간 상호의존적인 복지를 최적화합니다.

조직의 비전을 현실로 만드는 유일한 방법은 의식 있는 리더가 의식적으로 리더십을 확장하는 것뿐입니다. 이것이 바로 리더십의 미래입니다. 『리더십 스케일업』은 시니어 리더가 조직 안에서 의식적인 리더십을 체계적이고 대규모로 키워가는 방법을 다룹니다. 동시에 지금 이 시대에 필요한 리더십을 갖춘 사람이 바로 당신이어야 한다는 메시지를 전합니다.

그렇다면 우리는 어떻게 해야 할까요? 이미 24시간도 모자란 세상에서 시간, 예산, 집중력을 어디서 더 끌어올릴 수 있을지 막막할 수 있습니다. 대부분의 리더들처럼 여러분도 매우 바쁠 것입니다. 물속에서 허우적대듯 머리 위까지 업무에 잠겨 하루하루를 겨우 버티고 있을지도 모릅니다.

그런 상황에서도 조직은 더 큰 성장을 요구하고 여러분에게도 더 많이 성장하라고 압박합니다. 이제는 세계 무대에 나설 준비를 하라고 말하기도 합니다. 몇 년 안에 매출을 두 배, 세 배로 늘리라는 목표가 주어지고, 갑자기 20명의 리더들이 여러분에게 보고하게 될 수도 있습니다. 그들 중 누구도 같은 시간대에 살고 있지 않을 수도 있겠지요. 현재의 일은 익숙하더라도 새롭게 맡게 된 역할은 그 규모와 복잡도가 훨씬 커서 제대로 준비되지 않은 채 자리에 올라선 듯한 불안함을 느낄 수도 있습니다.

이 설명이 낯설게 느껴지지 않는다면 아마도 당신은 지금 개인적으로나 조직적으로 리더십 확장의 한계에 도달했을지도 모릅니다. 이건 결코 당신만의 이야기가 아닙니다. 우리 저자들은 가는 곳마다 이런 이야기를 마주하고 있습니다. 사실 얼마 전까지만 해도 우리 저자들도 비슷한 처지였습니다. 그런 상황에서 '확장Scaling'을 주제로 책을 쓴다는 것은 참으로 아이러니한 일이기도 했습니다.

빠른 성장은 많은 문제를 해결해주기도 하지만, 동시에 훨씬 더 많은 문제를 일으키기도 합니다. 수년에 걸쳐 설계하고 실행해온 시스템, 기술, 프로세스들이 이제는 새로운 규모와 복잡도에 맞지 않게 되는 시점이 옵니다. 이때는 모든 것을 다시 설계해야 합니다.

작은 규모에서는 잘 작동했던 리더십이 이제는 조직에 도움이 되지 않습니다. 이런 순간이 오면 우리는 자신부터 다시 만들어야 합니다. 실제로 우리 저자들 역시 그러한 상황에 놓인 적이 있습니다. 조직문화 진단을 통해 깨달은 것은 리더인 우리가 먼저 변화의 약을 복용해야 한다는 사실이었습니다. 우리의 리더십은 조직의 확장에 걸맞지 않았고, 우리가 일상적으로 강조해온 성장지향적 문화는 제대로 자리 잡지 못하고 있었습니다.

그래서 우리는 이 책 『리더십 스케일업』을 우리 자신의 리더십 확장의 한계에 직면한 순간부터 쓰기 시작했습니다. 쉬운 여정은 아니었습니다. 이 책은 당신이 마음을 연다면, 때로는 불편한 진실을 마주하게 만들 것입니다. 우리에게도 그랬듯이 말입니다. 이 책은 당신의 리더십을 도발하고 새로운 방향을 제시하며 지금의 방식을 넘어설 수 있는 길을 보여줄 것입니다. 어떤 면에서 보면 이 책은 양날의 검과도 같습니다.

우리는 이 여정을 이미 걷고 있는 그리고 같은 고민을 품은 리더들과 함께하며 이 책을 썼습니다. 오해는 하지 말길 바랍니다. 위에서 내려다보며 조언하려는 마음은 없습니다. 더 나은 리더십을 향한 여정 속에서 함께 배우고 있는 동료로서 이 책을 썼습니다.

우리는 상상했던 것보다 훨씬 더 빠르고 불확실한 세상으로 밀려들고 있습니다. 이 책은 그 안에서 리더십이 어떻게 진화해야 하는지, 어떻게 확장해야 하는지, 함께 모색하는 여정의 지도입니다.

탈출구는 없습니다. 뚫고 나가야만 합니다. 이 책은 그 여정에 길을 비추고 방향을 제시하지만 완성된 정답은 아닙니다. 돌파구는 결국 현장에 있는 여러분과 동료 리더들이 함께 만들어 가야 합니다.

이 책은 이론서가 아닙니다. 다양한 사례와 현장의 데이터를 통해 리더들의 가르침을 담고자 했습니다. 수많은 360도 피드백과 주관식 응답을 분석하고 리더들은 리더십에 대해 어떤 이야기를 하고 있는지, 그리고 그것이 동료 리더들에게 어떤 통찰로 다가가는지를 확인했습니다. 그리고 그 안에서 우리는 '확장 가능한 리더십'과 '확장되지 않는 리더십'의 차이를 발견했습니다.

이 책은 단순한 비즈니스 전략서가 아닙니다. 리더가 어떻게 더 높고 넓고 깊은 리더십으로 확장될 수 있는지에 대한 이야기입니다. 조직과 사회를 함께 성장시킬 수 있는 리더가 되는 법을 함께 찾아보는 시도입니다.

부디 이 책이 여러분의 리더십 여정에 도움이 되기를 바랍니다. 그리고 궁극적으로 당신의 비범하면서도 인간적인 리더십이 더 많은 사람들, 더 많은 조직, 그리고 우리가 함께 살아가는 세상을 위해 널리 쓰이기를 진심으로 바랍니다.

차례

추천의 글 —5
옮긴이의 글 —9
머리말 – 확장하지 않으면 죽는다 —15

1장
리더를 위한 영성 훈련소 —23

2장
백가지 얼굴을 가진 리더들 —41

3장
현장에서 바라본 리더십 —66

4장
고창의성 리더십의 강점 —77

5장
고반응성 리더십의 강점 —99

6장
리더의 부채 —117

7장
상쇄 효과 — 136

8장
리더십 확장 전략 — 156

9장
당신은 어떤 유형의 리더인가 — 186

10장
반응성 리더십의 한계 — 208

11장
반응성 리더십에서 창의성 리더십으로 — 238

12장
실천을 통해 리더십을 혁신하다 — 262

13장
위태로운 세상을 위한 통합적 리더십 — 299

부록 — 311
주 — 337

1장
리더를 위한 영성 훈련소

위대한 리더와 다소 부족하거나 평범한 리더를 구분짓는 기준은 아직 명확하게 밝혀지지 않았다. 여기에 더해 리더십은 여전히 이해하기 어려운 알 수 없는 영역이라는 믿음이 널리 퍼져 있다. 때문에 리더십은 오랫동안 연구되어 왔음에도 불구하고 제대로 이해되지 않는 주제라는 대중적 오해가 생겨났다. 하지만 이제는 그런 오해를 거둘 때가 됐다.

지난 70년 동안 리더십에 대한 수많은 연구가 축적되어 왔고 우리는 이제 그 지식을 바탕으로 새로운 문 앞에 서 있다. 무엇이 효과적이고, 무엇이 리더십의 차이를 만드는지에 대해 우리는 많은 것을 알게 됐다. 우리 저자들은 앞선 저서 『마스터링 리더십』에서 리더십 연구의 새로운 전환점에 대해 다루었다. 인간 본성과 리더십에 관한 최고의 이론과 연구를 통합해 유니버설 모델Universal Model을 제시했고, 이를 실천에 옮길 방법도 함께 제안했다.

『리더십 스케일업』에서는 한 걸음 더 나아가 시니어 리더들이 실제로 무엇이 효과적인 리더십이며, 무엇이 그렇지 않은지를 어떻게 인식하고 있는지를 탐색한다. 그들의 목소리를 통해 리더십의 본질을 되짚으며 오랫동안 풀지 못했던 리더십의 수수께끼를 풀어내고자 했다. 이 책은 지금까지 우리가 가장 명확하게 이해하고 있는 '위대한 리더십'에 대한 이야기다.

효과적인 조직 리더십의 중요한 전제 조건은 셀프 리더십이다. 우리는 셀프 리더십을 '가장 중요한 결과를 만들어내는 능력'으로 정의한다. 이상적인 셀프 리더십이란, 사랑하는 가족과의 관계, 돈독한 우정, 의미 있는 일, 인생을 걸 만큼 헌신할 가치가 있는 미래 등 우리가 진정으로 열망하는 결과들을 성취하는 데 가장 효과적인 방식으로 자신의 역량을 발휘하는 능력이다. 셀프 리더십은 바람직한 미래에 지속적으로 초점을 맞추고 우리 삶과 조직의 현실 속에서 비전을 실현하기 위해 개인적으로 그리고 타인과 함께 행동하는 평생의 태도다. 바로 이것이 리더십의 기본이다.

한편 조직 리더십은 조직의 역량을 확장하고 이를 통해 가장 중요한 성과를 창출하는 것이다. 다시 말해, 조직이 원하는 최적의 미래를 만들어가는 능력이다. 리더십은 팀과 조직 안에서 사람들의 역량을 키우고 그 잠재력을 확장해나간다. 불안정하고 끊임없이 변화하는 환경 속에서 민첩하게 스스로를 재창조함으로써 조직이 지속적으로 성과를 내고 번영할 수 있도록 이끈다.

리더십 확장이 필요한 시대

비즈니스가 성장함에 따라 장기적이고 지속 가능한 성공은 단순히 훌륭한 제품과 서비스를 개발하고 필요한 자금을 확보하며 유능한 인재를 채용하고 유지하는 것만으로는 부족하다. 그보다 더 본질적인 성공 요소가 바로 '리더십의 확장(리더십 스케일업)'이다. 엔터테인먼트 업계에서 이름난 CEO이자 우리의 고객 중 한 명인 스콧(가명)은 어느 날, 우리에게 이렇게 말했다.

"이제 리더십 확장이 필요한 시점이 왔습니다."

그는 자신이 몸담고 있는 조직의 비즈니스가 두 배로 성장하고 글로벌 시장으로의 확장을 시도하는 과정에서 리더십의 역량과 한계가 드러나기 시작했다고 말했다. 우리는 2016년부터 스콧과 함께 일하며 그의 리더십을 가까이서 지켜볼 수 있었다. 그는 놀라울 정도로 똑똑하고 헌신적인 리더였다. 그의 조직은 분명한 목적을 중심으로 운영되고 있었다. 그는 이렇게 설명했다.

"우리는 전 세계 사람들의 삶에 긍정적인 영향을 주고 있습니다. 저는 이 목적을 지속적으로 실현하기 위해 조직의 잠재력을 더 끌어내고 싶습니다. 그러기 위해서는 리더십 팀이 함께 배우고 성장해야 합니다. 매년 더 나은 성과를 내기 위해 우리 스스로 더 나아지는 법을 익혀야 합니다. 만약 우리가 리더로서 이를 제대로 해낸다면 그 영향력은 우리의 삶 전반으로 퍼져나가 여러 면에서 긍정적인 변화를 이끌어낼 수 있을 것이라 믿습니다. 진부하게 들릴지 모르지만 이건 유산 legacy에 대한 부담이 아니라 기쁨의 이야기입니다. 조용하지만 강력한 메시지를 전하고, 전 세계 사람들에게 영감을 주는 리더십을 바탕으로 위대한 엔터테인먼트를 만들고 동시에 사업적으로도 성공하고 싶습니다."

스콧의 리더십 아래 그의 회사는 영향력 있는 작품들을 잇따라 선보이며 큰 성공을 거두었다. 단기간에 글로벌 시장, 특히 중국에서의 사업이 빠르게 성장했고 이는 조직 전체에 큰 부담과 도전을 안겼다. 그는 그 과정에 대해 말했다.

"비즈니스가 성장하면서 무엇이 효과적이었고 무엇이 그렇지 않았는지, 우리 리더십의 실체가 명확하게 드러났습니다."

스콧은 리더십과 조직의 성장이 밀접하게 연결되어 있다는 사실을 잘 알고 있었다. 리더십의 효과성에 따라 조직의 성장 가능성이 결정된다. 어떤 비즈니스도 리더십의 한계 이상으로 성장할 수 없다.

그래서 스콧과 그의 리더십 팀은 효과적인 리더십 확장을 위해 조직 구조와 리더십 시스템 전반을 근본적으로 다시 설계하기로 했다. 창의적인 인재들이 더 넓은 포트폴리오 안에서 성장할 수 있도록 그들을 어떻게 개발하고 어떤 방식으로 보고 체계를 구성할지, 전 직급에 걸쳐 차세대 리더를 어떻게 육성할지를 전면적으로 재고했다. 스콧은 자신이 맡은 역할을 "다른 리더를 성장시키고 그 과정을 잘 이끄는 것"이라고 정의했다.

조직 내 다수의 창의적 리더들은 스스로를 '리더'라고 생각해본 적이 없었지만 리더의 자리에 올랐기 때문에 리더십을 배워야만 하는 상황에 놓여 있었다. 다행히도 스콧은 조직 전반에 걸쳐 리더십 확장을 위한 건강한 환경과 문화를 조성해야 할 필요성을 알고 있었고 실제로 이를 해냈다. 그 결과 조직은 창의성과 재정적 성과 양면에서 탁월한 성공을 거둘 수 있었다.

스콧의 사례와 달리 비효과적인 리더십은 조직의 성장 가능성을 제한한다. 비효과적인 리더십의 한계는 비즈니스가 확장되기 시작하는 순간부터 드러난다. 하위 레벨에서는 효과적이던 리더십이 다음 단계에 이르면 더 이상 통하지 않는 경우가 많다. 예컨대, 연 매출 3,000만 달러 규모의 100인 사업부를 성공적으로 이끌던 리더가 연 매출 1억 달러에 250명 규모의 사업부를 이끌기에는 역부족일 수 있다. 조직이 커지고 복잡해질수록 리더가 이끌어야 할 인원은 많아지고, 마주하는 과제는 더 다양해진다. 리더의 주의를 요구하는 상황은 더 자주 더 크고 중대한 결과를 동반하게 된다.

> 당신의 리더십은 확장될 준비가 되어 있는가?
> 혹시 리더십이 최적화될 수 있는 규모와 복잡도 수준을 이미 넘어서고 있는 것은 아닌가?

그렇다면, 당신은 이미 한계를 느끼고 있을 가능성이 크다. 겉보기엔 훌륭한 결과를 내고 있을지 몰라도 그 이면에는 막대한 에너지와 비용이 들고 있을지 모른다. 즉, 투입하는 시간과 노력에 비해 수익이 줄어들고 있다는 뜻이다. 어느 순간부터 '더 많이 일하는 것'이 해결책이 아니라는 생각이 들기 시작했을지도 모른다. 더 열심히 할수록 오히려 방해 요소가 늘어난다고 느껴지지 않는가? 다른 리더나 팀의 역량은 활용하지 못한 채 오직 자신의 능력만으로 비즈니스를 이끌고 확장하려고 한다면 그 시도는 오래 가지 못할 것이다.

이러한 상황이 익숙하게 느껴진다면 지금 당신은 상당한 리더십 개발 격차를 마주하고 있는 것이다. 그렇다면 이 책이 분명 도움이 될 수 있다. 잠시 시간을 내어 이 격차를 직시하고, 이를 넘어설 방법에 대해 고민해보자.

개발 격차

우리 저자들은 빠르게 변화하고, 그 어느 때보다 혼란스럽고 불확실하며 예측이 어려운 세상에서 리더로 살아가는 것이 어떤 기분인지 잘 알고 있다. 이는 단지 감각이나 추상이 아니라 이미 수많은 미래학자와 경영학자들에 의해 구체적으로 기록되어 왔다.

저명한 미래학자 밥 요한슨Bob Johansen은 2008년 출간한 『리더가 미래를 만든다』에서 "40년간의 예측 중 가장 충격적인 예측이 이 책에 담겨 있다"고 말하며, 우리가 이미 변동성Volatility, 불확실성Uncertainty, 복잡성Complexity, 모호성Ambiguity이 급격히 증대하는 VUCA(뷰카) 환경에 진입했다고 경고했다. VUCA를 하나씩 살펴보자.

- **변동성**: 도전은 예고 없이 닥치며, 지속 기간이나 강도를 예측하기 어렵다. 혼란이 여러 방향에서 동시에 가속화되고 있다.
- **불확실성**: 불완전한 정보 속에서 중요한 결정을 내려야 한다.
- **복잡성**: 도전 과제들은 서로 얽혀 있고, 지도화하기 어려운 미지의 영역에 놓여 있다.
- **모호성**: 인과관계를 분명히 파악하기 어려워, 무엇이 의미 있고 중요한지조차 쉽게 합의되지 않는다.

지난 10년간 VUCA는 경영자, 관리자, 전략가들의 일상 언어가 되었고, 그 영향력은 계속 확대되고 있다.[1] 최근 밥 요한슨을 직접 만나 "뷰카 환경이 잦아들 것으로 보느냐"고 물었다. 그러자 그는 이렇게 답했다. "우리는 아직 아무것도 보지 못했습니다."

그의 최신 저서 『새로운 리더십 리터러시』에서 그는 미래를 '스크램블Scramble'로 표현하며 이렇게 말한다.[2] "뷰카는 이제 전 세계적으로, 더 강력하게, 더 긴밀하게 연결되고 있다. 우리가 느끼는 불확실성은 새로운 것이 아니다. 다만 그 강도와 범위가 전례 없이 커지고 가까워졌을 뿐이다." 다가오는 변화의 규모는 과거와 비교할 수 없을 만큼 거대하며, 그 속도는 앞으로도 계속해서 빨라질 것이다. 리더인 우리는 그 변화의 물살을 피해가는 것이 아니라 맞서서 뚫고 나가는 방법을 배워야 한다. 그렇다면 어떻게 해야 할까?

시장의 변동성에 적응하는 것만으로는 충분치 않다. 우리는 전혀 새로운 수준의 리더십 리터러시Literacy, 마스터리Mastery, 민첩성Agility을 개발해야 한다. 그렇지 않으면 우리는 도전에 맞서 싸우는 것이 아니라, 물결에 휩쓸리고 말 것이다. 이것이 바로 오늘날의 뉴 노멀이다.

당신의 리더십은 이러한 환경에서 확장이 가능하도록 구축되어 있는가? 당신은 과감히 일어나 도전을 감행하겠는가? 아니면 시장을 선도하는 리더들에게 뒤처지겠는가? 기존 기업들이 적응하는 법을 배우는 동안 스타트업들이 적응하지 못한 기업들을 계속해서 무너뜨리는 광경을 그저 지켜볼 것인가? 스냅챗, 에어비앤비, 리프트 그리고 10년 전만 해도 존재하지 않았던 수많은 마켓 리더들을 떠올려보라.

최근 우리는 글로벌 규모의 다국적 조직에서 일하는 성공적인 시니어 리더 제라드를 만나 '리더십서클 프로필 360'에 대해 논의했다. 이 진단 도구는 리더의 효과성뿐 아니라 그 리더십 스타일에 담긴 창의성과 반응성의 요소를 피드백해 준다. 제라드는 회의실에 들어서자마자 이렇게 말했다. "당신은 저를 감정 표현이 자유롭고 말랑말랑한 사람으로 만들진 못할 겁니다. 저는 당신이나 그 누구도 안아줄 생각이 없습니다."

제라드는 최근 사장으로 승진했다. 회사 매출과 자원의 75퍼센트를 책임지는 위치에 있다. 이 회사는 전 세계 수십만 명의 고객에게 서비스를 제공하고 있다. 우리가 처음 그를 만났을 당시, 그는 리더로서 감당할 수 있는 한계를 이미 훨씬 넘긴 상태였다. 그는 더 오래, 더 열심히 일함으로써 그 어려움을 극복하려 애썼다. 겉보기에 제라드는 거의 무한한 업무 역량을 가진 사람처럼 보였지만 실제로는 벽에 부딪혀 있었다. 그는 팀을 이끌기 위해 이제 자신의 역량이 아니라 팀의 역량을 키워야 한다는 것을 깨달아야 했다.

제라드의 상사이자 회사의 회장 역시 같은 문제의식을 갖고 있었다. 그는 제라드가 조직 내에서 가장 영향력 있는 리더 중 한 명이며, 조직의 사명과 성장에 헌신해온 인물이라는 점을 높이 평가했다. 동시에 제라드가 리더로서 자신의 역할을 확장하지 못한다면 조직이 지속적인 성장을 이룰 수 없을 것이라는 사실 또한 잘 알고 있었다. 그것은 제라드가 사장으로 오래 버티지 못할 수도 있다는 의미이기도 했다.

제라드가 얼마나 고군분투했는지는 다음 일화에서 잘 드러난다. 그는 성과가 부진한 구성원들을 포기하지 않고 지지했지만, 동시에 그들과 용기 있고 진정성 있는 방식으로 직접적인 대화를 나누는 데는 실패했다. 성과 문제가 점점 커지자 그는 결국 한 명의 핵심 관리자에게 경고도 없이 해고를 통보했다. 그 사람은 오랜 시간 동안 우수한 고과 평가를 받아왔던 인물이었다. 해고 통보를 받은 이는 이렇게 말했다. "이해가 되지 않습니다. 제 성과가 좋다고 여러 번 말씀하셨잖아요. 중요한 문제에 대해서도 한 번도 지적하신 적이 없는데, 이번 조치는 정말 이해할 수 없습니다."

제라드의 행동은 조직 전체에 강력하고 분명한 메시지를 보냈다. '성과가 부족하면 언제든 예고 없이 해고될 수 있다.' 이 사건을 포함한 일련의 조치들로 인해 제라드가 의도했던 것과는 달리 많은 구성원들이 조직에서 이탈했다.

진단 결과, 제라드의 리더십서클 프로필은 매우 반응성이 높은 것으로 나타났다. 우리는 그에게 분석결과, 과거에 거둔 수많은 성공에도 불구하고 지금은 리더십의 확장 한계에 도달했다고 단호하게 말했다. 처음에는 제라드는 이 말을 이해하지 못했다.

우리는 일과 삶의 균형 척도에서 낮은 점수를 받은 것을 언급하며, "요즘 하루에 얼마나 일하십니까?"라고 물었다. 그는 거의 끊임없이 일하고 있으며 일은 곧 그 자신이라고 답했다. 자신의 가치와 자존감을 성과와 평판에 기반해 설정하고 있었던 것이다. 그와 진단 결과를 공유하며, 리더로서의 명확한 강점과 동시에 그를 방해하는 반응성 성향을 설명하자 제라드는 마침내 중요한 사실을 깨달았다. 더 오래, 더 열심히 일하는 것만으로는 더 이상 자신의 리더십이 확장되지 않는다. 그리고 과거에 성공을 이끌어냈던 방식은 더 이상 통하지 않았다. 그는 자신만의 방식에 갇혀 있었고 그로 인해 자신의 탁월한 재능조차 제약하고 있었다.

그는 이제 과거의 성공, 빠르게 성장하는 조직의 압박, 그리고 비즈니스 환경의 복잡도라는 복합적 요인 앞에서 더 복잡하고 정교한 사고와 리더십 방식을 개발해야 하는 도전에 직면했다.

여기서 말하는 복잡하고 정교한 사고란 혼란스럽고 산만한 상태가 아니라 유려하고 숙련된 정신 상태, 즉 의식의 정교함을 뜻한다. 제라드는 이제 자신이 지닌 천재성을 더욱 확장시키고, 리더로서의 영향력을 더 넓게 발휘할 수 있는 방법을 찾아야 했다.

리더십의 확장은 다른 사람의 역량과 능력을 개발할 때 비로소 가능하다. 효과적인 리더는 다른 리더를 길러낸다. 제라드는 이제 자신이 가진 개발 격차와, 그 격차를 넘어서기 위한 도전에 직면하고 있다.

분명히 말하지만 제라드가 '해결해야 할 문제'는 아니다. 그 자신이나 그의 리더십 능력에 본질적인 결함이 있는 것은 아니다. 다만 그는 지금, 회피할 수 없는 현실을 마주하고 있다. 조직의 확장 요구와 점점 더 복잡해지는 환경 속에서 그는 감당하기 어려운 상황에 처해 있다. 이와 같은 리더십의 개발 격차는 우리 모두가 언젠가는 직면하는 문제이기도 하다. 이는 리더로서 자질이 부족해서 생기는 것이 아니다. 따라서 부끄러워할 일도 아니다. 빠르게 복잡해지는 세상에서 효과적으로 조직을 이끌고자 한다면 누구나 겪게 되는 자연스러운 과정이다.

리더십을 하나의 진화 과정이자 일종의 '영적 압력솥'이라고 생각한다면 이러한 어려움은 충분히 극복 가능한 도전이다. 성공, 확장, 복잡도가 만들어내는 압박감은 우리 자신을 변화시키고 진화하게 만드는 원동력이 될 수 있다.

우리의 파트너 중 한 명인 스티브 아테이는 이러한 개발 격차의 의미를 탁월하게 정리한 바 있다(그림 1.1). 우리는 종종 리더들에게 이렇게 묻는다.

"지금 당신이 처한 비즈니스 현실은 VUCA(변동성, 불확실성, 복잡성, 모호성)와 SCSC(안정성, 확실성, 단순성, 명확성)의 스펙트럼 가운데 어디쯤에 놓여 있습니까?"

산업군이나 회사 규모, 지역에 상관없이 대부분의 리더들은 '높은 VUCA'를 선택한다. 그것이 오늘날 우리가 처한 리더십 환경이다. 우

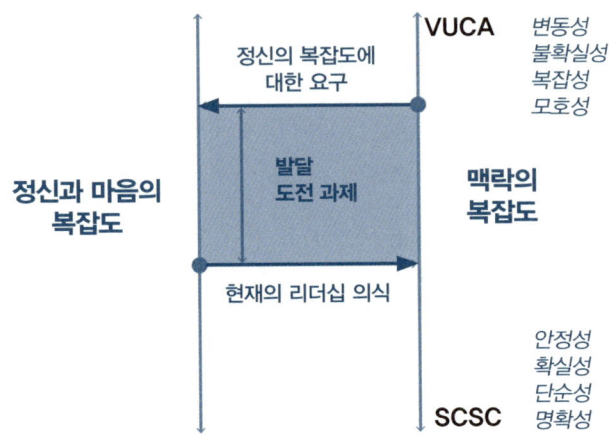

그림 1.1 개발격차

리 모두는 이 복잡성과 불확실성이 앞으로 더욱 심화될 것이라는 사실을 잘 알고 있다.

리더가 직면하는 상황의 복잡도는 리더의 의식 수준, 즉 정신과 마음의 복잡도, 내면에서 벌어지는 게임, 그리고 '내부 운영 체제Internal Operating System'를 요구한다. 이를 감당하기 위해서는 개인적으로나 집단적으로, 리더의 의식 복잡도가 외부 환경의 복잡도와 어느 정도 일치해야 한다. 그렇지 않으면 리더가 성취하고자 하는 목표를 달성하는 데 방해가 된다.

우리가 벌이는 이 '이너게임'은 다음과 같은 요소들로 구성된다. 내면의 의미부여 체계의 구조와 복잡도, 의사결정 체계, 자기 인식 수준과 감성 지능, 우리가 가진 정신 모델, 그리고 순간순간 자신을 어떻게 정의하고 전개해 나가는지에 대한 내면의 신념과 가정들. 그러나 우리 대부분은 이 모든 복잡한 내적 과정을 견디며 효과적으로 대응해 나갈 수 있는 성숙함과 역량이 부족하다.

 결과적으로 많은 리더들이 지금 자신이 감당할 수 없는 수준의 상황에 놓여 있다. 리더들이 운영하고 있는 내부 운영 체제는 그들이 맞닥뜨리고 있는 외부의 복잡도 수준만큼 충분히 정교하지 못하다. 이것이 바로 우리가 말하는 개발 격차이다.

 리더라면 앞으로도 계속해서 도전에 직면하게 될 것이다. 따라서 개인과 조직 차원의 리더십 개발 속도는 최소한 변화와 복잡도의 증가 속도에 발맞추어야 한다. 격차를 완전히 좁히지 못하더라도 적어도 그 흐름을 따라갈 수 있어야 한다. 변화에 발맞추어 리더십을 개발하고 진화하지 못한다면, 조직이나 제품, 서비스는 시장에서 점점 더 설 자리를 잃게 될 것이다. 이것은 어떤 리더도 용납할 수 없는 결과다.

 우리는 『마스터링 리더십』에서 리더십의 세 가지 발전 수준―반응성Reactive, 창의성Creative, 통합적Integral 리더십―을 설명한 바 있다. 창의성 리더십은 복잡도가 높은 환경에서 반응성보다 훨씬 더 효과적이며, 통합적 리더십은 그보다도 더 높은 효과성을 발휘한다. 이 각각의 리더십 수준은 리더가 자아를 어떻게 펼치는지를 결정하는 서로 다른 내부 환경 또는 운영 체제에 의해 작동된다.

 여기서는 각 수준을 설명하는 대신, 리더십서클 프로필의 주관식 응답에 참여한 리더들이 반응성, 창의성, 통합적 리더십 간의 근본적인 차이를 어떻게 설명했는지를 살펴보자.

현재 제라드는 자신의 반응성 리더십 방식에서 벗어나 기존의 강점을 새롭게 재구성하고 창의성 리더십 수준으로 전환해야 하는 과제를 안고 있다. 창의성 리더십은 복잡한 환경 속에서 책임을 다하는 능력만을 의미하지 않는다. 그것은 자신의 위치에서 모든 의사결정과 혁신을 직접 수행하는 대신, 다른 이들이 그 역할을 할 수 있도록 역량을 개발해 주는 리더십이다.

제라드는 이러한 전환을 통해 스스로가 모든 결정을 내리고 모든 혁신의 중심이 되는 방식을 내려놓고 팀원들이 역량을 발휘할 수 있도록 가이드이자 멘토가 되어야 한다. 리더를 육성하려면, 자신이 주인공이 되어 모든 공로를 독차지하는 방식에서 벗어나야 한다. 역량 있는 사람들이 자율적으로 움직일 수 있도록 조직을 이끌어야 한다. 그렇게 할 때 제라드는 자신의 리더십을 확장할 수 있다.

만약 그가 창의성 리더십 안에서 계속 머문다면, 언젠가는 다시 또 한계를 느끼고 더 높은 성숙도의 리더십, 곧 통합적 리더십으로의 전환이라는 도전에 마주할 것이다. 창의성 리더로서 모든 강점을 충분히 다졌을 때, 제라드는 더욱 높은 복잡도 속에서도 효과적인 리더십을 발휘할 수 있게 될 것이다.

결국 리더십은 하나의 '영성 훈련소'라고 할 수 있다. 성공, 확장, 복잡도가 만들어내는 그 압박감 자체가 우리 자신의 변혁과 진화를 이끄는 힘이 된다. 리더십은 본질적으로 영적인 과정이다.

리더십의 영적 여정

리더의 자리에 올라서는 순간, 변혁의 용광로에 발을 들여놓게 된다. '용광로'라는 은유는 연금술의 전통에서 유래한 것으로, 납을 금으로 바꾸는 데 필요한 열과 압력이 집중되는 그릇을 말한다. 리더십도 마찬가지다. 이는 우리를 근본적으로 변화시키기에 충분한 열과 압력이 축적되는 자리다. 리더십은 하나의 용광로다. 배우자, 부모, 교사, 코치가 되는 것과 더불어, 리더십만큼 변화를 촉진시키는 강력한 도가니는 없다. 리더십은 본질적으로 우리를 한계까지, 어쩌면 그 너머까지도 밀어붙인다. 매일 마주하는 도전에 대응하기 위해 리더십은 최고 수준의 인식과 역량을 요구한다.

이것이 리더십이 영성 훈련소라는 의미다. 리더로서 더 효과적이 되기 위해 노력하는 순간, 우리는 동시에 인간으로서의 효과성도 함께 키우게 된다. 왜냐하면 인간성은 리더십의 근본적인 토대이기 때문이다. 이 두 길은 결코 따로 갈 수 없다. 우리는 어느 순간, 영적인 여정의 한복판에 서게 된다. 여기서 '영적'이라는 표현은 종교를 의미하지 않는다. 모든 종교가 본질적으로 '변화'라는 과정을 품고 있기는 하지만 우리가 말하는 영성이란 종교적 신념이 아니라 인간 내면의 깊은 변화와 연결을 뜻한다.

이 여정은 우리 내면 깊숙한 곳을 자극하며 보다 높은 자아를 향해 나아가도록 이끈다. 우리 내면에 숨어 있는 진정한 인간적 위대함을 발견하고 타인을 위한 봉사로 연결시키는 과업을 부여한다. 우리는 더 높은 통합성을 갖춘 존재로서 살아가도록 도전받는다. 그렇게 리더는 변화를 이해하고 인도할 수 있는, 영적으로 성숙한 사람이 되어야 한다. 그것이 리더로서 우리가 걸어야 할 여정이다.

보다 효과적인 리더가 되기로 결심하는 순간, 나와 당신은 개발 격차를 직면하게 된다. 지금의 복잡도를 넘어서지 않고 앞으로 나아갈 수 없다. 영성 훈련소에 온 것을 환영한다. 복잡도는 리더에게 끊임없는 압박이자 동시에 자비로운 촉진제다. 우리를 성장시키기 위해 존재하는 교관이다.

당신이 마주한 개발 격차는 결코 부끄러운 것이 아니다. 이는 누구에게나 있다. 인간성과 리더십이 만나는 지점에서, 우리는 누구나 이 격차를 마주하게 된다. 그리고 우리는 개인적으로나 집단적으로 가파른 학습 곡선을 따라가며 자신과 타인을 향한 연민을 넓혀야 한다. 때로는 철저히 인간적인 존재가 되는 위험을 감수해야 하며 동료들과 함께 실수하고, 배우고, 성장하는 과정을 기꺼이 받아들여야 한다. 이를 통해 우리는 은혜와 용서, 연민이 넘치는 리더십 문화를 만들 수 있다. 우리가 리더십을 실천하는 공간—그곳이 회의실이든 조직이든— 그 안에서 인간다움을 가져오는 것이다.

리더십은 본질적으로 봉사의 소명이다. 지금처럼 위기와 불확실성이 높은 시대에 리더십은 다양한 사람들을 연결해 공동의 성취를 이끌어내는 소중한 역할을 한다. 리더는 이 아름다운 지구에서 함께 살아가는 모두를 위한 지속 가능한 미래를 설계하는 핵심적인 존재가 되어야 한다.

다른 사람의 능력을 키우고, 그들이 또 다른 사람의 능력을 키울 수 있게 하는 확장되는 리더십은 결국 우리에게 더 온전하고 균형 잡힌 인간이 될 것을 요구한다. 위대한 리더십은 인간성을 회피하지 않는다. 오히려 더욱 투명하고, 진정성 있고, 때로는 취약하며, 공감하고, 열정과 자비를 드러내는 인간다움을 적극적으로 드러낸다. 그것은 우리가 기계와 다르다는 것, 사랑할 수 있는 존재라는 것을 행동으로 증명하는 리더십이다.

이런 인간성을 회의실로 가져와야 한다. 겸손과 인간다움을 리더십의 기본으로 삼아야 한다. 지속적으로 리더십을 발전시킨다면 그 결과는 단지 비즈니스의 성공에 그치지 않을 것이다.

이것이 변화를 주도하며 함께 일하는 사람들의 잠재력을 열어주는 리더로 거듭나는 길이다. 그들이 힘을 합쳐 혁신적이고 지속 가능한 결과를 만들고, 세상의 필요와 연결될 수 있도록 돕는 것이다.

리더십은 주어진 상황에서 자신을 어떻게 드러내는가의 문제다. 리더로서 당신 자신이 가장 중요한 자산이다. 매 순간 어떤 모습으로 나타나는지가 바로 당신의 리더십 영향력이다. 따라서 우리는 다음과 같은 질문을 당신에게 던진다.

리더일 때, 당신은 어떤 모습으로 나타나는가?

어떤 자아가 지금 펼쳐지고 있는가?

성찰

이 책에서 제시하는 아이디어를 삶에 적용하면 훨씬 더 효과적인 리더십을 발휘할 수 있다. 그러기 위해 먼저 아래 질문들에 대해 진지하게 성찰해 보자.

- 나는 지금, 조직 내에서 리더십 효과를 성공적으로 확장해 내고 있는가? 그렇게 생각하는 이유는 무엇인가?
- 현재의 VUCA(변동성, 불확실성, 복잡성, 모호성) 환경은 우리 조직, 우리 팀, 그리고 나에게 어떤 영향을 주고 있는가?
- 내 리더십에는 개발 격차가 있는가? 그렇다면, 이 격차는 리더십의 효과성에 어떤 영향을 미치고 있는가?

– 2장 –
백가지 얼굴을 가진 리더들

리퀴드 웹Liquid Web의 CEO이자 우리의 오랜 고객인 짐 가이거Jim Geiger는 리더에 대해 다음과 같은 훌륭한 통찰이 담긴 표현을 했다.

리더는 날씨를 불러온다.

위대한 리더가 회의실에 들어서면 모든 사람이 주목하고 그 에너지가 확 느껴진다. 리더의 어조, 분위기, 존재감, 집중력, 행동 하나하나는 어느 조직에나 있는 날씨, 즉 자연의 힘이다. 그곳에서 일하는 모든 사람은 이를 느끼고 보고 경험하고 자신과 주변 사람들에게 어떤 영향을 미치는지 설명할 수 있다. 그들은 이 날씨가 그들이 만들고자 하는 것에 도움이 되는지 아니면 파괴하는지 알고 있다.

날씨가 구성원 개개인과 팀의 역량을 최대한 끌어내는지 아니면 성과를 떨어뜨리는지 설명할 수 있다. 긴장을 풀어야 하는지, 위험을 감수해야 하는지, 아니면 신중하고 유보적이며 조심스러운 태도를 유지해야 하는지 알고 있다.

리더는 조직 안에서 어떤 일이 일어날 수 있고, 어떤 일은 일어나지 말아야 하는지를 상당 부분 정의한다. 그렇다면 리더가 어디에 있든 그 강력한 존재감으로 만들어내는 '날씨'는 과연 무엇일까? 사실 이 날씨야말로 리더가 실제로 작동하는 방식, 즉 리더십 프로필이다.

우리 모두는 각자의 리더십 프로필을 가지고 있다. 이는 구성원들에게 어떻게 비치는지, 특정 상황이나 위기에서 어떤 방식으로 반응하는지, 무엇을 논의할 수 있고 어떤 것은 논의조차 허용되지 않는지를 보여주는 일종의 리더십 작동 매뉴얼이다. 리더와 가장 가까이에서 일하는 사람들은 더 자주 그 '날씨'를 경험한다. 그래서 때로는 리더보다도 그 날씨를 더 정확히 알고, 더 명확하게 설명할 수 있다. 그렇기 때문에 피드백은 매우 중요하다. 리더는 자신이 만든 날씨를 비춰줄 거울 같은 피드백을 줄 수 있는 사람들을 곁에 두어야 한다.

이제 당신의 리더십을 되돌아볼 시간이다. 당신은 어떤 '날씨'를 만들어내는가? 그 날씨를 스스로 인식하고 있는가? 의도했든 하지 않았든, 당신이 만든 날씨가 다른 사람들에게 어떤 영향을 미치고 있는지 알고 있는가? 한 걸음 더 나아가 생각해 보자. 당신의 리더는 당신의 업무에 어떤 영향을 주는가? 그 리더의 존재는 당신을 기분 좋게 만드는가, 불편하게 만드는가, 아니면 그 중간 어디쯤에 머무는가? 왜 그렇게 느끼는가? 그런 감정을 불러일으키는 리더의 말과 행동은 무엇이었는가?

이 질문들은 리더십의 본질을 이해하는 데 매우 중요한 실마리를 제공한다. 당신이 어떤 날씨를 만들고 있는지를 인식하는 순간부터, 더 나은 리더십으로 나아갈 수 있는 변화가 시작된다.

리더십 팀과 함께 일할 때 우리는 종종 간단하지만 강력한 질문을 던진다.

"리더십이 중요하고, 다른 모든 조건이 동일하다면 효과적인 리더십이 비효과적인 리더십보다 더 큰 성과를 만든다는 데 동의하십니까?"

대부분은 리더십의 중요성에 동의한다. 결과, 성과, 조직 문화, 몰입, 민첩성, 적응력, 지속 가능성, 직무 만족도 등 거의 모든 요소에 리더십이 핵심이라는 데 이견이 없다. 개인과 집단의 리더십 효과성이 성과의 주요 동인이라는 점도 마찬가지다.

또한 위대한 리더십이 어떤 모습인지에 대한 공감대도 넓게 형성되어 있다. "우리는 보면 알 수 있다." 그리고 우리는 위대한 리더가 어떤 행동을 하고, 어떤 행동은 하지 않는지 설명할 수 있다. 사람들은 누구나 자신에게 영감을 주는 리더와 함께 일하길 원한다. 그래서 우리는 종종 이렇게 묻는다. "이 조직에서 가장 존경하고 신뢰하는 리더 두세 명을 꼽는다면 누구입니까? 왜 그들을 선택했습니까?"

이 질문에 대한 답은 놀랄 만큼 비슷하다. 80% 이상의 사람들이 동일한 리더 두세 명을 꼽았다. 조직 안에는 다른 이들보다 확실히 탁월한 리더들이 존재한다.

이러한 질문을 계속 던지면 효과적인 리더의 자질과 특징에 대한 명확한 그림 또는 프로필을 얻을 수 있다. 구성원들은 효과적 리더가 누구인지 알고 있으며, 무엇이 리더를 위대하게 만드는지 알고 있다. 이는 비밀이 아니다. 따라서 이 책 저술을 위한 연구에서 우리는 다음과 같은 명확한 가설을 세우고 접근했다.

리더가 서로에게 피드백을 제공할 때 그들은 효과적 또는 비효과적 리더십이 어떤 것인지 그리고 삶과 조직에서 실제로 어떤 모습인지 놀랍도록 정확하게 묘사할 수 있다는 가설이었다. 우리는 다른 리더가 경험하고 설명하는 효과적인 리더십에 대해 알아보고 싶었다. 모델, 이론, 프레임워크, 미사여구를 벗겨낸, 있는 그대로의 '날 것'의 리더십이란 무엇일까? 현장의 리더는 다른 리더가 어떤 날씨를 만들어내는지에 대해 피드백할 때, 리더십을 어떻게 설명할까? 무엇이 효과적이고, 무엇이 그렇지 않은 리더십일까? 최적의 리더십 프로필은 어떤 모습인가?

최적의 리더십서클 프로필

이번 연구는 리더십서클 프로필The Leadership Circle Profile을 기반으로 수행되었기에, 먼저 이 프로필과 그 토대가 되는 유니버설 리더십 모델Universal Model of Leadership에 대해 간략히 설명하고자 한다. (우리 저자들의 저서 『마스터링 리더십』에서는 이 내용을 훨씬 더 깊이 있게 다루고 있다.)

우리 모두는 자신만의 리더십 프로필을 가지고 있다. 또한 효과적 리

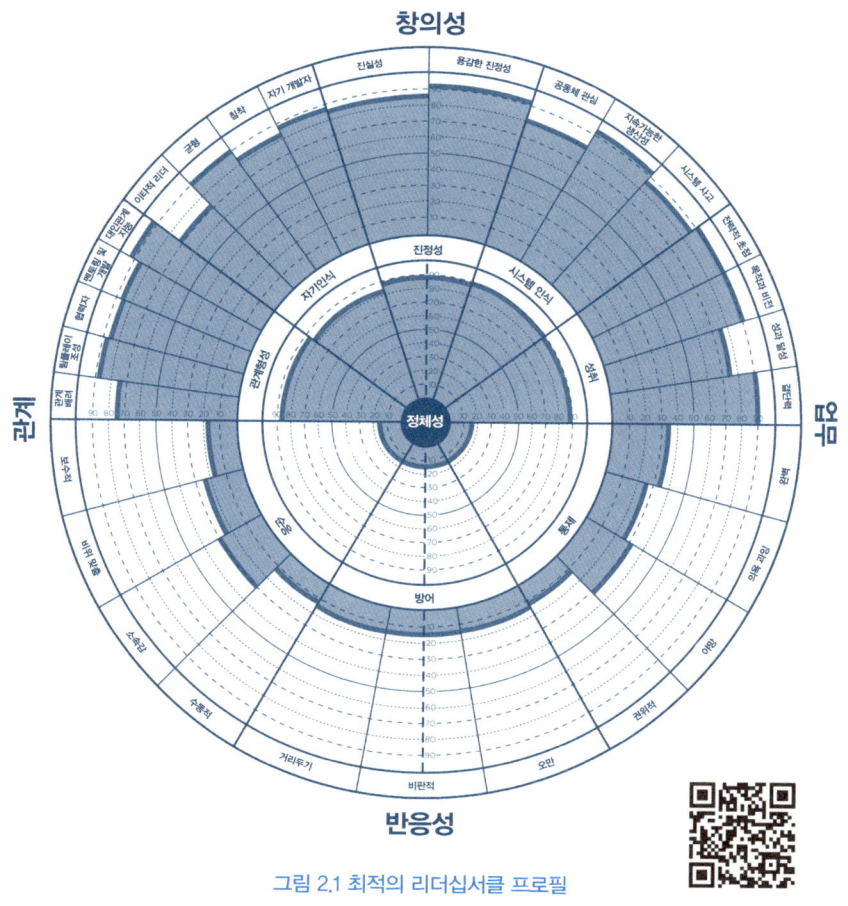

그림 2.1 최적의 리더십서클 프로필

오른쪽의 큐알 코드를 통해 리더십서클의 상세 내용을 확인할 수 있다.

더십에 대한 자신의 견해를 기술할 수 있으므로 우리는 위대한 리더십이 어떤 모습인지 양적으로 또 질적으로 측정할 수 있다. 리더십서클 프로필의 렌즈로 본 최적의 프로필은 그림 2.1에 표시된 것과 같다.

우리는 전 세계 5만 명의 리더와 구성원에게 이상적인 리더십에 대해 묘사해 달라고 요청했고, 그 답변을 통해 최적의 리더십서클 프로필을 도출해냈다. 질문은 다음과 같았다. "어떤 리더십이 현재와 미래의 시장에서 조직이 번창할 수 있도록 만들어주는가?"

전 세계 어떤 비즈니스 환경에서도 사람들은 일관되게 같은 유형의 최적의 프로필을 꼽았다.[1] 물론 리더마다 고유한 재능과 강점이 다르기 때문에, 이 프로필이 모든 리더가 동일하게 따라야 할 목표는 아니다. 그러나 위대한 리더십이 어떤 모습인지에 대해 중요한 공통의 인식을 제시하고 있다는 점에서 의미가 크다.

여기서는 독자인 당신이 리더십서클 프로필에 익숙하지 않거나, 최적의 프로필이 얼마나 탁월한 것인지 아직 잘 모를 수 있다는 점을 고려해 이 프로필의 기본 개념부터 시작해 점진적으로 더 복잡한 내용까지 책 전반에 걸쳐 설명해 나가고자 한다.

그림 2.1에서 보듯, 리더의 360도 피드백 결과는 원형 형태로 표현된다. 이렇게 시각화한 데에는 여러 이유가 있지만, 그중 가장 중요한 이유는 원이 온전함wholeness을 상징하기 때문이다. 리더십 프로필이 어떠하든, 우리 각자는 본질적으로 온전하고 완전한 존재다. 그러나 리더의 강점과 약점을 측정하는 과정에서는 이 온전함을 쉽게 간과할 수 있다. 리더십서클 프로필을 원형으로 제시하는 이유는, 그러한 인간의 온전함을 잊지 않기 위함이다.

창의성 리더십

리더십서클 프로필은 상반원과 하반원의 두 부분으로 나뉜다. 상반

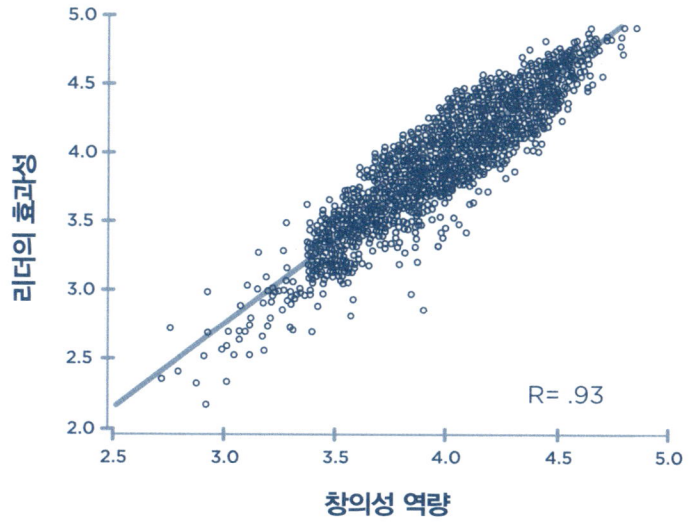

그림 2.2 리더십 효과성과 창의성 역량

원인 창의성Creative 영역은 리더가 창의성 리더십으로 성숙했을 때 나타나는 리더십 유형을 보여준다.

이 상반원의 외곽에는 창의성 수준의 리더십이 발현될 때 자연스럽게 드러나는 18가지 창의성 역량이 표시되어 있다. (각 차원에 대한 정의는 부록 A 참조) 이 역량들은 리더십 효과성과 비즈니스 성과와 밀접한 상관관계를 지닌 것으로 연구 결과 확인되었다. 그림 2.2는 이 18가지 창의성 역량에 대한 평가자 평균 점수와 리더십서클 프로필의 리더십 효과성 척도 간 상관관계를 보여준다. 효과성 척도를 구성하는 항목들은 표 2.1에 제시되어 있다.

창의성 역량 18개에 대한 평가자 평균 점수와 리더십 효과성 간의 상관관계는 0.93으로 나타났다. 이 수치는 전 세계 백만 명 이상의 평가자 데이터를 기반으로 도출한 것이다. 이처럼 매우 강력한 상관관계는 창의성 영역의 점수가 높을수록 그 리더가 보다 효과적인 리더가 될 가능성이 높다는 사실을 보여준다.

창의성 리더십과 비즈니스 성과

『마스터링 리더십』에서는 반응성 리더십과 창의성 리더십이 조직의 성과와 어떤 관계를 맺는지에 대한 실증적 증거를 제시했다. 우리는 먼저 비즈니스 성과 지표를 정의하고, 관리자들에게 시장 점유율, 수익성, 자산, 제품 및 서비스의 품질 등 다양한 항목과 관련된 자사의 성과를 평가해 달라고 요청했다.

그다음 이렇게 도출된 비즈니스 성과 지표와 리더십서클 프로필 상의 '리더십 효과성' 간의 상관관계를 분석한 결과, 이 둘 사이에는 강한 상관관계(0.61)가 있음을 확인했다(이 조사는 2,000개 조직과 25만 명의 응답 데이터를 기반으로 했다). 예상대로 창의성 역량이 리더십 효과성과 높은 상관관계를 보였고, 이는 다시 비즈니스 성과와도 긍정적이고 견고한 연관성을 갖는 것으로 나타났다. (조사 결과에 대한 자세한 내용은 부록 B 참조)

반응성 성향

리더십서클 프로필의 하반원은 반응성reactive 영역으로, 11개의 반

표 2.1 리더십 효과성 척도

☑ 이 리더가 제공하는 리더십의 수준에 만족한다.

☑ 이 리더는 사람들이 열망하는 리더의 모습이다.

☑ 이 리더는 이상적인 리더의 표본이다.

☑ 이 리더의 리더십은 조직의 번영을 도모한다.

☑ 전반적으로 이 리더는 매우 효과적인 리더십을 발휘한다.

응적 성향으로 구성된다(각 성향에 대한 정의는 부록 A 참조). 이 성향들은 각각 나름의 강점을 지니고 있지만, 그것은 반응적으로 작동되는 강점이다. 다시 말해, 위기 상황이나 압박을 받을 때 자동적으로 작동하는 일종의 기본값 행동인 셈이다.

이러한 강점이 반응적으로 사용되면, 종종 의도하지 않은 결과를 낳아 리더십의 효과성을 제한한다. 반응적 방식으로 발휘되는 강점은 결국 그 자체의 효과를 상쇄시키고, 그 자리를 '리더십 부채'가 대신하게 된다. 실제로 반응성 성향은 리더십 효과성과 역상관관계를 보인다. 그림 2.3은 리더십 효과성과 11가지 반응성 성향의 평가자 평균 점수 간의 상관관계를 보여주는데, 그 상관계수는 -0.68이다. 이 견고한 음의 상관관계는, 반응성 리더십을 많이 발휘할수록 시간이 지날수록 효과적인 리더로 인식될 가능성이 낮아진다는 점을 뚜렷하게 보여준다.

물론 반응성 리더도 성과를 내고, 때로는 놀라운 결과를 만들어내기

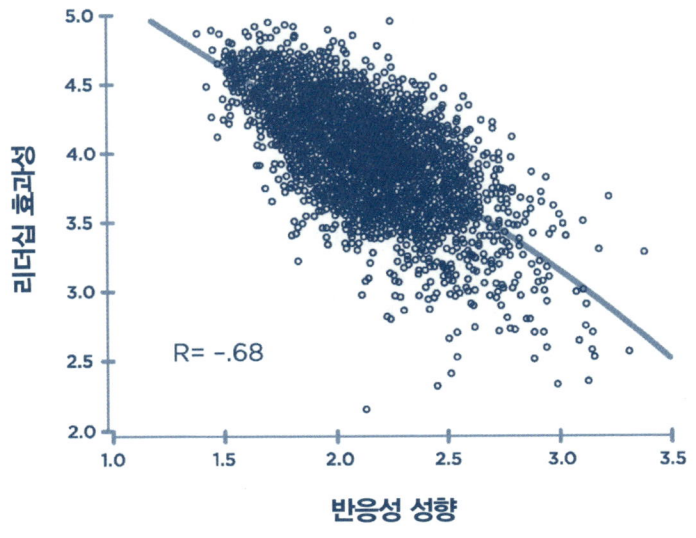

그림 2.3 리더십 효과성과 반응성 리더십

도 한다. 이들은 조직 내 누구보다 많이 팔고, 더 많이 혁신하고, 더 많은 일을 처리하는 사람이기도 하다. 그러나 그런 성과 뒤에는 종종 구성원들의 희생과 번아웃 등이 따라온다. 구성원, 동료, 이해관계자들은 그들의 리더십 아래서 강요, 압박감, 실의감을 경험하며 심리적 안전감을 느끼지 못하게 된다.

반응성 리더는 시간이 지남에 따라 '아니면 안 돼' 식의 최후통첩 문화—즉, "내 방식대로 하지 않으면 안 된다"는 메시지—를 만들어낸다. 그 결과 조직은 번아웃과 성과 저하의 악순환에 빠지게 된다. 리더가 당신에게 "아니면 안 돼"라고 몰아붙일 때 당신은 어떻게 반응하는가? 그런 리더 아래서 당신의 몰입도는 높아지는가, 아니면 떨어지는가? 그리고 그것은 궁극적으로 당신의 업무 성과에 긍정적인 영향을 미치는가, 아니면 부정적인가?

반응성 리더와 일하는 사람들은 종종 아무것도 변하지 않을 것이라고 절망한다. 안타깝게도 반응성 리더가 그 자리를 차지하고 있는 한 구성원들의 생각이 옳을 것이다. 반응성 리더가 이끄는 조직에 들어가 보면 바로 알 수 있다. 구성원들은 "당신이 왜 여기 있는지 알겠지만 도움이 안 돼요"라고 말한다. 이 불행한 영혼들은 경영진의 입맛에 맞게 매달 달라지는 여러 번의 성과개선 프로그램을 이미 받았지만 진정한 변화는 한 번도 일어나지 않는다. 반응성 리더십에서 창의성 리더십으로의 근본적인 변화가 있기 전에는 의미 있는 변화는 결코 일어나지 않을 것이다.

리더십 효과성의 밀고 당기기

연구에 따르면, 반응성 성향이 증가하면 창의성 역량이 감소하는 경향이 있다. 그림 2.4는 이러한 관계를 잘 보여준다.

반응성 점수가 증가할수록 창의성 점수는 감소한다(상관관계는 -0.76으로 반비례하며 매우 강함). 반응성 리더십은 창의성 역량을 십분 발휘하는 데 심각한 제약을 줄 수 있다. 리더가 창의성 역량을 일관되게 사용하기 위해 필요한 최소한의 요구사항은 창의성 리더십이다. 반응성 성향은 창의성 역량을 방해하여 결과적으로 리더십 효과성이 감소한다.

리더십서클 프로필에서는 점수가 높아질수록 원의 중심에서 더 멀

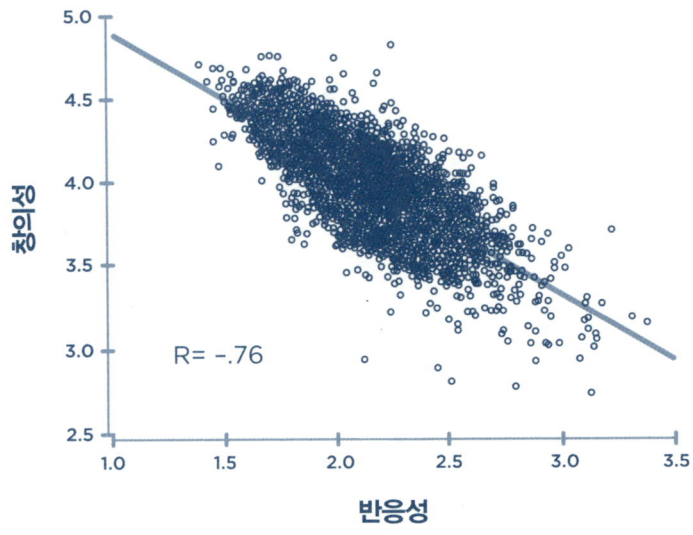

그림 2.4 창의성 역량과 반응성 성향

리 퍼진다. 따라서 최적의 프로필은 원의 상반원은 점수가 높고 하반원은 점수가 낮은 버섯 같은 모양이다(그림 2.1). 여기까지가 이 책에 제시된 연구와 결과를 이해하기 위해 리더십서클 프로필에 대해 알아야 할 전부다.

두 리더 이야기

이제 두 명의 리더, 즉 한 명의 반응성 리더와 한 명의 창의성 리더를 비교해 보겠다. 함께 일했던 한 고객사의 CEO는 수백 명의 구성원과 함께하는 전사 미팅을 주재한 적이 있다. 이 기업은 새로운 소유주로 경영권이 넘어간 뒤 실적을 빠르게 회복해야 했고, 이는 곧 비용 절감과 구조조정을 의미했다. 전체 회의 도중 한 여성 구성원이 자리에서 일어나 이렇게 질문했다.

"익명으로 제출한 질문들에 언제 답변해 주실 건가요? 리더십 팀이나 동료들 앞에서 꺼내기엔 두려운 질문들인가요?"

이 날카로운 질문이 불편하게 느껴졌는지, CEO는 이렇게 반응했다.

"제기된 질문들을 별로 높이 평가하지 않습니다. 익명의 질문에 답하는 것은 제 아이디어도 아니고 제 경험상 별로 도움이 되지 않더군요."

이 CEO는 훌륭한 사람이며 유능한 리더라는 점은 분명하다. 그러나 그는 이 짧은 순간, 구성원들 앞에서 반응적인 태도를 보였고, 그로써 자신의 리더십이 회사 안에서 어떻게 기억될지를 결정짓는 장면을 만들어버렸다. 실제로 그는 이 1분간의 상호작용에서 생긴 부정적인 인상을 회복하기 위해 몇 달을 고생해야 했다.

반대로 시드니에 본사를 둔 대형 손해보험사, 인슈어런스 오스트레일리아 그룹IAG의 전무이사 겸 CEO인 피터 하마Peter Harmer의 사례를 살펴보자. 그는 매달 고위 경영진 회의를 마친 후 하루 정도가 지나면 전사 리더들과 화상회의를 통해 소통하며, 자유롭게 의견을 나누고 질문할 수 있는 자리를 마련한다. 회의 시간 내에 모든 질문에 답하지 못한 경우에는, 1만 명 이상이 사용하는 사내 소셜미디어를 통해 추가 답변을 제공한다. IAG의 경영진은 정보를 투명하게 공유하고, 구성원들이 자발적으로 비즈니스에 참여하도록 장려한다. 실제로 많은 구성원이 활발하게 참여하고 있다.

반응성 리더십은 구성원들의 통찰력과 기여를 차단하고 조직의 역량과 능력치Capacity and Capability를 악화시킨다. 반면 창의성 리더십은 구성원에게 기여의 장을 열어줌으로써 조직의 역량과 능력치를 높인다.

당신은 어떻게 이끌고 있는가?

당신의 조직에 있는 리더는 반응성 리더인가, 창의성 리더인가?

리더십 확장을 위한 조건

리더십서클 프로필은 리더십 확장을 위해 필요한 모든 조건을 측정할 수 있도록 설계되었다. 리더십의 확장이 일어나기 위해서는 반드시 적절한 조건이 갖춰져야 한다. 이는 석탄 덩어리가 일정한 조건 하에서 아름다운 다이아몬드로 변해가는 과정과 매우 흡사하다. 다이아몬드를 만드는 데 필요한 요소—탄소, 엄청난 압력과 열, 그리고 지표 아래 수백만 년 동안 축적된 시간—가 일부 충족되어 있다고 해도, 정확한 조건이 맞춰지지 않으면 다이아몬드는 결코 만들어지지 않는다. 리더십 확장도 마찬가지다. 필요한 조건이 충족되지 않으면, 그 변화는 결코 일어나지 않는다.

리더십서클 프로필의 상반원, 즉 창의성 영역의 내부원은 리더십 확장을 가능하게 하는 핵심 조건들의 목록이다(그림 2.5). 이 조건들은 서로 긴밀히 연결되어 있으며 상호 의존적이다. 하나의 조건은 다른 조

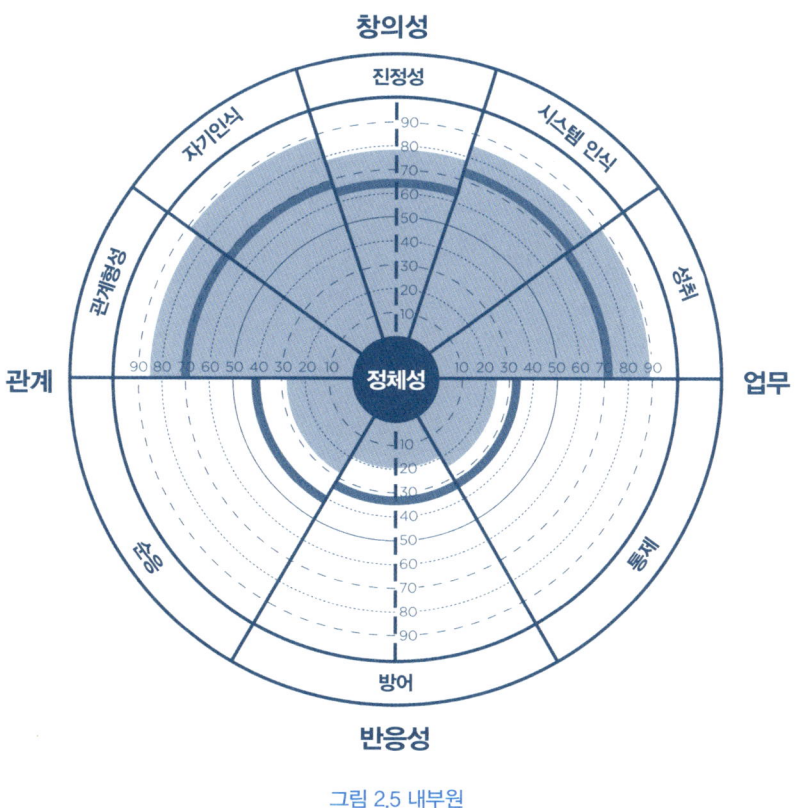

그림 2.5 내부원

건을 가능하게 하거나, 그 자체가 또 다른 조건에 의해 요구되기도 한다. 외부원에 표시된 18가지 차원은 이러한 조건들이 실제로 작동하기 위해 요구되는 구체적인 리더십 역량이다.

리더십 확장을 위해 필요한 여섯 가지 조건은 다음과 같다.

- 창의성 리더십 Creative Leadership

- 깊은 관계 Relational Depth
- 철저하게 인간적으로 되기 Being Fully Human
- 시스템 인식 Systemic Awareness
- 목적 있는 성과 Purposeful Achievement
- 생성적 긴장 Generative Tension

조건1. 창의성 리더십

복잡도 증가에 대한 가장 효과적인 대응책은 보다 민첩하고 혁신적이며 적응력이 뛰어나고 몰입도가 높고 성과가 높은 조직문화와 조직구조를 만드는 것이다. 이러한 조직은 반응성 리더십으로는 만들 수 없으며 창의성 리더십이 반드시 필요하다. 따라서 리더십 확장을 위한 첫 번째 조건은 개인적, 집단적으로 리더십을 업그레이드하는 진화적 입장을 취하여 반응성 리더십에서 창의성 리더십(그리고 궁극적으로는 통합적 리더십)으로 진화하는 것이다. 이는 가장 중요한 조건이다. 다른 모든 조건은 이 전환에 의존하고 이를 뒷받침한다.

리더십서클 프로필에서 이 조건은 반응성 반원에서 창의성 반원으로 이동하는 것으로 표시된다. 반응성 리더십은 확장을 제한하는 반면 창의성 리더십은 다각도로 확장한다. 창의성 리더는 주변 모든 사람의 역량을 끌어올린다. 이들은 팀이나 조직 환경에서나 마찬가지로 일대일 상호작용에서도 능숙하게 행동한다. 언제 팀의 일원이 되어야 하는지, 언제 참여해야 하는지, 언제 다른 사람들에게 문호를 개방해야 하는지, 언제 방향을 제시하여 이끌어야 하는지 잘 알고 있다. 그리고 다른 사람들이 전력을 다하고 최상의 성과를 내도록 격려하고 영감을 주는 편안한 방식으로 이 모든 것을 해낸다.

창의성 리더는 조직과 그 사명에 대한 헌신과 충성심을 이끌어낸다. 이들은 최고의 아이디어가 도출되고 실행되며 모든 구성원의 성장이 장려되는 문화를 만들어낸다. 그 문화는 개방적이고 정직하며, 진정성 있고 낙관적이며, 동시에 생산적이고 혁신적이다.

조건2. 깊은 관계

리더십이란 가장 중요한 결과를 창출하기 위해 사람과 조직의 역량을 확장하는 일이다. 이 확장은 사람을 통해, 그리고 사람과 함께 이뤄지며 그 핵심에는 언제나 '깊은 관계'가 있다. 위대한 리더는 바로 이 깊은 관계를 조성할 줄 아는 사람이다.

리더십서클 프로필에서는 이 깊은 관계를 '관계 형성Relating'이라 표현한다. 깊은 관계는 수단을 넘어 리더십 확장을 가능하게 하는 본질적 토대다. 이는 리더가 함께 일하는 사람들, 그리고 그들을 위해 일하는 사람들을 진심으로 아끼고 사랑한다는 것을 뜻한다. 최고의 성과를 내는 팀은 서로를 진심으로 돌보고 도전하며 함께 성장한다. 그런 관계 속에서 일은 더 이상 부담이 아니라 즐거움이 된다.

탁월한 리더는 조직 안팎의 모든 수준—일대일 관계, 팀 간 관계, 그리고 팀과 조직 간의 관계—에서 이 깊은 연결을 통해 일한다. 관계가 깊을수록 리더십 확장을 위한 기반은 더욱 견고해진다. 사람들이 리더가 자신에게 진심으로 관심을 두고 있다는 것을 느낄 때, 그들은 자발적으로 중요한 일에 에너지를 쏟는다.

깊은 관계는 신뢰, 투명성, 정직이라는 확고한 기반 위에 세워져야 한다. 이러한 기반은 집단지성을 이끌어내고 최선의 생각을 꺼내 놓을 수 있게 하며 까다롭고 복잡한 문제에 대해 창의적인 해결책을 찾는 데 필요한 '용기 있는 진실 말하기'를 가능하게 한다.

또한 깊은 관계는 인간의 상상력을 해방시킨다. 확장된 상상력은 조직과 리더십이 성장하는 데 꼭 필요한 요소다. 따라서 리더는 멘토링과 인재 개발의 능력을 갖추고, 높은 수준의 팀워크와 협업을 촉진하며, 관계 형성과 대인관계에 능숙해지는 법을 배워야 한다.

결국 깊은 관계는 리더십 팀이 함께 버틸 수 있는 힘이 된다. 이는 손에 손을 맞잡고 오래 함께하는 관계 속에서, 끊임없이 변하는 VUCA 시대를 살아남을 수 있도록 돕는 신뢰의 기반이다. 조직에 지속 가능한 민첩성을 부여하고, 변화가 닥쳤을 때 전략적으로 방향을 전환할 수 있는 힘이 바로 여기에 있다.

조건3. 철저하게 인간적으로 되기

'철저하게 인간적으로 되기' 조건을 갖추기 위해서는 리더십에 대한 진화적 관점을 갖는 것이 필요하다. 이는 남다른 겸손과 자기 인식, 용기, 진실성을 바탕으로 주변 사람들과의 깊은 관계 속에서 '큰 소리로' 배우는 취약성을 받아들이는 것을 의미한다.

리더십서클 프로필에서는 이러한 '철저하게 인간적으로 되기' 조건을 자기 인식과 진정성이라는 차원으로 표현한다.

일반적으로 리더는 조직에 필요한 변화를 자신의 밖에서 찾으려고 한다. 즉 '자신'이 아닌 '그것'을 변화시키기 위해 노력한다. 개발 격차가 극명하게 드러나 있음에도 불구하고 대부분의 변화는 다른 사람이 해야 한다는 단절적 착각에 빠진다. 지속적이고 심지어 파괴적인 변화를 주도하려면 우리 스스로가 혼란에 빠질 필요가 있다. 즉 문제와 해결책을 나 자신으로부터 찾아야 한다. 당신의 구성원들과 함께 공개적으로 그렇게 해야 한다. 그렇게 해야 당신의 구성원들도 똑같이 하도록 독려할 수 있다. 이는 자신의 취약점을 드러내는 행동이다. 그러나 조직이 발전하는 가장 강력한 방법이다.

어떤 사람들은 리더가 모든 답을 알고 있어야 하고 리더를 위해 일하는 사람들을 통제해야 한다고 생각한다. 하지만 이러한 잘못된 신념이 리더의 진화를 방해한다. 리더는 아는 것에서 배우는 것으로, 통제에서 임파워먼트로 전환해야 한다. 리더십을 확장하려면 리더는 먼저 자신을 내려놓고 공개적으로 소리 내어 배우고 모른다는 취약성을 포용해야 한다. 가장 많은 변화를 해야 하는 사람으로서 방어적 자세를 내려놓고 투명하게 변혁을 주도해야 한다. 피드백을 요청하고 배우기 위해 경청하며 먼저 이해하려고 노력해야 한다. 누구나 실수한다는 것을 알기 때문에 자신의 실수를 인정하고 사과해야 한다. 당신은 자존심만 빼고 잃을 것이 없다.

이 모든 것은 단순히 새로운 기술을 배우는 차원을 넘어선다. 진정한 리더십은 이너게임을 성숙시키는 데서 시작된다. 이너게임이 아웃터게임을 이끌며 확장 가능한 리더십은 고도로 성숙한 이너게임에서 비롯된다. 이는 마음과 의식의 깊은 변화다(이에 대해서는 뒤에서 더 자세히 살펴볼 것이다).

더 높이 올라가려면 더 깊이 들어가야 한다. 변화의 경로를 이해하고, 그에 걸맞은 리더십을 내면화해야 한다. 우리가 진화의 과정에서 서로가 아름답게 불완전하고 취약한 존재임을 인정하고, 더 철저하게 인간적이 되기로 선택하는 순간, 확장을 위한 조건은 비로소 형성된다.

우리는 다른 사람들과 함께 배우는 여정에 참여하기 위해, 치열한 겸손과 기꺼운 취약성을 받아들인다. 사명의 장엄함 앞에서 우리는 겸허해진다. 우리가 항해하는 이 바다 앞에서, 우리는 때때로 티끌 같은 존재일지 모른다. 그리고 모든 이해관계자들과의 깊은 관계를 통해 우리는 새롭게 떠오르는, 더 크고 깊은 세계를 향해 나아갈 수 있다.

조건4. 시스템 인식

고창의성 리더는 '큰 그림'을 그린다. VUCA 세계에서 더 높고 더 견고하고 더 민첩한 성과를 내는 시스템을 관찰하고 설계한다.

설계는 성과를 결정하는 주요 요소이다. 따라서 당신과 조직은 당신이 얻고자 하는 성과를 위해 완벽하게 디자인되어야 한다. 조직은 몰입, 적응력, 혁신, 민첩성, 리더십 확장을 위해 설계될 필요가 있다. 그러나 일반적으로 그렇지 못하다. 따라서 VUCA 현실에 적합한 조직 규모를 확장할 수 있는 리더는 체계적으로 사고하고 미래에도 번창할 수 있는 조직을 설계할 수 있는 역량을 개인적으로 그리고 집단적으로 개발해야 한다. 이 조건은 리더십서클 프로필에서 '시스템 인식'으로 표시된다.

 조직 전체에 걸쳐 리더십을 확장하려면, 리더가 개발을 위한 구조 속에 놓이도록 설계되어야 한다. 『마스터링 리더십』에서는 이러한 확장을 체계적으로 접근하기 위해, 우리가 고객과 어떻게 협업하는지를 구체적으로 설명했다. 『리더십 스케일업』은 바로 그 기반 위에 세워진 책이다.

 프레드릭 랄루Frédéric Laloux의 『조직 재창조』는 혁신적인 디자인을 통해 조직의 규모 확장을 성공적으로 이끌어낸 리더들의 사례를 풍부하게 담고 있다. 로버트 케건Robert Kegan과 리사 라헤이Lisa Laskow Lahey의 『에브리원 컬처』는 '의도적 개발지향 조직'이 어떻게 설계되며, 모두가 성장하는 문화를 만들어내는 데 어떤 구조와 프로그램이 활용되는지를 설명한다.

 이러한 조직들은 공통적으로 피드백이 활발하게 오가는 조직문화를 갖추고 있다. 실제로 우리는 고객, 공급업체, 지역사회 등 다양한 이해관계자로부터 더 많은 피드백을 받아야 한다는 이야기를 반복해서 들어왔다. 하지만 대부분의 조직은 피드백과 지원이 부족한 불모지에 가깝고, 우리 모두는 그런 환경에서 허우적대고 있는 경우가 많다. 특히 리더는 종종 피드백을 구하지도 않고, 설사 피드백을 받더라도 그에 따라 행동하지 않는 경우가 많다.

 대부분의 리더십 시스템 안에서 피드백은 시스템 내에 존재하는 중요한 에너지다. 그러나 이 에너지는 종종 무시되거나 낭비되고 제대로 활용되지 않는다. 만약 우리가 조직 내 피드백을 태양열, 풍력, 지열과 같은 무료 에너지 자원으로 본다면 어떨까? 피드백을 그렇게 인식하는 순간, 우리는 그 에너지를 효과적이고 효율적으로 수집하고 활용할 수 있는 시스템과 실행 전략을 디자인하게 될 것이다.

리더십 개발을 위해서는 지원적이면서도 도전적인 피드백 시스템을 조직 내에 제도화해야 한다. 이러한 기반 없이 리더십을 지속적으로 확장하는 것은 불가능하다.

조건5. 목적 있는 성과

위대한 리더는 우리를 개인적 그리고 조직적으로 더 높은 목적으로 나아가도록 이끈다. 그들은 우리로 하여금 우리 자신보다 더 큰 사명을 위해 자발적으로 에너지를 쏟도록 영감을 준다. 목적에 의해 움직이는 리더는 그 목적을 명확하고 고귀한 전략적 비전으로 전환하고 전략과 실행으로 이어지게 한다. 이 조건은 리더십서클 프로필에서 '성취'로 표시된다.

위대한 리더는 함께 일하는 사람들의 열망과 꿈을 이끌어내어, 모두가 같은 방향을 향해 나아가게 한다. 이들은 조직 내 모든 구성원이 하나의 대화에 참여하게 하고, 그 안에서 비전과 방향을 함께 만들어간다. 그리고 그러한 목적을 위해 일할 때, 각 개인이 자신의 가치와 의미 또한 실현할 수 있다는 사실을 분명히 인식한다. 미션과 비전에 지속적으로 초점을 맞추면, 조직은 자연스럽게 높은 수준의 정렬 상태에 이르게 된다. 구성원들이 때로는 강하게 이견을 가질 수 있지만, 모두가 같은 목표를 위해 헌신하고 있다는 공감대가 있기에 그 이견조차 신뢰 안에서 오갈 수 있다.

'목적성'이라는 조건은 다른 모든 조건들에 의해 요구된다. 그것은 창의성 리더십의 중심이며, 리더가 자기 자신을 진정성 있게 돌아보고 취약함을 받아들이며 근본적인 성장을 추구하게 만드는 동력이기도 하다. 이는 조직이 함께 지속되기 위해 필요한 접착제이자, 변화 속에서도 흔들리지 않는 끈질긴 민첩성이다. 강력한 목적과 설득력 있는 비전이 있을 때 사람과 시스템은 진화한다.

조건 6. 생성적 긴장

긴장은 각 조건마다 들어있는 요소이다. 우리의 열망과 현실 사이의 간극에는 생성적 긴장이 항상 존재한다. 빅터 프랭클Victor Frankl은 이를 누오 다이내믹스Noo-dynamics라고 불렀다. 로버트 프리츠Robert Fritz는 구조적 긴장, 피터 센게Peter M. Senge는 창조적 긴장, 게리 하멜Gary Hamel과 프라할라드C. K. Prahalad는 이를 전략적 의도라고 불렀다.

위대한 리더는 모든 수준에서 이러한 긴장을 의도적으로 조성한다. 그들은 가장 중요한 일에 전념하고 현재 상황에 대해 맹렬하면서도 연민 어린 태도로 진실을 말함으로써 긴장을 조성한다. 개인적 차원에서 리더는 자신의 개발 격차를 직시함으로써 긴장을 조성한다. 조직 차원에서는 조직의 미션, 비전, 가치 등 정체성을 확립하는 대화와 정직한 SWOT 분석, 엄격한 변혁적 재설계를 지휘한다.

리더십 확장이 이루어지기 위해서는 우리 자신은 물론, 팀과 조직 모

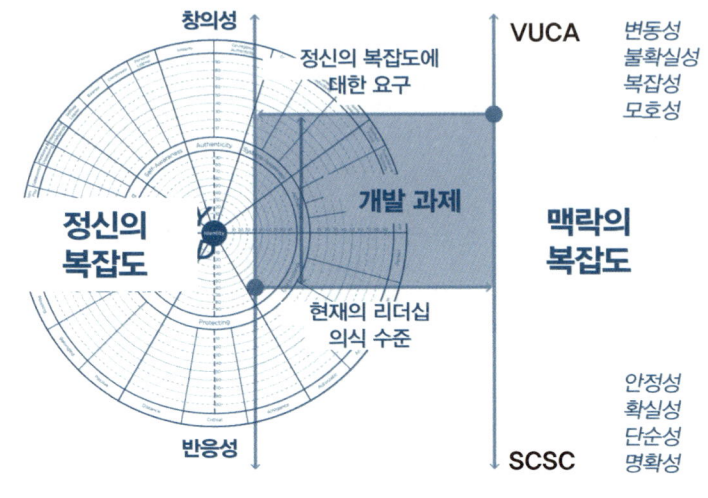

그림 2.6 개발 격차

두의 성장 격차를 인정하고 이를 지원해야 한다. 리더는 조직의 최고 개발 책임자가 되어야 한다. 우리는 자기 자신, 타인, 팀, 그리고 조직을 위한 개발 과제를 각각 설정하고, 그것에 대해 책임을 져야 한다. 팀과 조직 전체의 리더 역량과 잠재력을 키우는 일에 전념해야 한다.

개발 격차 해소

리더십서클 프로필은 개인과 집단의 리더십 개발을 촉진하도록 설계되었다. 이 프로필은 리더가 현재 반응성과 창의성 측면에서 어떤 모습을 보이고 있는지를 직접적으로 피드백함으로써 창의성 리더십으로 전환하고 오늘날의 VUCA 환경에서 보다 효과적으로 리더십을 발휘할 수 있도록 돕는다(그림 2.6).

모든 리더는 자신만의 리더십 프로필을 가지고 있으며, 모든 리더십 팀과 고위 임원진은 팀원들이 조직을 이끄는 방식에 대한 집단적 리더십 프로필을 갖고 있다. 이 집단 프로필은 리더십 확장을 가로막는 제약이 될 수도 있고, 반대로 리더십을 배가시키는 원동력이 될 수도 있다.

다시 한 번 묻고자 한다. 지금 당신은 어떤 자아를 펼치고 있는가?

VUCA 환경에서 살아남고 번영하기 위해, 개인과 집단의 리더십을 업그레이드하는 데 필요한 투자는 그 어느 때보다도 비즈니스의 핵심 과제가 되었다.

과제

자신의 리더십서클 프로필 결과를 성찰하고 리더십 개발 계획을 완성하면 리더십을 크게 향상시킬 수 있다. 20분 정도 시간을 내어 무료 리더십서클 자기 진단을 해보라. www.leadershipcircle.com에서 링크를 찾을 수 있다. 평가를 완료하면 결과와 해석 가이드를 이메일로 받을 수 있다.

- 3장 -
현장에서 바라본 리더십

리더로서 당신은 아마도 자신이나 조직의 리더가 효과적으로 일할 수 있게 만드는 강점이 무엇일지 고민해본 적이 있을 것이다. 리더라면 누구나 무엇이 효과적이고, 무엇이 그렇지 않은지 알고 싶어한다. 시장에서 경쟁 우위를 창출할 수 있는 리더십을 갖기 원한다.

'무엇이 효과적인가?'라는 질문은 새롭지 않다. 하지만 리더십 연구자들이 제시한 이론이 아닌, 리더들이 실제 현장에서 경험하고 바라보는 리더십의 모습이 그들의 언어로 직접 다뤄진 경우는 드물었다. 우리의 연구는 바로 그 점에서 다르다. 리더들에게 '효과적인 리더십'과 '비효과적인 리더십'이 무엇인지 직접 설명하게 함으로써, 이 차이를 실질적으로 드러내는 방식을 택했다. 만약 누군가에게 당신의 리더십 강점과 약점에 대한 피드백을 요청한다면 과연 어떤 이야기를 들려줄까?

우리는 이 질문에 답하기 위해 지금까지 본 적 없는 방식의 시도를 했다(그런 시도가 아예 없었던 것은 아니지만, 우리가 본 적은 없다). 더 정확히 말하면, 이전에는 시도된 적 없는 방식이다. 우리는 리더십서클 프로필 진단의 마지막 항목—리더에 대한 '가장 큰 강점'과 '가장 큰 도전'에 대해 자유롭게 기술하는 문항—에 주목했다. 데이터베이스를 샅샅이 뒤져 리더들이 서로에게 제공하는 피드백을 연구하면 창의성 혹은 반응성 리더가 얼마나 효과적으로 조직을 이끄는지에 대해 많은 것을 배울 수 있는 금광을 발견할 것이라는 가정으로 시작했다.

그렇게 우리는 전 세계 15만 명 이상의 리더를 대상으로 수집된 주관식 응답 데이터를 분석했다. 대부분의 360도 피드백 설문은 최소 10명 이상의 평가자가 참여하기 때문에, 사실상 150만 건 이상의 피드백 응답이 연구 기반이 됐다. 이 방대한 데이터를 분류하고 샘플링한 뒤, 응답 내용에 대해 매트릭스 내용 분석Matrix Content Analysis을 실시했다(자세한 연구 방법론은 부록 C 참조).

이번 연구는 특히 시니어 리더, 즉 대기업 기준으로 상위 1급부터 3급 또는 4급 수준에 해당하는 리더들을 중심으로 진행됐다. 다음은 연구 대상 리더들을 선정한 기준이다.

- 임원급 리더
- 대규모 조직
- 최소 5명 이상의 직속 부하를 둔 리더
- 같은 조직에서 2명 이하의 리더

- 영어 사용자
- 호주, 뉴질랜드, 미국, 영국, 캐나다 응답 결과

리더십서클 프로필 데이터를 순위별로 정렬한 뒤, 이를 네 개 그룹으로 나누어 샘플을 추출했다(자세한 방법론은 부록 C 참조). 데이터베이스 한쪽 끝에서는 고창의성·저반응성 리더를, 반대편 끝에서는 고반응성·저창의성 리더를 표본으로 선정했다. 이 두 그룹은 각각 전체의 28%를 차지하며, 합하면 전체 데이터베이스의 56%를 구성한다. 또한 전체 리더십 스펙트럼을 보다 균형 있게 파악하기 위해, 중간 수준의 창의성 리더와 중간 수준의 반응성 리더도 추가로 샘플링했다(그림 3.1).

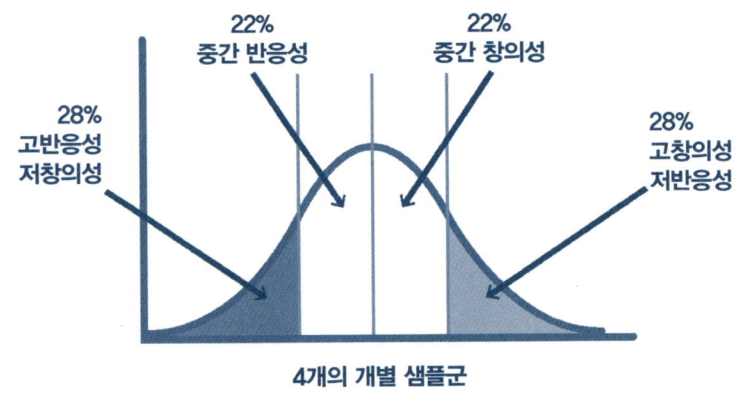

그림 3.1 4개의 개별 샘플군

샘플의 인구학적 통계

연구에 사용된 대규모 표본은 6개국, 29개 산업, 237개 기업에서 활동하는 고위급 리더 300명이었으며, 이들에게 피드백을 제공한 응답자는 총 4,113명이었다. 응답자들은 대부분 고위급 또는 중간 관리자였으며, 이사회 멤버부터 4급 리더까지 폭넓게 포함되어 있었다. 이들은 300명의 리더에게 정량적 점수와 주관식 피드백을 함께 제공했다(표 3.1).

표 3.1 주관식 응답 연구에 포함된 리더 구성

- 237개 기업
- 29개 산업
- 6개 국가
- 4113 응답자

- 임원급 리더
- 100명의 고반응성 리더
- 100명의 고창의성 리더
- 각 50명의 중간 그룹

- 186명의 남성 (62%)
- 114명의 여성 (38%)
- 고반응성 리더의 22%가 여성
- 고창의성 리더의 54%가 여성
- 이러한 차이점은 전체 데이터베이스에서 나타난다.

샘플 그룹들은 서로 어떻게 다른가?

연구에 참여한 리더들을 표본으로 추출해 네 개 그룹으로 분류한 뒤, 고창의성 리더와 고반응성 리더 간의 차이에 초점을 맞추어 분석을 시작했다(그림 3.1).

데이터베이스의 샘플링 방식을 고려할 때 두 그룹 간에 뚜렷한 차이가 있을 것으로 예상했고, 실제 결과도 그에 부합했다. 그림 3.2는 창

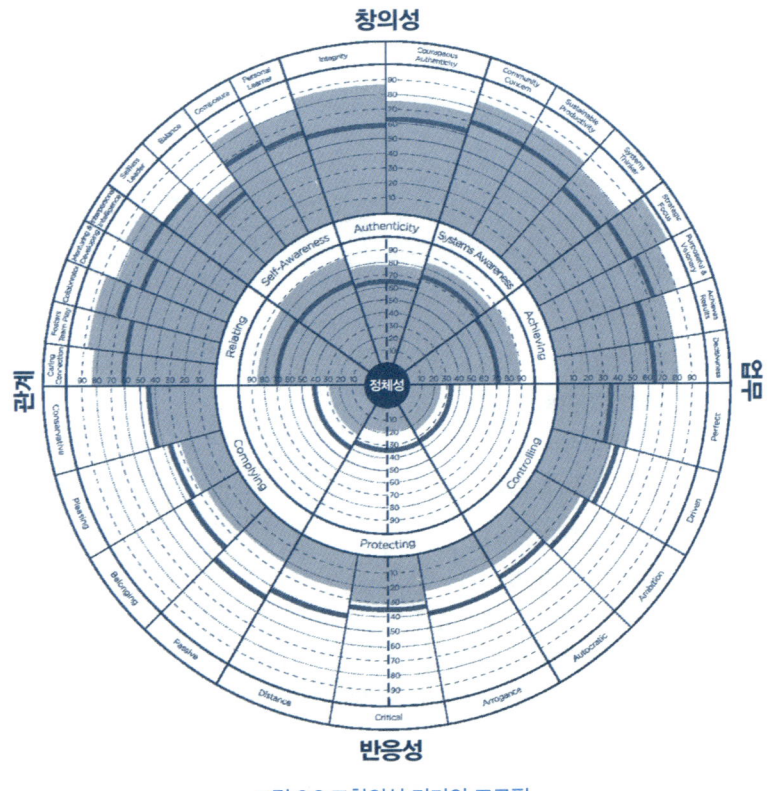

그림 3.2 고창의성 리더의 프로필

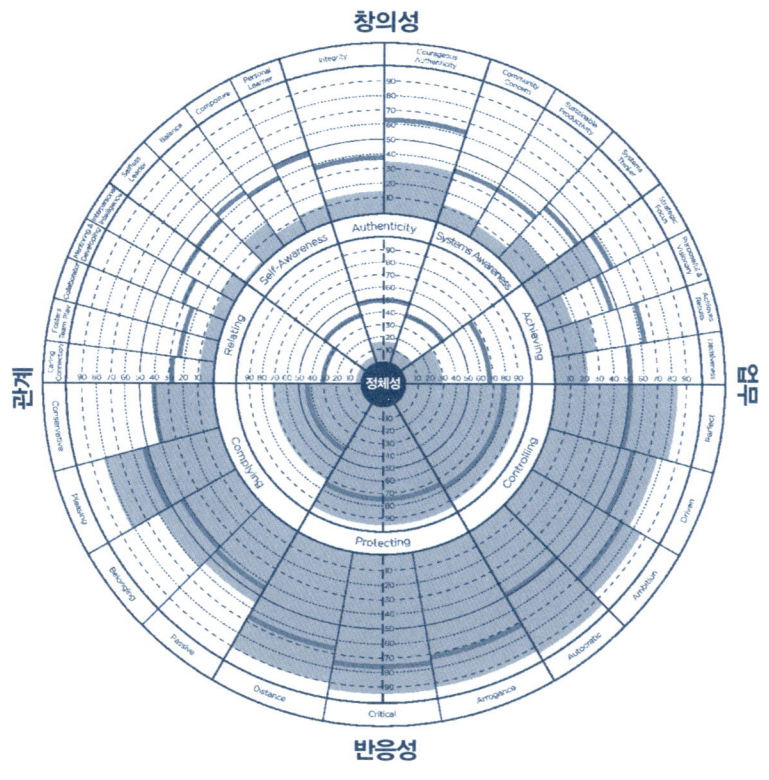

그림 3.3 고반응성 리더의 프로필

의성이 높고 반응성이 낮은 리더 100명의 리더십 프로필을 종합한 결과를 보여준다. 이 그룹은 상반원의 창의성 점수가 매우 높은 반면, 하반원의 반응성 점수는 현저히 낮았다.

반대로 고반응성 리더 100명의 프로필은 예상대로 매우 다른 양상을 보였다. 그림 자체가 정반대로 뒤집힌다(그림 3.3). 그림 3.2와 3.3은 두

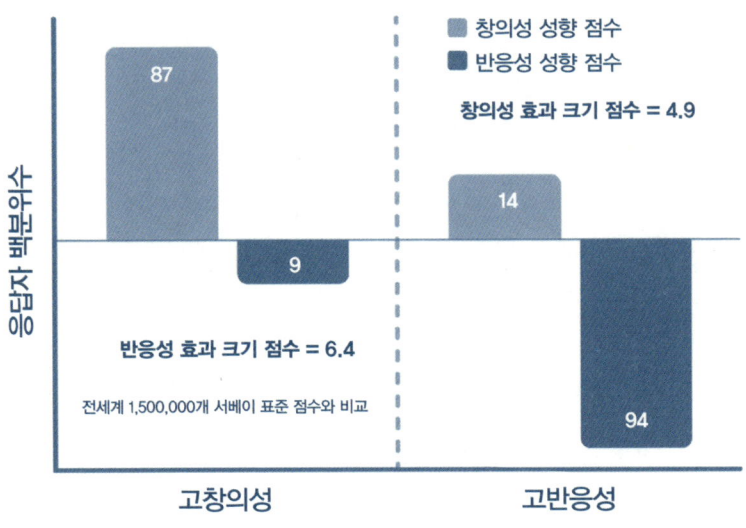

그림 3.4 두 프로필의 창의성 및 반응성 평균 점수

그룹에 속한 리더들이 주변 사람들에게 얼마나 다르게 인식되고 있는지를 잘 보여준다.

이 두 그룹은 서구 대기업의 고위 임원진 중 약 56%를 차지한다. 모두가 뛰어난 재능과 역량을 지닌 리더들이지만, 리더로서 주변에 비춰지는 모습은 완전히 다르다.

그림 3.4는 두 그룹의 창의성 및 반응성 점수 평균을 비교한 것이다. 상반원의 18가지 창의성 역량에 대한 고창의성 리더의 평균 점수는 87 백분위수로, 준거집단 대비 상위 13%에 해당한다. 반면, 이들의 반응성 점수는 9 백분위수로, 준거집단의 91%보다 낮은 수치를 보였다. 고

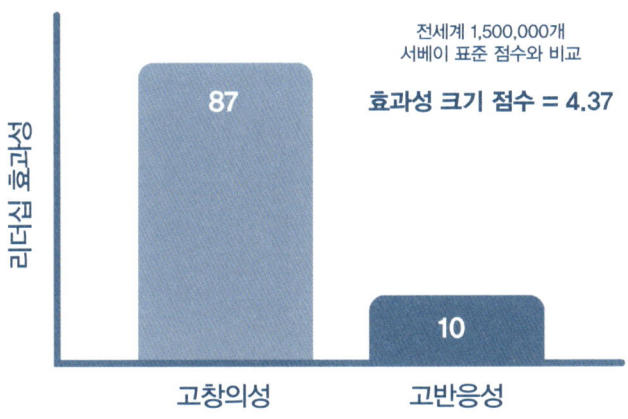

그림 3.5 고창의성 및 고반응성 리더의 리더십 효과성

반응성 리더는 반대로, 주요 창의성 역량 점수가 평균 14백분위수, 반응성 점수는 평균 94백분위수를 기록했다.

  진단에 참여한 모든 리더에게 프로필이 제공되었고, 두 그룹으로 나뉜 리더들의 프로필은 수치적으로 큰 차이를 보였다. 그런데 이러한 차이가 실제 직장에서 드러날까? 통계학자들은 일상적인 업무 환경에서 이런 차이가 실제로 영향을 미치는지를 판단할 때 '효과 크기Effect Size'라는 지표를 사용한다. 효과 크기 점수가 0.3 미만이면 큰 의미가 없지만, 0.3 이상이면 두 그룹의 리더가 조직과 구성원들에게 미치는 영향에서 눈에 띄는 차이가 있다고 본다. 효과 크기가 0.8을 넘으면 리더십 방식에서 실질적이고 의미 있는 큰 차이가 존재함을 뜻한다. 이 두 그룹의 창의성 점수 간 효과 크기는 4.9, 반응성 점수 간 효과 크기는 6.4였다. 이 두 그룹의 차이는 분명히 엄청나다!

두 그룹의 리더십 효과성 점수 역시 마찬가지다. 앞서 소개한 바와 같이, 리더가 다른 사람들에게 얼마나 효과적인 리더로 인식되는지를 측정하기 위해 5개 문항으로 구성된 리더십 효과성 척도가 사용되었다(표 2.1). 이 척도는 상반원의 핵심 창의성 역량 평균 점수와는 높은 정적 상관관계(0.93)를, 반응성 평균 점수와는 강한 부적 상관관계(-0.68)를 보이는 것으로 나타났다. 이러한 상관관계를 바탕으로 볼 때, 두 그룹 간의 리더십 효과성 점수 또한 뚜렷한 차이를 보일 것이라 예측할 수 있다(그림 3.5).

실제로 고창의성 리더의 리더십 효과성 점수는 평균 87백분위수였던 반면, 고반응성 리더는 10백분위수에 불과했다. 이때 효과 크기는 무려 4.37로, 매우 높은 수준이었다. 백분위수의 차이뿐만 아니라 효과 크기 점수에서도 극명한 차이를 보인 것이다. 이 두 그룹은 리더로서의 모습에서 더 이상 다를 수 없을 만큼 분명하게 구분된다!

그래서?

이번 연구는 대규모 조직의 CEO, 그들의 직속 부하, 그 직속 부하의 부하 직원, 그리고 그다음 단계의 관리자까지 포함하는 고위 리더십 팀에 초점을 맞추고 있다(그림 3.6).

많은 조직의 고위 리더십 팀은 매우 창의적이고 효과적인 리더부터

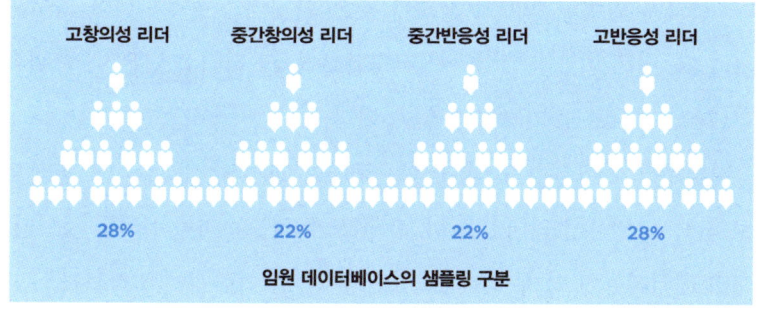

그림 3.6 고위 리더십 팀의 대표 샘플

매우 반응적이고 비효과적인 리더에 이르기까지 다양한 스펙트럼의 리더들로 구성되어 있다. 그렇기 때문에 우리는 다음과 같은 질문을 던지게 된다.

"당신의 리더십 팀은 집단적으로 얼마나 효과적인가?"

우리의 경험에 따르면, 고위 리더십 팀에 창의적인 리더부터 반응적인 리더까지 폭넓게 분포되어 있을 경우 에너지 낭비가 많다. 고성과자와 저성과자가 서로를 상쇄하기 때문에, 많은 고위 리더십 팀의 집단 지성은 팀 구성원 개개인의 평균 지능보다 오히려 낮게 나타나는 경우가 많다. 아무리 효과적인 리더가 있어도, 아주 효과적이지 않은 리더로 인해 그 노력은 무산되고 하향평준화된다. 이는 결코 경쟁 우위라고 할 수 없다. 오히려 많은 조직에서 흔히 나타나는 개발 격차의 전형적인 모습이다.

조직은 최고 리더십 팀의 집단적 효과성을 뛰어넘는 성과를 낼 수 없다. 성과가 뛰어난 인재가 성과가 낮은 인재에게 끌려다니며 좌절하고, 그로 인해 비즈니스 성과가 저해된다면, 그 리더십 팀은 VUCA 환경에서 효과적으로 기능할 수 없게 된다.

이제부터 이어지는 몇 장에서는 무엇이 창의성 리더십을 효과적으로 만들고, 반응성 리더십을 비효과적으로 만드는지를 살펴볼 것이다. 그리고 리더들이 이 두 리더 그룹의 차이점을 어떻게 설명하는지도 함께 다룰 것이다. 이 차이점은 주관식 응답에 명확하게 드러나 있다.

성찰

이 질문들에 대해 생각해보고, 답해 보는 시간을 가져보자.

- 당신은 리더로서 어떤 모습을 보이고 있는가? 창의적인가, 아니면 반응적인가?
- 당신의 리더십 방식은 직속 부하, 팀, 그리고 조직 전체에 어떤 영향을 주고 있는가?
- 당신은 리더로서 충분히 효과적이라고 생각하는가? 당신이 속한 리더십 팀은 효과적인가? 효과적이지 않다면, 무엇이 달라져야 하는가? 그리고 그 변화를 위해 당신은 어떤 행동을 시작할 것인가?

- 4장 -
고창의성 리더십의 강점

모든 리더는 각자의 강점을 지니고 있다. 동시에, 아무리 훌륭한 리더라 하더라도 약점이 있다. 이 장에서는 "리더는 최고의 리더를 어떻게 묘사할까?"라는 질문을 중심에 두고자 한다. 특히 가장 효과적인 고창의성 리더들의 강점에 초점을 맞추어, 리더들이 말하는 효과적인 리더와 그렇지 않은 리더의 차이가 무엇인지 살펴보려 한다. 이를 위해 우리는 다음 두 가지 질문에 대한 주관식 응답, 총 1,350페이지 분량을 분석했다.

1. 이 사람의 가장 큰 리더십 강점, 자산, 기술 또는 재능은 무엇입니까?
2. 이 사람의 가장 큰 리더십 도전 또는 개발 분야는 무엇입니까?

우리는 별도의 리서치 회사에 의뢰하여 주관식 응답에 대해 매트릭스 내용 분석Matrix Content Analysis을 실시했다. 리서치 연구진은 가장 많이 언급된 40개의 리더십 강점과 37개의 리더십 부채를 추출하여, 응답 데이터를 총 77개의 카테고리로 분류했다. (리서치 회사에 대한 설명, 연구 방법, 그리고 77개 강점 및 부채 카테고리에 대한 정의는 부록 D 참조) 데이터를 각 카테고리와 주제별로 분류한 후, 각 항목이 얼마나 자주 언급되었는지를 나타내는 지지 점수Endorsement Score를 계산했다.

지지 점수의 계산 방식은 다음과 같다. 예를 들어, 한 응답 그룹에서 '나디아'라는 리더의 '용기'를 단 한 명만 지지했다면, 나디아의 지지 점수는 0.5점이다. 반면, 동일한 특성에 대해 세 명 이상이 나디아를 지지하면 점수는 1점이 된다. 1점은 해당 강점 또는 부채 항목에 대해 한 리더가 받을 수 있는 최대 점수다. 따라서 나디아의 평가자가 20명이고, 모두가 그녀의 '용기'를 지지하더라도, 점수는 1점으로 제한된다. 결과적으로, 한 리더가 각 주제에 대해 받을 수 있는 최대 점수는 1점이다. 그리고 고창의성 그룹과 고반응성 그룹 각각에 리더가 100명씩 있다면, 이론적으로 각 그룹의 특정 주제에 대한 최대 점수는 100점이 된다(실제로 모든 평가자가 하나의 항목에 동일하게 응답할 가능성은 낮지만, 이론적으로는 가능하다).

고창의성 리더의 강점

다음은 평가자들이[1] 주관식 응답에서 다양한 고창의성 리더를 묘사한 글의 일부 예시들이다.

"그녀는 비즈니스에 대한 깊고 폭넓은 지식을 가지고 있으며, 사람들과 잘 어울립니다. 타고난 협력적이고 매력적인 스타일 덕분에 팀을 잘 만들고, 사람들이 건설적인 도전을 하도록 이끕니다. 그녀는 존중과 신뢰를 불러일으키며, 사람들이 스스로의 한계를 넘어서고 함께 일하고자 하는 의지를 갖게 합니다."

"그는 사람들에게 최선을 다하도록 도전하고 동기를 부여하는 리더입니다. 그가 의사결정에 있어 신뢰할 만하다는 확신이 있기 때문에, 우리는 안심하고 최선을 다할 수 있습니다. 그는 상황에 동의하지 않더라도 비생산적인 비판을 하기보다는 그것을 학습의 기회로 삼습니다."

"나는 그녀의 커뮤니케이션 능력 덕분에 그녀의 리더십 스타일이 항상 매력적이라고 느껴왔습니다. 그녀는 스토리, 사례, 비유를 통해 머릿속에 그림을 그릴 수 있게 도와주며, 현실을 실감 나게 전달합니다. 그녀의 가장 큰 강점은 사람들이 쉽게 이해할 수 있는 방식으로 모두를 미션에 연결시키는 능력입니다."

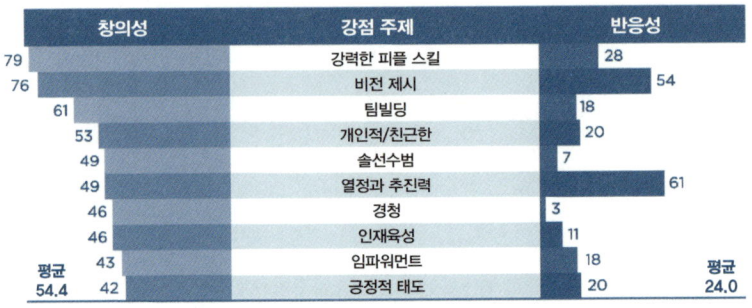

그림 4.1 고창의성 리더의 상위 10대 강점

　우리는 대부분의 주관식 응답이 정확하고 사려 깊게 작성되어 있다는 점에서 깊은 인상을 받았다. 수년간의 경험에 비추어볼 때, 평가자들은 피드백을 제공하는 리더에 대해 진심 어린 관심을 가지고 있으며, 이는 주관식 응답에서도 분명하게 드러난다. 평가자들은 리더가 피드백을 수용하고 실제 행동으로 옮긴다면 리더십이 한 단계 더 발전할 수 있다고 일관되게 믿고 있었다.

　그림 4.1의 '왼쪽'에는 고창의성 리더 100명의 상위 10대 강점에 대한 지지 점수가 높은 순서대로 나열되어 있다(각 강점은 상대적인 비교가 용이하도록 중간 점수에서 시작하는 막대 그래프로 시각화되었다). '오른쪽'에는 동일한 강점 항목에 대해 고반응성 리더 그룹이 받은 점수가 표시되어 있다.

　이를 통해 고창의성 리더와 고반응성 리더 간의 차이를 한눈에 확인할 수 있다. 그림에 제시된 강점 주제는 평가자들이 실제로 사용한 표현을 기반으로 정리한 것이다.

고창의성 리더의 상위 10가지 스킬

고창의성 리더에게 가장 강력하게 나타나는 10가지 강점을 주관식 응답에서 공통적으로 발견된 표현을 높은 순서대로 설명하면 아래와 같다.

1. 강력한 피플 스킬: 높은 수준의 대인관계 능력을 갖고 있다. 배려심, 동정심, 넓은 마음, 존중하는 마음이 있다. 다른 사람들과 잘 연결되고 사람들이 스스로를 가치 있게 느끼도록 한다.
2. 비전 제시: 한 방향 정렬을 가능하게 하는 미래에 대한 설득력 있는 비전을 커뮤니케이션한다. 팀/조직이 성공할 수 있는 전략적 방향과 비즈니스 계획을 파악하고 설정한다.
3. 팀빌딩: 팀의 노력을 하나로 묶고 참여시키고 지원한다. 팀원들을 지원하고 이니셔티브를 지지한다.
4. 개인적/친근한: 친절하고 호감이 가며 유머 감각이 뛰어나다. 개방적인 태도를 유지한다. 쉽게 접근할 수 있고 시간을 내어준다.
5. 솔선수범: 좋은 롤 모델. 언행일치
6. 열정과 추진력: 열정적이고 추진력이 강하며 조직과 자신의 성공에 대한 강한 의지를 갖고 있다.

7. **경청**: 다른 사람이 자신의 의견을 피력할 때 주의 깊게 경청하고 집중한다.
8. **인재육성**: 경험을 공유하고 성장과 발전을 위한 멘토링, 코칭, 경력 계획 및 개발 경험을 제공한다.
9. **임파워먼트**: 리더십을 공유하고 사람들이 주인의식을 갖고 스스로 해결책을 찾고 스스로 결정을 내리고 실수로부터 배우는 것을 장려한다. 사람들의 능력을 신뢰하고 그들이 기꺼이 지시를 따르고자 한다고 믿는다.
10. **긍정적 태도**: 낙관적, 낙천적이며 할 수 있다는 태도를 가진다.

'강력한 피플 스킬'이 목록에서 1위를 차지했다. 이 강점에서 고창의성 리더와 고반응성 리더 간의 점수 차이에 주목할 필요가 있다. 고창의성 리더는 79점, 고반응성 리더는 28점에 불과했다. 즉, 79점이라는 높은 점수는 고창의성 리더들 중 상당수가 피플 스킬을 대표적인 강점으로 인정받았다는 의미다. 반면, 고반응성 리더들 중 피플 스킬에서 강점을 인정받은 사람은 상대적으로 적어, 점수가 28점에 그쳤다.

고창의성 리더와 고반응성 리더 모두 비전과 전략적 역량 측면에서 상당한 강점을 가진 것으로 묘사되었다. 하지만 고창의성 리더는 이 항목에서 76점을 받은 반면, 고반응성 리더는 54점으로 상대적으로 낮은 점수를 받았다. 명확하고 설득력 있는 전략적 비전에 강력한 피플 스킬이 결합하면 매우 강력한 조합이 된다. 반면 고반응성 리더는 비전 제시라는 강점을 갖고 있음에도 불구하고, 사람을 통해 그 강점을 강화하는 데에는 한계를 보인다. 실제로 이들의 사람과 관련된 강점은 상대적으로 낮은 수준이다.

고창의성 리더는 '열정과 추진력' 항목에서 49점으로 높은 지지를 받았지만, 고반응성 리더는 61점으로 이보다 더 높은 점수를 받았다. 이 결과는 다소 의외였다. 고반응성 리더가 과도하게 추진력을 발휘하거나, 효과성을 제한하는 방식으로 이를 사용하고 있는 것일까? 연구진은 고반응성 리더가 '추진력이 강하다'고 묘사된 반면, 고창의성 리더는 '열정적이다'는 표현으로 설명되었다는 점에 주목했다.[2] 여기서 '열정'은 사명, 영향력, 조직에 대한 공헌 등 자신보다 더 큰 무언가를 창조하려는 태도와 연결되는 반면, '추진력'은 성공에 대한 개인의 의지와 관련된다는 차이가 있다. 이 연구는 두 그룹의 리더가 스스로 동기 부여하는 방식, 그리고 다른 사람들에게 동기를 부여하는 방식에서 분명한 차이를 보인다는 사실을 보여준다(이 차이에 대해서는 이후 장에서 더 자세히 다룰 예정이다).

목록을 살펴보고 점수를 비교하는 과정에서, 고창의성 리더와 고반응성 리더 간에 다음과 같은 뚜렷한 차이가 추가로 발견됐다.

- **팀빌딩:** 61점 대 18점
- **솔선수범:** 49점 대 7점
- **경청:** 46점 대 3점
- **인재육성:** 46점 대 11점

그림 4.2 고창의성 리더와 고반응성 리더 간의 가장 큰 강점 격차

이는 매우 큰 차이이다. 실제로 상위 10대 강점 목록의 평균 점수를 계산한 결과, 고창의성 리더는 고반응성 리더보다 해당 강점들에서 평균적으로 2.3배 더 자주 언급되는 것으로 나타났다.

가장 큰 강점 격차

그림 4.2는 고창의성 리더와 고반응성 리더 간에 나타난 가장 큰 강점 격차를 보여준다. 특히 '피플 스킬', '경청', '팀빌딩', '솔선수범' 영역에서 두 그룹 간의 차이가 가장 두드러지게 나타났다. 그 외에도 '침착성', '임파워먼트', '진실성', '비전 제시' 항목에서도 격차는 다소 작지만 의미 있는 수준의 격차를 보였다.

이처럼 격차가 나타난 이유는, 두 그룹의 리더들이 다른 사람들의 눈에 전혀 다르게 비쳤기 때문이다. 앞서 살펴본 바와 같이, 고창의성 리더 그룹의 평균 리더십 효과성 점수는 87 백분위수, 반면 고반응성 리더 그룹은 10 백분위수에 불과했다는 점을 떠올려 보자. 만약 어떤 리더십 특성이 진정으로 효과적인지를 알고 싶다면, 고창의성 리더의 상위 10대 강점 목록과 가장 큰 격차가 드러난 항목들을 주목하라. 이 항목들이 바로, 응답자들이 실제로 가장 강력한 리더십이라고 말한 요소들이다.

놀라운 발견

우리는 고창의성 리더들이 관계 영역에서 강점을 보인다는 사실에 놀랐다. 사실, 그 차이는 충격적이었다. 그리고 왜 그렇게 놀랐는지 스스로에게 물었다. 곰곰이 생각해보니, 우리가 그동안 리더십의 효과를 주로 정량적 관점에서만 바라보고 있었음을 깨달았다. 정량적 측정과 정성적 측정은 서로 다른 이야기를 들려준다. 이 둘이 합쳐져야 비로소 완전한 이야기가 만들어진다.

3장에서 제시된 고창의성 리더의 리더십서클 프로필(그림 3.2)을 다시 살펴보면, 내부 서클의 '관계 형성' 점수는 85 백분위수에 위치해 있다. 반면, 고반응성 리더의 프로필(그림 3.3)에서는 이 점수가 5 백분위수에 불과했다. 두 그룹 간의 차이는 무려 80점이다. 분명한 것은 고창의성 리더는 훨씬 더 관계적으로 리더십을 발휘한다는 사실이다. 그렇다면 우리는 왜 그토록 놀랐던 걸까?

상관관계 연구에서 정량적 렌즈로 리더십을 바라보면 목적, 비전, 전략, 결과 중심, 결단력 등으로 구성된 '성취' 영역이 배려, 팀워크, 협업, 멘토링, 대인관계 역량 등으로 구성된 '관계형성' 영역보다 리더십 효과성과 비즈니스 성과와 더 강한 긍정적 상관관계를 보인다는 것을 확인할 수 있다. 두 영역 모두 효과성과 높은 상관관계를 나타내지만 그중에서도 '성취'가 더 높은 상관관계를 갖고 있는 것으로 나타났다.

나아가 무엇이 효과적인 리더를 만드는지를 설명하기 위해 회귀 방정식에 '관계형성'과 '성취'를 함께 넣어보면 '성취'가 차지하는 비중이 더 큰 것을 확인할 수 있다. 결국 리더십서클 프로필은 결혼에 대한 설문조사가 아니라 비즈니스 성과를 다루는 설문조사인 것이다. 당연히 결과를 만들어내는 능력이 가장 높은 상관관계를 가지며, 리더십 효과성의 변동성을 가장 많이 설명해낸다. 그래서 우리는 '성과 달성'이 고창의성 리더의 최고 강점으로 나타날 것이라고 예상했다. 그러나 예상은 빗나갔다.

주관식 응답 데이터를 살펴보면, 내용이 관계에 훨씬 많이 집중되어 있다. 이를 통해 알 수 있는 것은, 효과적인 리더십은 결국 '사람을 이끄는 것'이라는 점이다. 이러한 사람 중심의 강점들과, 고창의성 리더에게 공통적으로 나타나는 열정, 비전, 진실성, 침착함, 친근한 존재감이 결합될 때, 바로 그 지점에서 리더십을 확장할 수 있는 비결이 탄생한다.

이 연구는 리더는 사람 비즈니스에 종사하고 있다는 점을 강력하게 시사한다. 물론 다른 리더십 스킬, 자질, 능력도 갖춰야 하지만, 오늘날 'VUCA 세계에서 리더가 된다는 것은 타협의 여지 없이 대규모의 관계를 맺는다'는 것이다. 어쩌면 이러한 이유로, 최근 여러 연구에서 여성 리더가 남성 리더보다 더 높은 성과를 낸다고 보고되는 것일지도 모른다. 여성이 남성보다 더 관계적으로 이끄는 경향이 있기 때문이다.

여성 리더의 힘과 잠재력

이 연구에서 발견된 또 하나의 중요한 사실은 고위급 리더십 계층 내에서 성별에 따른 차이였다. 3장의 인구통계 자료(표 3.1)를 다시 살펴보고 고창의성 및 고반응성 리더 그룹에 속한 여성 리더의 비율을 분석해 보면 여성 리더가 조직의 리더십에 주목할 만한 기여를 하는 이유를 짐작할 수 있다.

전체적으로 보면 이번 연구에 참여한 리더 중 여성의 비율은 38%, 남성은 62%로, 이는 일반적인 고위급 리더층의 성비와 유사하다. 하지만 고창의성 그룹에서는 여성의 비율이 54%로 과반을 넘었고, 고반응성 그룹에서는 여성의 비율이 22%로 현저히 낮았다. 다시 말해, 여성이 남성보다 더 창의적으로 리드하는 경향이 있다. 이를 정량적으로 측정하면 여성 리더는 남성 리더보다 평균적으로 15~20%포인트 더 창의적이고, 덜 반응적인 경향을 보였다.

2017년 발표된 한 연구 결과는 이 결론을 뒷받침해준다. 유럽의 대형 은행 중 하나인 노르디아Nordea는 약 11,000개의 상장 기업을 대상으로 분석을 진행했다. 그 결과, 여성 CEO 또는 여성 이사회 의장이 이끄는 기업이 남성이 이끄는 기업보다 평균적으로 더 나은 성과를 거두는 것으로 나타났다. 이들 여성 리더가 이끄는 기업은 2009년 이후 연평균 25%의 수익률을 기록했는데, 이는 MSCI 월드 지수에 포함된 기업들의 평균 수익률 11%보다 두 배 이상 높은 수치다. 하지만 이 연구에서 아쉬운 점도 있다. 조사 대상 기업 중 여성이 CEO 또는 이사회 의장을 맡고 있는 기업은 단 4%에 불과했다. 나머지 96%의 기업에서는 여전히 남성이 주요 리더직을 맡고 있었다.[3]

요약하자면, 이 데이터는 '여성이 남성보다 더 효과적으로 리드한다'는 점을 뚜렷이 보여준다. 리더십 효과성과 창의성 역량 점수 사이에 강한 양의 상관관계가 있다는 점을 이미 확인했기에, 더 창의적이고 덜 반응적으로 리드하는 여성 리더가 더 효과적인 리더라는 결론을 내릴 수 있다. 여성 리더는 남성보다 더 창의적이며, 더 효과적이고, 더 나은 결과를 만들어냈다. 또한 상위 10위 강점 목록에서 관계 중심 강점이 우세한 것은 여성이 더 관계적으로 리더십을 발휘하기 때문에 더 효과적일 수 있다는 점을 시사한다. 물론 이를 위해서는 높은 수준의 자기 인식과 진정성이 함께 요구된다.

메리 에드워즈Mary Edwards는 이를 잘 보여주는 대표적인 사례다. 몇 년 전, 우리는 액센추어Accenture의 선임 리더인 메리 에드워즈와 함께 리더십서클 프로필에 대해 논의했다. 메리의 리더십 효과성 점수는 97

백분위수에 해당했는데, 이는 그녀가 준거집단 내 리더들 중 97%보다 더 높은 평가를 받았다는 뜻이다. 우리는 메리처럼 뛰어난 리더와 함께 일할 기회가 있을 때마다 빠지지 않고 묻는 질문이 있다.

"당신은 효과적인 리더가 되기 위해 무엇을 배웠나요?"

메리는 잠시 생각에 잠긴 뒤, 그 답을 세 가지로 요약할 수 있다고 말했다.

> 20여 년 전, 제가 처음 배운 것은 자신감이 없을 때 자신감 있게 행동하는 법과 불편할 때 편안하게 행동하는 법입니다. 그 당시 저는 컨설팅 회사에 막 입사했는데, 정말 똑똑한 사람들로 둘러싸여 있었죠. 제 머릿속에서는 자주 이런 목소리가 들려왔어요. '넌 부족해. 넌 충분히 알지 못해. 넌 아직 숙련되지 않았어. 넌 더 이상 기여할 게 없어.' 이런 내면의 목소리 때문에 처음엔 제가 충분히 기여하고 있다고 느끼지 못했고, 제 안에 강한 힘이 있다는 확신도 들지 않았어요. 하지만 제가 어떤 방향으로든 조직을 리드하고 가치를 제공하기 위해서는, 실제로는 그렇지 않더라도 때로는 자신감 있는 태도를 보여야 했습니다.
>
> 회의실에 들어갈 때, 새로운 과제를 맡을 때, 누군가에게 피드백을 줘야 할 때, 까다로운 고객을 상대해야 할 때마다 저는 불편한 일을 편안하게 받아들이는 법을 배워야 했습니다.
>
> 제가 그런 상황에서 스스로를 믿지 못한다면, 어떻게 팀이 저를 신뢰하고, 불편한 상황에서도 저를 따를 수 있겠어요? 그래서 저는

실제로 자신감이나 편안함을 느끼지 않더라도, 그렇게 행동하는 법부터 익혀야 했습니다. 결국 저는 꽤나 불편한 상황에서도 점점 진짜로 자신감과 편안함을 느낄 수 있게 되었고, 그 상황을 해결할 수 있는 힘이 제 안에 있다는 확신을 갖게 되었습니다.

두 번째, 제가 지속적인 피드백을 원하고 필요로 한다는 것을 사람들이 알 수 있도록 주변 환경을 만들어야 한다는 것을 배웠습니다. 리더가 권한을 가질수록, 누구나 자신의 생각을 솔직하고 정직하게 말할 수 있는 환경을 만드는 일이 생각보다 어렵다는 걸 배웠습니다. 사람들은 진실을 말하면 불이익을 당할까 봐 두려워합니다. 하지만 저는 시간이 갈수록 깨달았습니다. 어려운 진실은 모든 리더에게 꼭 필요한 것이라는 사실을요. 최고가 되고, 리스크를 관리하고, 최상의 결과를 이끌어내기 위해선 진실한 피드백이 꼭 필요합니다. 그래서 저는 스스로 그 함정에 빠지지 않기 위해 많은 시간을 들여 팀원들에게 이렇게 말했습니다.

"제가 하고 있는 일이 팀이나 고객에게 도움이 되지 않는다고 생각되면, 무엇이든 말해주세요."

그리고 이어서 말했죠. "저도 당신을 위해 똑같이 할게요."

저는 이 말을 정기적으로, 즉각적으로, 그리고 자주 실천했습니다. 그러면서 팀원들에게도 저에게 같은 방식으로 피드백해 달라고 요청했습니다. 예를 들어, 고객과의 회의가 끝난 후에는 이렇게 이야기합니다.

"정말 잘 처리하셨어요. 고객이 질문했을 때 무언가 말씀이 많아지시는 걸 보고, 어떻게 반응해야 할지 잘 모르겠다는 느낌을 받았어요. 비슷한 상황이 생기면, 잠시 말을 멈추고 생각할 시간을 스스로에게 주세요." 반드시 이 말도 덧붙입니다. "저는 어떤 점을 더 잘할 수 있었을까요? 이런 회의는 끝나고 나서 제 자신을 돌아보기가 쉽지 않아요. 제가 고객의 말을 한번 끊었던 것 같은데, 그러지 말았어야 했죠. 혹시 그런 점 말고도 보신 게 있을까요?" 이런 식으로 우리 팀은 서로 피드백을 주고받았습니다. 그렇게 하면 개인과 팀이 함께 성장할 수 있게 됩니다. 그 결과 저는 직원들의 최선을 끌어낼 수 있었고, 우리 모두가 함께 우리의 최선을 만들어내는 경험을 하게 되었습니다. 이것이 바로 피드백이 풍부한 환경입니다.

세 번째, 저는 제 성향상 매우 지시적인 스타일이라는 사실을 깨달았습니다. 제가 어떤 사안을 이야기할 때, 팀원들이 제가 모든 것을 다 알고 있다고 믿게 만들 만큼 단정적인 방식으로 소통하고 있었던 겁니다. 그러다 보니 자연스럽게 토론의 여지가 사라졌습니다. 그런데 저는 사실 더 나은 아이디어로 이어지는 활발한 토론을 원했어요. 그래서 우리 팀이 저의 이런 성향과 제가 진짜 원하는 바를 이해할 수 있도록 돕는 방법을 배워야 했습니다. 한 번으로 끝나는 게 아니라, 반복적으로 계속 그래야 했죠. 저는 이렇게 말하는 법을 익혔습니다.

"제가 말하는 방식이 무언가를 완벽히 생각하고 결론에 도달한 것처럼 들릴 수 있어요. 하지만 그건 단지 제 소통 스타일 때문입니다. 지금 제가 말한 건 '현재의 생각'일 뿐이에요. 맞을 수도, 틀릴 수도 있어요. 여러분의 아이디어가 필요합니다. 우리는 함께 어떤 선택이 최선인지 찾아야 합니다."

이처럼 저는 제 말이 곧 결론처럼 들리지 않도록 조심하는 법, 그리고 다른 사람들의 생각을 끌어낼 수 있는 환경을 만드는 법을 꾸준히 연습해 왔습니다.

우리는 미국에서 가장 크고 성공적인 식품 제조업체 중 한 곳에서 불과 5년 만에 5단계나 빠르게 승진한 매우 유능한 여성 임원과도 함께 일한 적이 있다. 그녀에게 이 회사에서 성공할 수 있었던 비결을 물었더니 그녀는 망설임 없이 이렇게 대답했다.

아, 그건 쉽죠. 몇 년 전에 저는 회의에서 질문을 받거나 제 의견이나 조언을 말할 때 항상 진실을 이야기하기로 결심했습니다. 절대 주저하지 않죠. 그래서 이제 사람들은 저를 믿습니다. 제가 옳든 그르든, 동의하든 동의하지 않든, 그들은 제가 매번 있는 그대로의 진실을 말할 것이라고 믿습니다. 우리 조직에서는 이 점이 매우 중요하게 여겨져서 계속 진급할 수 있었죠.

집단적 리더십이 일상이 되는 VUCA 세계에서 관계 중심적이며 정서지능과 진정성을 갖춘 리더십의 중요성이 더욱 커지고 있다. 우리는 이것이야말로 여성들이 리더십에 기여하는 가장 중요한 부분이라고 생각한다. 그렇다면 왜 여성은 여전히 고위 리더십 직책으로 승진하는 데 어려움을 겪을까? 그 이유는 남성 중심의 권력 구조가 오랫동안 만들어내고 유지해온 시스템적 편견, 곧 가부장제의 한계에 있다고 본다. 가부장제는 여성을 조직의 상층부가 아닌 하층부에 머물게 하고, 남성이 모든 것을 가장 잘 안다는 전제를 두고 움직인다. 이 구조 안에서 여성의 기여는 종종 존중받지 못하며, 명예 또한 제대로 주어지지 않는다. 오히려 구조적으로 차별받는다.

특히 남성들은 수 세기 동안 여성들이 리더십에서 배제되도록 적극적으로 동조해 왔다. 다행히 오늘날 이런 태도는 점차 변화하고 있지만, 그 변화가 저절로 일어나기를 기다려서는 안 된다. 리더십 위치에 있는 우리 모두는 지금 이 변화가 더 빠르게 이루어지도록 각자의 영향력을 적극적으로 사용해야 한다.

여성을 리더십의 완전하고 동등한 파트너로 인정하는 것은 정의로운 일만이 아니라, 점점 더 복잡해지는 VUCA 시대에 반드시 필요한 경쟁력 있는 선택이다. 여성 리더십의 힘과 잠재력을 제대로 수용하고, 그것을 최대한 활용하는 방향으로 리더십을 발휘하지 않는다면 우리는 리더로서 제 역할을 다하지 못하고 있는 것이다. 그리고 분명한 사실은 우리 남성들이 여성의 리더십 방식에서 배울 수 있는 것이 매우 많다는 점이다.

리더십 확장

조직을 확장하려면 반드시 리더십을 확장해야 한다. 이는 본질적으로 인간적인 과정이다. 이 장에서 제시된 두 가지 목록 — 고창의성 리더의 상위 10대 강점과 가장 큰 강점 격차 목록 — 을 함께 살펴보면, 확장을 가능하게 하는 리더십의 본질이 무엇인지를 한눈에 파악할 수 있다.

표 4.1은 이 두 목록에 포함된 강점들을 정리하여, 조직의 성장을 견인하는 리더십의 핵심 요소들로 구성한 것이다. 이는 단순한 특성의 나열이 아니라 실제로 확장을 이끄는 데 필요한 리더십의 정수를 담은 목록이다.

표 4.1 확장을 만들어내는 리더십 강점

창의성 리더십	
깊은 관계	**철저하게 인간적인**
강력한 피플 스킬 경청 팀빌딩 인재육성 임파워먼트	진실성 솔선수범 침착성 개인적/친근한 긍정적 태도
시스템 인식	**목적성 있는 성과**
생성적 긴장	비전 제시 열정과 추진력

이 목록은 앞서 설명한 확장을 가능하게 하는 조건들과 궤를 같이한다. 여기에는 반응성에서 창의성으로의 근본적인 전환이 내포되어 있다. 확장의 첫 번째 조건은 개인적으로, 그리고 집단적으로 이러한 변화를 만들어내는 것이다. 이는 매우 중요한 문제다. 이 책을 읽어나가다 보면, 반응성 리더십에서 창의성 리더십으로 전환하는 일이 얼마나 본질적인 변화이며 중요한 과제인지 더 깊이 이해하게 될 것이다.

'강력한 피플 스킬', '경청', '팀빌딩', '인재육성', '임파워먼트'와 같은 깊은 관계의 요소들은 고창의성 리더들의 뚜렷한 차별적 강점으로 나타난다. 최고의 리더는 관계를 통해, 그리고 깊은 관계 속에서 리더십을 발휘한다. 그들은 경청할 줄 알며 다른 리더를 육성하고 일대일로, 팀 단위로, 그리고 조직 전체에 걸쳐 이러한 관계적 리더십을 실천한다.

'철저하게 인간적인' 리더십은 이 장에서 언급된 솔선수범, 진실한 태도, 침착한 처신, 긍정적 태도 등의 강점들을 통해 입증된다. 최고의 리더는 진정성, 투명성, 취약성을 인정한 채 앞장서서 행동으로 보여 주는 사람이다. 이들은 충분히 피드백이 오가는, 개방적이고 편안하며 친근하고 긍정적인 조직 문화를 중시한다.

또한 리더십 확장을 위해서는 비전 제시, 열정, 추진력과 같은 '목적 있는 성과'가 필요하다. 고창의성 리더는 분명한 목적의식을 가지고 열정적으로 리더십을 발휘한다. 이들은 그 목적을 미래 지향적인 비전으로 풀어내며, 사람들의 상상력을 자극하고 조직 전체가 전략적으로 집중할 수 있도록 만든다.

이러한 목적성과 피플 스킬, 팀빌딩, 멘토링, 임파워먼트 같은 강점들이 결합되면, 보다 분명하고 조율된 비전과 전략이 형성된다. 고창의성 리더는 이렇게 함께 만든 비전과 전략을 중심으로 조직 전체를 정렬시키고, 구성원들이 이를 적극적으로 추구할 수 있도록 권한을 부여한다. 그 결과, 조직 전반에 생성적 긴장감이 형성되고 모든 구성원이 개발 격차 속에서 성장의 자극을 받게 된다.

만약 확장을 이끄는 리더십 강점을 갖고 싶다면, 이 목록이 올바른 방향을 제시해 줄 것이다. 이 목록에 있는 강점들은 단지 이상적인 덕목이 아니라, 실제 효과가 입증된 역량들이다. 그리고 그다음 단계는 이 모든 요소를 조직 설계 전반에 통합하는 일이다. 바로 그것이, 진정한 의미의 시스템 인식이다.

앞에서 소개한 피터 하머의 사례로 돌아가 보자. 피터는 리더십이 확장을 만들어내는 조건들을 정리하고 이를 체계적으로 실행한 리더였다. 그는 관계를 확장하기 위해 학습하는 조직을 설계했고, 피드백이 넘쳐나는 환경을 조성했다.

리더십서클 프로필 피드백을 받은 이후, 피터는 먼저 자신과의 관계를 개선하는 일에 집중했고, 그다음으로 팀 및 조직과의 관계 개선에 나섰다. 그는 피드백 결과에서 자신이 거리두기 항목에서 높은 점수를 받았다는 사실을 알게 되자 그 즉시 팀원들에게 이 결과가 어떤 의미인지 직접 물었다. 팀원들은 이렇게 말했다.

"대표님은 매사 무관심하게 보입니다. 큰 문제가 생겨도 항상 침착하고 감정 표현이 없어서, 정말로 신경을 쓰고 있는지 알기 어렵습니다."

그가 자신의 강점이라고 여겨왔던 점, 즉 실제로는 내면에서 걱정하거나 불안을 느끼면서도 겉으로는 침착한 태도를 유지하는 능력이 팀원들에게는 리더십의 약점으로 작용하고 있었다.

피터는 자신이 더 투명하고 취약한 모습을 보여야 하며, 팀원들에게 자신이 실제로 얼마나 크게 걱정하고 있는지를 알릴 필요가 있다는 사실을 깨달았다. 그는 팀과 더 깊은 관계를 맺고, 이를 조직 전체로 확장하기 위해 자신을 내려놓고 더욱 철저히 인간적인 리더가 되어야 했다. 좋은 소식은 피터가 그 모든 것을 실제로 해냈다는 것이다. 우리가 피터에게 리더십과 관계를 어떻게 확장했는지 묻자, 그는 이렇게 답했다.

> 한 달에 한 번 경영진 회의를 열고, 다음 날 즈음에는 참여를 원하는 리더들과 화상회의를 진행합니다. 20분간 회의를 하고 나면 질의응답 시간을 갖죠. 1,500명 정도의 직원이 참여하는데, 모든 질문에 실시간으로 답하긴 어렵지만, 36시간 이내에 모든 질문에 답변하려고 최선을 다하고 있습니다. 이런 방식을 통해 저는 모든 직원들과 직접적인 관계를 유지할 수 있어요. 제가 그들과 함께하고 있다는 것을 느끼게 해주고 싶습니다.

CEO로서도 결코 쉽지 않은 엄청난 헌신이다. 피터의 사례를 보면, 그는 확장을 위한 모든 조건을 먼저 자신에게 적용하고, 그것을 조직 시스템 설계에 반영했다는 사실을 알 수 있다. 피터는 창의성이 높은 리더다. 그는 조직의 성장을 위해 리더십을 확장하고 있는 전형적인 사례다. 다음 장에서는 고반응성 리더의 강점에 대해 살펴볼 것이다.

스포일러 주의: "상당수의 고반응성 강점은 당신을 리더로서 차별화하지 못한다." 강점을 개발하는 것이 물론 중요하지만, 그 강점에 과도하게 의존하면 오히려 리더십의 확장성을 제한할 수 있다.

과제

- 로버트 케건과 리사 라헤이는 저서 『변화면역』에서 '큰 한 가지One Big Thing'를 찾아내라고 제안한다.[4] 당신이 리더십을 한 단계 끌어올리고, 더 효과적으로 발휘할 수 있게 해줄 단 하나의 변화는 무엇인가?
- 리더십서클 프로필 자가 진단 결과와 그림 4.1과 4.2에서 제시된 강점 및 강점 격차 목록을 참고하여 더 발전시키고 싶은 강점, 즉 당신의 리더십 효과성에 가장 큰 변화를 가져올 수 있는 핵심 역량 하나를 정리해보자. 그리고 그 '큰 한 가지'가 무엇인지 더 명확히 하기 위해 피드백을 구해보자.
- 당신을 잘 알고, 신뢰할 수 있으며, 진심 어린 조언을 줄 수 있는 사람들에게 이렇게 물어보자. "나의 리더십을 완전히 새로운 차원으로 끌어올릴 수 있는 한 가지 개선 사항은 무엇입니까?"

- 5장 -
고반응성 리더십의 강점

 고반응성 리더에게도 분명 엄청난 강점이 있다. 예를 들어, '폴'에 대한 다음과 같은 피드백을 보자. 그가 받은 피드백을 보면 그가 반응성 리더임을 짐작할 수 있을까?

> 폴의 가장 큰 강점은 예리하고 명석한 두뇌입니다. 그는 테크니컬 지식, 비즈니스 통찰력, 냉철한 카리스마가 강력하고 독특하게 결합되어 있습니다.

 폴은 매우 재능이 뛰어나고, 엄청난 힘과 추진력을 지닌 인물로 보인다. 단지 이 진술만으로는 그가 고반응성 리더인지 확실히 알 수 없다. 이 연구를 통해 분명히 확인할 수 있는 사실은, 고반응성 리더들 역시 고창의성 리더들과는 다른 방식으로 강력한 지지와 인정을 받고 있다는 점이다. 자세히 들여다보면 폴의 강점은 '기술적으로 앞서 있고, 매우 똑똑하다'는 측면에서 강조되고 있다. 실제로 그는 이런 핵심 기술과 전문성, 인지적 우위를 기반으로 빠르게 승진했다.

고반응성 리더의 10대 강점

다음은 고반응성 리더들의 상위 10대 강점을 순위대로 정리한 목록이다.

1. **열정과 추진력**: 열정적이고 추진력이 강하며 조직과 자신의 성공에 대한 강한 의지를 지닌다.
2. **비전 제시**: 팀과 조직의 정렬을 이끄는 미래 지향적이고 설득력 있는 비전을 전달한다. 전략적 방향과 비즈니스 계획을 명확히 파악하고 설정한다.
3. **강력한 네트워킹**: 다양한 비즈니스 리더 및 파트너와의 관계 구축에 능하며 여러 그룹을 효과적으로 연결하고 고객 중심의 사고를 가진다.
4. **특정 분야/테크니컬 지식**: 조직 문화와 시장에 대한 깊이 있는 전문 지식, 기술, 경험을 보유한다.
5. **결과중심**: 목표 달성 및 결과 도출에 집중하며 책임감을 갖고 실

행한다. 믿을 수 있고 행동 지향적이다.

6. 지적/명석한: 예리한 두뇌와 날카로운 사고력을 갖고 있다.
7. 강력한 피플 스킬: 높은 대인관계 능력과 배려심, 존중하는 태도를 갖추고 있으며 타인과의 연결 능력이 뛰어나다.
8. 창의적/혁신적: 기존의 틀을 깨고 새로운 방식으로 문제를 해결하며 변화를 주도한다.
9. 개인적/친근한: 친절하고 유쾌하며 열린 자세로 구성원들과 가깝게 소통한다.
10. 긍정적 태도: 낙관적이고 에너지 넘치는 태도로 조직에 활력을 불어넣는다.

그림 5.1은 '오른쪽'에 고반응성 리더의 강점을 가장 높은 것부터 낮은 순으로 표시한 것이다. '왼쪽'에는 고창의성 리더의 동일한 강점에 대한 점수가 표기되어 있다. 고반응성 리더의 강점에서 가장 높은 점수를 받은 것은 '열정과 추진력'이다. 이는 61점으로 높은 지지를 받았으며 고창의성 리더의 49점보다 훨씬 상회하는 점수이다. 2위인 '비전 제시'는 54점으로 높은 지지를 받았지만 76점을 받은 고창의성 리더보다 낮았다. 그 다음으로는 '특정 분야/테크니컬 지식', '결과중심', '지적/명석한', '강력한 피플 스킬'에 대한 점수가 중간 점수대로 나타났다. 특히 강력한 피플 스킬은 28점으로 하위권에 머물렀다. '창의적/혁신적', '개인적/친근한', '긍정적 태도'는 고반응성 리더의 상위 10대 강점 중 하위권을 차지한다.

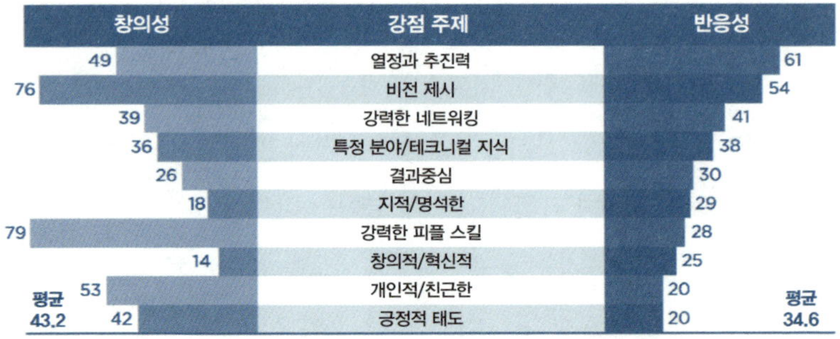

창의성	강점 주제	반응성
49	열정과 추진력	61
76	비전 제시	54
39	강력한 네트워킹	41
36	특정 분야/테크니컬 지식	38
26	결과중심	30
18	지적/명석한	29
79	강력한 피플 스킬	28
14	창의적/혁신적	25
평균 53 42	개인적/친근함	20
43.2	긍정적 태도	20 평균 34.6

창의성 리더가 반응성 리더보다 1.3배 더 많이 지지를 받았다.

그림 5.1 고반응성 리더가 가장 많이 지지받은 10대 강점

고반응성 리더는 고창의성 리더와는 매우 다른 강점을 바탕으로 리더십을 발휘한다. 그러나 이들의 강점 점수는 대부분 보통 수준에서 낮은 수준에 분포되어 있다. 특히 주목해야 할 점은, 고창의성 리더가 고반응성 리더의 상위 10대 강점에 대해 1.3배 더 많은 지지를 받았다는 사실이다. 또한 자신들의 상위 10대 강점에 대해서는 고반응성 리더보다 무려 2.3배 더 많은 지지를 받았다는 점도 기억하라.

이 모든 결과는 하나의 분명한 결론을 시사한다. 고창의성 리더는 조직에 기여하는 강점의 폭과 깊이에서 고반응성 리더에 비해 뚜렷하고도 압도적인 이점을 갖고 있다.

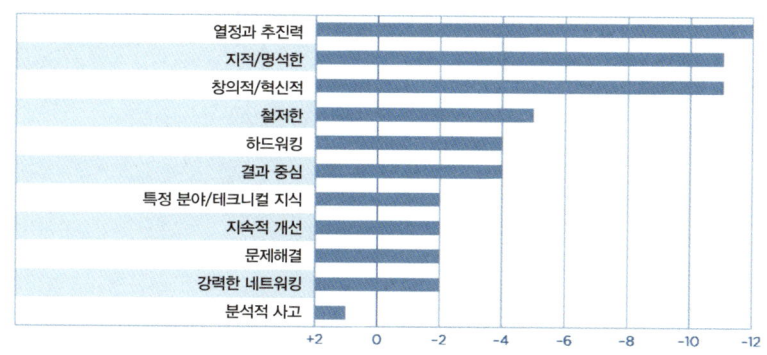

그림 5.2 강점의 최소 격차 또는 마이너스 격차

비차별적 강점

4장에서 고반응성 리더와 고창의성 리더의 강점 간에는 어떤 차이가 존재하는지 살펴보았다. 가장 큰 차이 세 가지는 '강력한 피플 스킬'(51), '경청'(43), '팀빌딩'(43)이었다. 이러한 격차의 크기와 중요성에 대해 살펴보면서 데이터에서 볼 수 없는 것은 무엇인지 궁금해졌다. 그러던 중 새로운 질문이 번뜩 떠올랐다. "이 강점들 사이의 '가장 작은 차이'는 무엇일까?"

이 질문에 답하기 위해 격차 목록(고창의성 리더 점수에서 고반응성 리더 점수를 뺀 값)을 다시 살펴봤지만 이번에는 무엇을 배울 수 있을지 호기심을 갖고 목록의 맨 아래를 보았다. 그림 5.2는 1점 또는 0점보다 작은 격차를 보인 강점이다. 이러한 격차는 대부분 음수이며 이는 고반응성 리더가 고창의성 리더보다 더 많은 지지를 받음을 의미한다.

고반응성 리더는 '열정과 추진력' 면에서 고창의성 리더보다 12점 높은 평가를 받았다. 이 외에도 고반응성 리더는 '지적'이고 '창의적/혁신적'이며 '철저하고 근면'하고 '결과중심' 등의 면에서 더 많은 지지를 받는다.

이것은 또 다른 질문으로 이어진다. "과도한 추진력이라는 말이 성립하는가?"

답은 명백히 '그렇다'이다. 우리는 아마도 일과 삶의 균형이 완전히 무너진 사람들과 함께 일했거나 그들을 위해 일한 경험이 있을 것이다. 그들은 자신뿐만 아니라 다른 사람들까지도 지속 가능하지 않은 수준으로 몰아붙인다. 그리고 우리 자신도 때때로 지나치게 일에만 몰두하는 경우가 있다.

일부 고위 리더들은 고반응성 리더가 고창의성 리더보다 더 추진력이 강하고 훨씬 덜 효과적이라고 말한다. 이는 '과도한 추진력'이 많은 경우에 큰 문제가 된다는 수십 년간의 리더십 연구 결과와 일치한다. "그는 너무 타이트하다" "그녀는 계속해서 지나치게 몰아부친다" "그는 너무 야망이 크다" "그는 자신의 이익을 위해 너무 공격적이다"와 같은 말을 많이 듣는다. 이러한 표현은 누군가가 '추진력이 지나치고 심지어 위험'할 수도 있음을 나타낸다.

약 30년 전, 로버트 카플란Robert Kaplan은 리더가 지나치게 큰 야망을 가질 때 리더십 효과성에 어떤 영향을 미치는지 설명한 저서 『야망을 넘어서』를 출간했다. 그는 이렇게 말했다. "추진력 강한 사람들은 고도로 발달된 '성취하고자' 또는 '성취되고자' 하는 욕구 면에서 모두 비슷하다. 하지만 이미 평균 이상인 추진력이 '강박적일 정도로 과도해질 경우'에는 큰 차이가 생긴다."[1]

이번 연구에 참여한 응답자들도 '열정'과 '추진력' 사이에 비슷한 구분을 두고 있는 것처럼 보인다. 데이터에 따르면, 추진력은 그 종류나 수준에 따라 효과적일 수도 있고 비효과적일 수도 있다. 결과적으로, '과도한 추진력' 혹은 '과도한 열정'은 리더십 부채와 연관되어 나타난다. 또 다른 흥미로운 점은 '지능/명석한' 항목에서 고반응성 리더가 고창의성 리더보다 11점 더 높게 나타났다는 사실이다. 처음에는 놀라운 결과처럼 보이지만, 곰곰이 생각해보면 이런 말들이 떠오른다.

"그 사람은 너무 똑똑해."

"그는 자기가 항상 부서에서 제일 똑똑해야 한다고 생각해."

여기서 문제는 강점 자체가 아니라 그 강점이 어떻게 발휘되느냐에 있다. '강점을 지나치게 확장'하면 대부분의 경우 약점이 된다. 이 원리는 '지능/명석한'뿐만 아니라, 가장 작거나 부정적인 격차 목록에 속한 다른 강점들에도 동일하게 적용된다.

데이터 분석을 통해 도출된 그림 5.3의 결과는 매우 놀라운 사실을 보여준다. 고반응성 리더의 상위 10대 강점 중 6개 항목이, 최소 격차 혹은 마이너스 격차 목록에도 포함되어 있었던 것이다. 이 결과를 더 깊이 들여다본 끝에, 다음과 같은 놀라운 결론에 도달할 수 있었다.

반응성 리더는 앞서 우리가 '비차별적 강점'이라 부른 그 역량들로 리더십을 발휘하고 있다. 자세히 살펴보면, 고반응성 리더는 고창의성 리더와 비슷한 수준으로 이러한 강점을 갖고 있는 것으로 묘사되지만

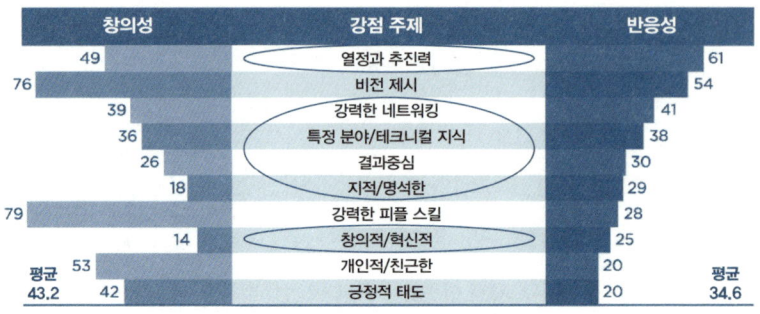

그림 5.3 고반응성 리더의 비차별적 강점

더 강하다고 평가되지는 않으며, 무엇보다 다른 사람들이 이들을 리더로서 경험하는 방식에서는 분명한 차이가 존재한다. 고창의성 리더는 해당 강점들에서 고반응성 리더보다 점수가 낮거나 비슷하더라도, 다른 사람들에게는 훨씬 더 효과적인 리더로 경험되고 있다는 점이 핵심이다.

이 결과는 고반응성 리더는 '비차별적 강점' 즉 가장 효과적인 리더와 가장 비효과적인 리더 간에 구별되지 않는 강점을 중심으로 리더십을 발휘하고 있음을 보여준다. 그리고 실제로 이 비차별적 강점이 고반응성 리더가 타인으로부터 인정받는 강점의 대부분을 차지하고 있다. 예를 들어, '결과중심' 역시 대표적인 비차별적 강점이다. 결과 지향적 태도는 리더십의 필수 역량처럼 보일 수 있지만, 결과만을 지나치게 강조하면 오히려 리더로서의 효과성을 떨어뜨릴 수 있다. 이 사실은 직관과 반하는 것처럼 보일 수도 있지만, 여기에서 얻을 수 있는 중요한 교훈은 이렇다. 모든 강점이 리더십 관점에서 똑같이 강점이 되는 것은 아니며 특정 강점을 과도하게 사용할 경우 오히려 리더십을 방해하는 요소가 될 수 있다는 점이다. 결국 리더로서의 효과성을 가로막는 벽이 될 수 있다.

이를 통해 또 다른 결론에 도달한다. 비차별적 강점을 갖고 리더십을 발휘한다면 그 리더십은 확장 가능하지 않은 리더십이다. 확장된다 해도 아주 제한적이다. 비차별적 강점은 리더십의 필요 조건이지 충분 조건은 아니다. 물론 리더의 자리에 오르기 위해서는 이러한 강점이 요구된다. 하지만 위로 올라가면 갈수록 이 강점은 오히려 걸림돌이 될 수 있다. 효과적인 리더십은 전혀 다른 차원의 문제이며, 그 '다른 것'은 고창의성 리더들이 지지받은 강점과 관련이 있다.

이 연구를 되돌아보면서 한 가지 분명해진 점이 있다. 엄청난 재능 없이는 대기업이나 어떤 조직에서든 최고 자리에 오를 수 없다. 고반응성 리더이든 고창의성 리더이든, 이들은 모두 뛰어난 재능을 지닌 그룹이라는 점에서는 동일하다. 실제로 두 그룹은 비차별적 강점에서 비슷한 점수를 받았고, 일부 항목에서는 고반응성 리더가 더 높은 지지를 받기도 했다.

이런 수치를 놓고 보면 고반응성 리더는 고창의성 리더보다 '더 똑똑하고, 더 많은 특정 분야/테크니컬 지식'을 가지고 있으며, '더 혁신적인 천재'로 보일 수도 있다. 하지만 보다 정밀한 데이터는 그런 결론을 허락하지 않는다. 고반응성 리더와 고창의성 리더는 뛰어난 재능을 갖추었다는 점에서는 유사하나 그들이 이끄는 사람들이 그를 리더로서 매우 다르게 경험한다는 결론에 이른다.

비차별적 강점은 자신의 추진력과 역량(추진력, 지성, 기술력, 창의적 천재성 등)을 통해 결과를 만드는 역량이다. 그러나 이러한 강점은 다른 사람이나 조직의 역량과 능력을 확장하는 데에는 기여하지 않는다. 당신이 주로 자신의 개인적인 역량에 의존해 성과를 이끌어내는 리더라면, 당신의 리더십은 본질적으로 확장에 내재된 한계를 지닌다. 다시 말해 당신 자신이 바로 확장의 한계라는 뜻이다.

우리는 앞서 리더십을 '가장 중요한 것을 창출하기 위해 조직의 역량과 규모를 확장하는 행위'라고 정의했다. 이 정의에 비추어볼 때, 비차별적 강점은 오히려 역량과 규모의 확장을 제한한다. 이 강점들은 정의상 이미 제한적인 고반응성 리더의 역량 크기에 의해 약화된다. 자기 자신의 역량을 리더십의 중심에 두는 리더는 다른 사람들을 성장시키거나 조직 전체를 끌어올리는 데 근본적인 제약을 안고 있다. 따라서 이런 방식의 리더십은 구조적으로 확장될 수 없다.

기억하라. 리더의 주된 역할은 '조직 내에서 리더십을 확장하고, 더 나아가 자신의 조직 안에 있는 리더들이 공동으로 리더십을 발휘할 뿐 아니라, 다른 리더를 개발하는 데 있어서도 집단적이고 효과적이게 되도록 지원함으로써 리더십을 더욱 확장하는 것'이다. 이것이 바로 리더십 확장의 조건이다.

앞서 언급했듯이, 조직은 고위 리더십의 집단적 효과성보다 높은 수준의 성과를 결코 낼 수 없다. 개인의 역량과 비차별적 강점에 의존하는 고반응성 리더십은 가장 중요한 것을 창출하기 위한 조직의 역량과 능력을 구축하지 못한다. 그 이유는 바로 '집단적 효과성'을 놓치고, 따라서 리더십 확장이라는 본질적 과업을 이루지 못하기 때문이다. '샤리'라는 고반응성 리더에 대해 언급한 내용을 보자.

> 샤리는 다른 사람의 생각이 자신의 생각에 긍정적인 영향을 미칠 수 있도록 허용하는 능력을 개발해야 합니다. 그녀는 자신의 뛰어난 지성, 자신의 능력에 대한 자신감, 경험적 지식은 리더십 시작을 위한 강력한 틀이 될 뿐, 자신의 견해가 전체 그림이 될 수 없음을 깨달아야 합니다.
> 의심할 여지 없이 샤리의 공헌은 조직의 업무와 목표 실현에 긍정적으로 작용하고 있습니다. 하지만 샤리의 업무 진행과정에는 무언가 빠진 부분이 있어 동료들 사이에서 샤리가 리더로 인식되지 못하고 있습니다. 궁극적으로 중요한 것은 샤리가 하는 일, 즉 훌륭한 업무 그 자체라기보다는 샤리가 업무를 수행하는 방식과 주변에 영향력 있는 영역을 만드는 것입니다.

만약 당신이 고반응성 리더라고 한다면 당신이 비차별적 강점을 통해 리더십을 발휘한다고 해서 조직에 큰 기여를 하지 않는다는 뜻은 아니다. 하지만 당신이 병목 그 자체가 되고 있음을 의미할 가능성이 높다. 당신이 리더십을 확장하지 않는다면, 모든 주요 비즈니스 의사 결정이 당신을 거쳐가게 될 것이다. 결국 당신은 놀라운 지성, 명석한, 기술 역량, 분야 지식, 창의적이고 혁신적인 천재성을 갖추었기에 승진할 것이다. 정말 그런가?

아마 사실일지도 모른다. 조직은 성장하면서 점점 복잡도가 증가하고, 어렵고 중요한 많은 결정 사항이 당신 문 앞에서 기다릴 것이다. 기다리고 또 기다릴 것이다. 혁신의 파이프라인이 주 7일, 하루 24시간 내내 사무실과 책상 주변을 맴돌고 있지만, 그 많은 복잡도를 혼자 처리할 수 있는 사람은 아무도 없다. 즉, 자신의 리더십을 확장하지 않으면 당신 자신이 '성장 제한 요인'이 될 수 있다.

그렇다고 해서 당신이 놀라운 열정이나 추진력이 부족하다거나, 기술 분야의 전문가가 아니라는 뜻은 아니다. 당신은 해당 분야의 지식 면에서는 탁월할 수 있다. 하지만 이것만으로는 원하는 목표를 달성할 수 없다.

사실 직급이 올라가고 책임과 업무가 복잡해지는 상황에서 비차별적 강점에 의존한다면, 그것은 당신에게 도움이 되기는커녕 불리하게 작용할 수 있다. 관리직이나 리더십 직책으로 승진할 때 반드시 기억해야 할 점은, 기술 분야의 지식이나 스킬셋, 직업 윤리 등 지금까지 당신을 이 자리에 오르게 한 것들이 앞으로 당신 자신 또는 조직을 목표 지점까지 데려다주지는 못할 수 있다는 사실이다.

리더십의 재정의

강점 표를 다시 한 번 살펴보자. 표 5.1은 고창의성 리더와 고반응성 리더 모두에게서 20점 이상의 지지를 받은 강점들을 보

표 5.1 고창의성 리더와 고반응성 리더간 차별적 강점 목록

고창의성 리더 강점		고반응성 리더 강점	
강력한 피플 스킬	79	강력한 피플 스킬	28
비전 제시	76	비전 제시	54
팀빌딩	61		
개인적/친근한	53	개인적/친근한	20
솔선수범	49		
인재육성	46		
경청	46		
임파워먼트	43		
긍정적 태도	42	긍정적 태도	20
커뮤니케이션	33		
동기부여	32		
침착성	31		
진실성	29		
개방적, 정직한, 올바른	26		
서번트 리더	24		
용기-자기주장	22		
열린 마음	22		
좋은 협상가-중재자	20		
합계	734	합계	122

고창의성 리더는 6배 더 많이 지지를 받았다.

여준다. 열정, 추진력 등 비차별적 강점은 양쪽에서 모두 제외되었는데, 이는 해당 항목들이 음의 격차를 보였기 때문이다. 즉, 고반응성 리더에게는 이 항목들이 오히려 리더십 부채로 작용하고 있음을 의미한다.

 이 결과에서 무엇이 눈에 띄는가? 고창의성 리더는 20점 이상을 받은 차별적 강점이 18개였고, 이들의 총합은 734점에 달했다. 반면 고반응성 리더는 20점 이상을 받은 차별적 강점이 4개에 불과했고, 총점

도 122점에 그쳤다. 고반응성 리더의 차별화된 강점 중 유일하게 강력한 지지를 받은 항목은 '비전 제시'로, 54점을 기록했다. 그러나 고창의성 리더는 같은 항목에서 76점을 받아 훨씬 더 높은 지지를 얻었다.

표 5.1은 고창의성 리더가 효과적인 리더십과 비효과적인 리더십의 근본적 차이를 만들어내는 강점들에 대해 고반응성 리더보다 무려 '6배' 더 강력하게 지지받고 있음을 극적으로 보여준다. 이 같은 결과는 리더를 선발하고, 승진시키고, 개발하는 방식 자체를 재정의해야 함을 강하게 시사한다.

이번 연구에 참여한 모든 리더들은 지금의 자리에 오르기까지 수많은 도전과 어려움을 이겨낸 사람들이다. 이들은 성공적인 비즈니스를 창업하고 성장시켰거나, 기존 조직 내에서 최고의 위치까지 올라간 인물들이다. 다시 말해, 모두가 매우 재능 있고, 이미 눈에 띄는 성과를 만들어낸 성공적인 리더들이다.

그렇다면 이 데이터가 우리에게 던지는 질문은 명확하다. 무엇이 리더를 정상에 오르게 하는가? 리더로 승진시킬 때 우리는 어떤 기준을 고려해야 하는가? 실제 현장에서 우리는 너무 자주 이런 장면을 목격한다. 누군가가 지금 그 자리에 오른 이유는 그가 확장 가능한 리더이기 때문이 아니라, 단지 지금까지 성과를 만들어온 방식으로 그 자리에 올랐다. 리더십의 확장 가능성은 고려되지 않은 채, 과거의 추진력과 전문성에 의존한 평가만으로 리더가 선택되고 있다. 빌 애덤스는 이 교훈을 일찍이 깨달았다고 말한다.

저는 목장에서 태어나 자랐습니다. 아버지는 항상 이런 이야기를 하곤 하셨어요. "결과 자체만큼이나 결과를 얻는 과정이 중요하단다." 당시에는 아버지의 말씀이 무슨 뜻인지 이해하지 못했지만 지금은 이해합니다. 사람을 존엄함과 존중하는 태도로 대하지 않으면서 그 결과물이 그 사람을 뛰어넘는다면 문제가 있는 것입니다. 직원들의 말에 귀를 기울이지 않고 직원들을 배려하지 않고 조직 내 팀워크를 구축하지 않는다면 문제가 있는 것입니다. 어렸을 때부터 이런 교훈을 가르쳐 주셨고 연구 결과에서도 그대로 드러났습니다.

일반적으로 리더로 채용되거나 승진하면 대부분의 경우 '암묵적으로', 때로는 '명시적으로' 다음과 같은 기대가 뒤따른다. "관계를 구축하고, 건강한 조직 환경을 조성하며, 스스로 성장하고, 다른 리더를 개발하며, 구성원들의 역량을 최대한 이끌어낼 것이다." 우리는 이러한 모든 요소가 어떻게 유기적으로 연결되어 작동하는지를 알고 있기에, 자연스럽게 이러한 기대를 갖게 된다.

그러나 우리는 리더가 감당할 수 없는 지경에 이르러, 아직 실패까지는 아니더라도 조직이 삐거덕거리기 시작할 때에야 비로소 그 리더의 강점을 분류하고 리더십을 개발하는 문제를 진지하게 생각하게 된다.

현장에서 '도움이 필요하다'는 요청을 받고 가보면, 대부분의 경우 우리는 재능은 뛰어나지만 창의성 강점을 제대로 활용하지 못하는 고반응성 리더를 만나게 된다. 이들은 매우 영리하고 혁신적이지만, 피플 스킬 측면에서 명백한 약점을 가지고 있다. 팀을 조직하거나 구성원을 개발하는 데 관심이 없고, 경청하지 않으며, 의사소통 또한 서툴다. 무엇보다 이들은 탁월한 기술력을 바탕으로 여러 차례 승진해왔지만, 그 과정에서 더 복잡한 역할과 상황 속에서 어떻게 효과적으로 리더십을 발휘해야 하는지를 학습하거나 도전받지 않았다. 이제는 이런 관행이 바뀌어야 한다.

어느 날, 우리는 한 프로 스포츠팀과 함께 일하던 컨설턴트로부터 긴급한 메시지를 받았다. "리더십서클 프로필 몇 개를 확인하고 싶으니 지금 바로 도와달라"는 내용이었다. 팀 구단주는 헤드코치와 단장 사이에 협업이 제대로 이루어지지 않아 팀 전체가 위기에 빠졌다고 판단했고, 실제로 팀의 성과도 눈에 띄게 하락하고 있었다.

두 사람의 리더십 프로필을 살펴본 순간, 문제의 본질이 분명히 드러났다. 단장은 효과적이고 창의성이 높은 프로필을 가지고 있었던 반면, 헤드코치는 우리가 지금까지 본 사례 중 가장 반응성이 높은 프로필을 가진 리더였다. 헤드코치라는 직책은 단순한 포지션 코치나 수비·공격 코디네이터와는 전혀 다른 차원의 책임과 요구가 따르는 자리다. 임원급 위치이기에 비효과적인 리더십 행동은 곧바로 드러나며 팀 전체에 빠르게 영향을 미친다.

헤드코치는 자신의 비차별적 강점을 더욱 자주, 그리고 더욱 반응적으로 사용하면서 결국 그것이 약점으로 드러나게 되었다. 그의 행동은 점점 더 통제적이고 독단적으로 변해갔고, 그는 자신을 지금의 자리에 올려놓은 기존의 방식에만 집중했다. 배우고, 성장하고, 적응하며, 팀을 구축하는 새로운 방식에는 마음을 열지 않았다. 자신이 이미 알고 있는 것, 즉 과거의 성과를 가능케 했던 역량에는 뛰어났지만, 새로운 위치에서는 비효과적인 리더였다. 이전에는 구단의 보배로 여겨졌던 인물이 새로운 직책에서는 조직에 부정적 영향을 미치는 골칫거리로 바뀌어 있었다.

우리는 이 사실을 컨설턴트에게 설명했고, 그는 이를 팀 구단주에게 공유했다. 결국, 헤드코치가 자신의 개발 격차를 인정하지 않고 훌륭한 기술 전문가에서 팀 리더로 전환할 수 없다는 점이 명확해지자, 그는 해고됐다.

많은 리더들이 이렇게 말하곤 한다. "저는 기술적인 일을 잘합니다. 인맥도 잘 쌓았어요. 그 정도면 충분하다고 생각합니다." 그렇지 않다. 기술은 문 안으로 들어갈 수 있게는 해줄지 모르지만, 그 자리에 계속 머물게 해주지는 못한다. 진짜 차이를 만드는 것은 사람을 이끄는 능력이다. 뛰어난 리더는 사람을 이끄는 리더십, 팀 리더십, 협업에 훨씬 더 많은 시간과 에너지를 쏟는다. 우리의 연구는 '효과적인 인간관계'가 리더십의 필수 요소임을 분명히 보여준다. 효과적인 관계는 원하는 결과를 이끌어내고, 민첩성과 혁신을 가능하게 만든다.

리더십을 확장하려면 리더십을 반응성에서 창의성으로 업그레이드하고, 확장을 위한 모든 조건을 갖추어야 한다. 그 출발점은 자기 자신이다. 그러나 거기서 멈춰서는 안 된다. 자신이 이끄는 사람들과 함께 개발 격차를 메우기 위해 '인간성'과 '취약성'을 드러내야 한다. 자기 자신을 내려놓고, 서로에게서 배우는 태도가 필요하다. 이 모든 과정은 일대일, 팀, 조직 등 모든 수준에서의 '깊은 관계' 속에서 이루어진다. 모든 사람이 '생성적'이며 '개발적인 긴장감'에 놓일 수 있는 학습 조직을 함께 설계하고, '더 높은 목적'과 '전략적 비전'을 위해 이 모든 노력을 실천해야 한다.

다음 장에서는 고반응성 리더가 어떻게 자신을 승진시킨 바로 그 강점—확장의 조건을 만들어내는 강점이 아닌—에 계속 의존함으로써, 리더십의 확장 능력을 제한할 뿐 아니라, 그 강점 자체의 효과마저 반으로 줄어들게 되는지를 살펴보겠다. 이러한 의존은 결국 자신과 조직 모두에 큰 부채를 남긴다.

성찰

다음 질문에 대해 답해보는 시간을 가져보자.

- 리더로서 당신이 가진 상위 10가지 강점은 고반응성 리더 및 고창의성 리더의 강점 목록과 어떻게 일치하는가?
- 비차별적 강점에 지나치게 의존해 리더십을 발휘하고 있지는 않은가? 그렇다면, 그 점이 당신의 리더십 스타일이나 주변에 미치는 영향은 무엇인가?
- 위의 질문에 대한 답을 바탕으로, 당신의 '큰 한 가지'는 바뀌었는가? 그렇다면 그에 맞춰 리더십 개발 계획을 세워보자.

- 6장 -
리더의 부채

 우리 누구도 완벽할 수 없다. 누구나 한계와 부채를 안고 살아간다. 리더 역시 예외는 아니다. 리더는 매일 자신의 강점, 약점, 부채를 드러내며 살아간다. 이것이 바로 리더십의 현실이다. 영성 훈련소에서는 약점과 부채가 드러나는 것을 일상의 일부로 본다. 이는 부끄러운 일이 아니라, 오히려 변화로의 초대장이다. 우리는 누구나 진화 능력을 갖고 있다. 그리고 약점과 부채를 강점과 자산으로 바꿀 수 있는 가능성도 함께 지니고 있다. 중요한 것은 우리 각자가 그런 능력을 가지고 있다는 사실을 인식하고, 활용하는 것이다.

우리가 우리 자신을 방해할 때

이번 연구에서 피드백을 제공한 리더들은 무엇이 효과적인 리더십을 저해하는지 그리고 어떻게 스스로를 망치게 되는지를 생생하게 보여주었다. 다음은 그 대표적인 사례 중 하나다.

존은 직장 생활에서 쉽게 넘어가는 법이 없는 사람이다. 자신의 권위에 대한 도전을 매우 개인적으로 받아들이며, 자신의 지위가 모욕당했다고 느끼는 순간(그것이 실제인지, 그의 해석인지와 관계없이) 반드시 격렬하고 날카롭게 반응한다. 또한 자신의 아이디어나 업무, 공동 혹은 개인적인 성과에 대한 공적인 인정을 강하게 요구한다.

그는 때로 공격적인 방식으로 대응에 나선다. 어떤 사안에 대해 자신의 인식에 기반해 행동할 때, 그 공격성은 생산적이기보다는 소모적으로 나타난다. 그런 상황에서 다른 관점을 받아들이는 것은 매우 어렵다. 겉보기에는 정보를 얻기 위한 질문처럼 보이는 그의 발언은 실상은 이미 내린 결론을 정당화할 답을 끌어내기 위한 장치다. 그리고 그 시도가 실패할 경우, 분노는 더욱 커진다. 그래서 주변 사람들은 결국 이렇게 생각하게 된다. "차라리 존이 생각하는 대로 그냥 하게 두는 게 낫겠다."

존의 가장 큰 리더십 과제는 초점을 자기 중심에서 타인 중심으로 옮기는 법을 배우는 것이다. 그는 언제나 상황을 자신 중심으로 해석하며, 자신의 의견이나 결론에 대해 지나치게 자신감이 넘친다. 다른 사람의 말을 잘 듣지 않고, 뛰어난 아이디어에도 마음을 닫고 차단하는 경향이 있다. 그는 다른 사람 역시 충분히 기여할 수 있다는 사실을 배워야 한다. 자신이 모든 것을 끌고 가야 한다는 생각에서 벗어나, 다른 사람의 아이디어가 자신의 생각에 긍정적인 영향을 줄 수 있도록 허용하는 법을 익히고, 팀의 탁월함을 함께 키워가야 한다. 타인의 경험이라는 렌즈를 통해 세상을 바라보고 그들의 다양한 관점을 수용하며 집단적 성공을 위해 자신의 역량을 사용할 수 없다면, 그는 자신의 소중한 리더십 잠재력을 결코 발현할 수 없을 것이다.

이 응답은 수천 개의 피드백 중 하나일 뿐이지만, 반응성 리더가 안고 있는 리더십 부채를 상징적으로 보여준다.

고반응성 리더의 상위 10대 부채

다음은 고반응성 리더에게 가장 자주 언급된 상위 10가지 부채 항목이다. 이 목록은 전 세계 리더들의 데이터베이스에 수집된 주관식 응답에서 사용된 언어를 바탕으로 정리했다. 이 목록에서 무엇이 눈에 띄는가? 어떤 점이 인상적인가?

1. **비효과적 상호작용 스타일**: 오만하고 거만하며 독단적이고 자주 충돌하며 지나치게 비판적인 언어적·비언어적 커뮤니케이션 방식이다.

2. **팀 플레이어가 아님**: 독단적으로 행동하고 팀을 충분히 지원하지 않으며 팀의 필요를 인식하지 못한다. 혼자 결정을 내리고 자신의 목표에만 집중한다.

3. **팀이 완전히 개발되지 않음**: 구성원에게 성장 기회를 제공하지 않으며 역할과 책임을 명확히 정의하지 않는다.

4. **과도한 요구**: 다른 사람에게 지나치게 빠르고 많은 것을 요구하며 비현실적인 기대치를 설정한다. 이는 종종 상대의 역량을 넘어서는 수준이다. 기대가 충족되지 않을 경우 가혹하게 반응한다.

5. **마이크로 매니징**: 타인의 업무 수행을 신뢰하지 않으며, 문제 해결이나 의사결정을 스스로 하려 한다. 구성원이 주도적으로 일할 수 있도록 권한을 부여하지 않는다.

6. **팀에 책임감을 부여하지 않음**: 팀이 결과에 책임을 지지 않으며 마감일을 맞추기 위해 전략과 동떨어진 방식으로 분투한다. "이 정도면 됐다"는 안일한 태도로 인해 품질에 대한 집중력이 떨어진다.

7. **집중하지 않고 경청하지 않음**: 자신의 생각과 다른 아이디어에는 귀를 기울이지 않는다. 다른 사람이 말할 때 딴짓을 하거나, 자신의 생각을 말하기 위해 끼어든다.

8. **과도한 자기중심성**: 팀보다 자신의 관심사나 이익을 우선시한다. 다른 사람의 성과를 과장하거나 가로채 자신의 공으로 돌린다.

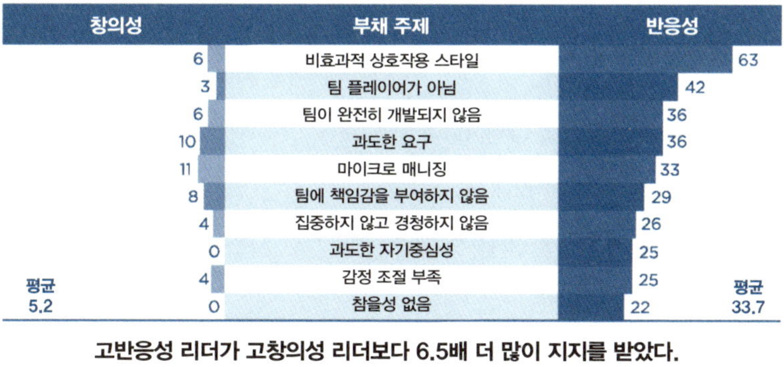

창의성	부채 주제	반응성
6	비효과적 상호작용 스타일	63
3	팀 플레이어가 아님	42
6	팀이 완전히 개발되지 않음	36
10	과도한 요구	36
11	마이크로 매니징	33
8	팀에 책임감을 부여하지 않음	29
4	집중하지 않고 경청하지 않음	26
0	과도한 자기중심성	25
4	감정 조절 부족	25
0	참을성 없음	22

평균 5.2 / 평균 33.7

고반응성 리더가 고창의성 리더보다 6.5배 더 많이 지지를 받았다.

그림 6.1 고반응성 리더의 상위 10대 부채

9. 감정 조절 부족: 성격이 급하고, 일이 계획대로 되지 않을 때 쉽게 분노하거나 감정적으로 폭발한다.
10. 참을성 없음: 다른 사람이 속도를 맞추지 못하면 쉽게 좌절하고, 그들이 충분한 정보를 바탕으로 판단할 시간을 주기보다는 서둘러 몰아붙인다.

그림 6.1은 고반응성 리더의 상위 10가지 부채에 대한 지지 점수를 보여준다. 그림의 '오른쪽'에는 고반응성 리더의 점수가, '왼쪽'에는 고창의성 리더의 점수가 표시되어 있다. 고창의성 리더는 고반응성 리더와 달리 이러한 부채 항목들이 거의 언급되지 않았으며, 선택의 여지가 많다는 점에서 뚜렷한 차이가 있다. 고창의성 리더에게서 언급된 유일한 부채는 과중한 업무와 관련된 항목이었으며, 이 외에는 부채에 대한 언급이 거의 없었다.

수치를 간단히 비교해 보면 차이를 알 수 있다.

비효과적 상호작용 스타일, 63대 6

팀 플레이어가 아님, 42대 3

팀이 완전히 개발되지 않음, 36대 6

과도한 요구, 36대 10

마이크로 매니징, 33대 11

평균을 내보면, 고창의성 리더의 평균 점수는 5.2점인 반면, 고반응성 리더는 33.7점으로 무려 6.5배 차이가 난다. 고창의성 리더의 상위 10가지 강점은 고반응성 리더보다 2.3배 더 높은 지지를 받았으며, 차별적 강점 목록에서는 고창의성 리더가 무려 6배 더 지지를 받았다. 반대로 고반응성 리더는 부채가 '6.5배 더 많다'는 점이 분명히 드러났다.

창의성이 높은 리더의 상위 10대 강점은 대부분 사람과 관련된 특성이다. 반면, 반응성이 높은 리더의 상위 10대 부채는 매우 취약한 인간관계와 관련된 항목들이다. 이 목록은 '깊은 인간관계'나 '인간성'과는 거리가 멀고, '목표 달성'을 위한 영감을 줄 가능성 또한 매우 낮다. 만약 사람을 무시하고 낙담시키며 영향력을 빼앗는 방법의 목록이 필요하다면, 바로 이 목록이 그 예시일 것이다. 반물질이 물질을 소멸시키듯, 이러한 반관계적 행동은 리더의 인간관계를 무너뜨리고, 결국 리더의 효과성 자체를 약화시킨다. 더불어 이러한 반응 중심의 행동은 리더십 확장의 기반을 파괴하고 손상시켜 조직의 성장마저 저해하게 된다.

고반응성 리더는 전체 데이터베이스의 28%를 차지한다. 경험적으로 볼 때, 이는 대부분의 시니어 리더십 팀에서도 유사하게 나타나는 비율이다. 만약 시니어 리더십 팀의 28%가 고반응성 리더로 구성되어 있다면, 그로 인해 발생하는 비용과 놓치는 투자수익률을 생각해 보아야 한다.

사례: 에드와르도

에드와르도는 한 조직의 대표다. 아래에 제시된 평가를 통해 그가 현재의 직책으로 승진하는 데는 도움이 되었지만 리더로서 차별화되지 못하게 만든 강점이 무엇인지 살펴보자. 또한 에드와르도가 리더로서 지닌 부채는 무엇인지 분석해보자.

> 에드와르도는 매우 영리하며 보통 다른 사람들보다 먼저 해결책을 찾아냅니다. 이것이 종종 그의 실패 원인이 됩니다. 그는 솔루션 실행을 위해 빠르게 움직이는 데, 조직은 그보다 두 단계 뒤에 있기 때문입니다. 이로 인해 팀과의 단절이 생겨요. 사장의 역할은 "사람들에게 낚시하는 법을 가르치는 것"이어야 합니다. 안타깝게도 에드와르도는 조직의 대응 부족에 좌절해서 물고기를 직접 잡습니다. 이는 사람들로 하여금 그들이 사장의 기대에 부응할 수 없다고 느끼게 하고, 불안과 좌절의 분위기를 조성하게 합니다.

에드와르도는 원하는 비전을 만들기 위해 팀을 활용하지 않아요. 그는 똑똑하고 누구보다 빨리 답을 찾아내기 때문에 인내심을 잃고 모든 일을 혼자 하기로 결정합니다. 결국 다른 사람들의 의견을 놓치고 비전에 대한 지지를 얻지 못합니다. 자신의 입장이 확고해지면 유효한 의견과 대안적인 관점을 무시하는 경우가 많습니다.

에드와르도는 자신이 가장 잘 안다고 생각합니다. 그래서 팀원들에게 자신감을 불어넣지 않습니다. 그의 '전문성에 기반한 오만'은 독재적인 리더십 스타일을 만들고, 이는 내부적으로 적대적인 관계(에드와르도 대 모든 사람)를 만듭니다. 시간이 지나면서 이러한 결과는 외부 파트너에게도 확산될 거예요. 결국 인재를 계속 잃게 되고, 비즈니스 성과에까지 영향을 미치게 될 것입니다.

우리가 어디에서나 흔히 만날 수 있는 리더들과 마찬가지로, 에드와르도는 한계에 도달한 뛰어난 인재의 전형이다. 그는 성장 격차에 직면해 있으며, 그 결과 리더십의 효과성은 한계에 도달했을 뿐 아니라 지속적으로 감소하고 있는 것으로 보인다.

이 주관식 응답이 에드와르도의 비즈니스 맥락을 명확히 설명해주지는 않지만, 그는 현재 역량을 초월한 상황에 놓여 있고 스트레스가 많으며, 기본적으로 반응성 태도를 보여 전반적인 효과성이 떨어진다고 볼 수 있다. 차별화되지 않은 강점(아무리 뛰어나다 하더라도)과 압박을 받을 때 나타나는 반응성 행동의 조합으로 인해 에드와르도는 확장의 한계에 직면해 있다. 너무 많은 것이 그에게 달려 있으며, 더 많이, 더 열심히, 더 빠르게 일하려는 시도는 오히려 그의 리더십을 악화시키고 있다. 에드와르도의 도전은 단순히 역량을 추가로 개발하는 데 있는 것이 아니라, 반응성 리더십의 한계를 넘어 리더십 확장의 첫 번째 조건인 창의성 리더로 진화하는 데 있다.

리더십 비율[1]

그림 6.2는 고창의성 리더와 고반응성 리더, 두 그룹의 모든 강점과 부채에 대한 총합을 보여준다. 이 총 점수는 상위 10개 목록을 기준으로 한 것이 아니라, 이번 조사에서 나타난 40가지 강점과 37가지 부채 전체에 대한 지지 점수를 합산한 결과이다. 고창의성 리더의 강점에 대한 총 지지 점수는 1,113점, 부채에 대한 총 지지 점수는 255점으로, 강점 대 부채의 비율은 4.4 대 1이다. 반면 고반응성 리더는 강점 593점에 비해 부채가 667점으로 더 많다. 그 비율은 0.9 대 1이었다. 이 두 그룹의 리더가 가진 강점과 부채의 균형이란 무엇인가? 각 그룹의 '리더십 비율'은 어떠한가?

생각해 보라. 리더십 비율이 0.9 대 1이라는 것은 곧 스스로를 방해하고 있다는 뜻이다. 더 열심히, 더 오래 일할 수록 자신이 더 큰 장애물이 되고, 성취는 점점 줄어든다. 이에 대응하려고 더욱 열심히 일하겠지만, 결국 개인적으로든 동료들과 함께든 벽에 부딪히게 된다. 그

---

[1] 리더가 조직과 사람들에게 긍정적 영향을 주는 강점과 조직의 성장을 저해하거나 방해하는 부채를 숫자적으로 비교하는 지표를 의미한다.

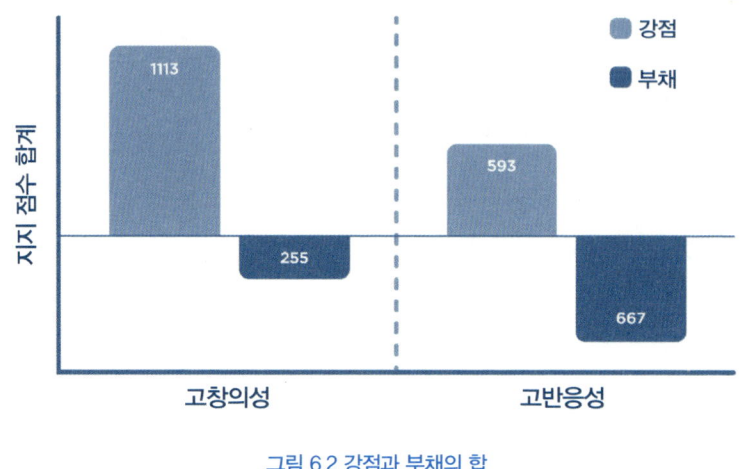

그림 6.2 강점과 부채의 합

렇다고 해서 성과를 내는 데 능숙하지 않다는 뜻은 아니다. 다만 리더십의 관점에서 보면, 중요한 성과를 만들어내기 위해 사람과 팀의 역량을 개발하고 능력을 끌어올리는 일, 즉 리더십을 확장하는 데 있어서 성공하지 못하고 있다는 뜻이다.

리더십 비율은 리더가 직원과 조직에 미치는 영향력을 나타내는 지표이다. 조직과 환경의 복잡도가 증가함에 따라 리더십 배수leadership multiple-리더십 수익률-도 함께 증가해야 한다. 예를 들어 한 시간을 투자하고 그에 상응하는 한 시간의 결과만 얻는다면, 이는 시간을 비효율적으로 사용하는 것이다. 그런 방식으로 일하는 리더는 효과적인 리더군에 속할 수 없다. 훨씬 더 잘할 수 있고, 또 그래야만 한다. 훨씬 더.

그렇다면 리더십 배수를 어떻게 높일 수 있을까? 그것은 리더십 비율을 높임으로써 가능하다. 매우 효과적인 리더는 자신이 들인 시간과 상호작용 활동에 대해 10배, 20배, 심지어 1,000배에 이르는 효과를 만들어낸다. 이는 높은 리더십 비율을 유지하기 때문에 가능하다. 조직이 성장함에 따라 리더의 리더십 비율이 함께 증가하지 않는다면, 그 리더는 리더십 확장에 한계가 있는 것이다. 이는 리더십 팀에도 그대로 적용된다. 리더십 팀의 리더십 비율이 상승하지 않는다면, 조직 전체의 리더십 또한 필요한 수준까지 확장되지 못한다.

또한, 고반응성 리더라면 비차별적인 강점을 바탕으로 리더십을 발휘할 가능성이 높다. 다시 말해, 그는 다른 사람의 역량과 능력치를 개발하기보다는 자신의 추진력과 역량으로 결과를 만들어내는 방식으로 리더십을 행사한다. 따라서 0.9 대 1의 리더십 비율은 리더십 확장으로 이어지지 못한다. 이것은 심각한 부채다. 당신은 자신과 리더십 팀의 효과성을 저해하고, 심지어 무효화하고 있다. 리더십을 확장할 수 있는 조건을 만들어내지 못할 뿐 아니라, 오히려 그러한 조건이 형성되는 것조차 적극적으로 막고 있는 셈이다.

신젠타Syngenta CEO 에릭 피르발드Erik Fyrwald는 혼자서는 아무것도 할 수 없음을 깨달았던 순간을 회상한다. "15년 전, 저는 제 스스로를 내려놓고 다른 사람을 신뢰하며, 제가 항상 옳은 판단을 내리는 가장 똑똑한 사람이 될 필요가 없다는 것을 배우기 전까지는 더 이상 비즈니스를 운영할 수 없다는 사실을 깨달았습니다."

에릭은 '자신을 내려놓기', '다른 사람을 신뢰하기', '회의실에서 가장 똑똑한 사람이 될 필요가 없다'는 세 가지 개발 어젠다를 통해 자신의 리더십 배수를 높이는 동시에 복잡도에 대처할 수 있는 역량을 키

왔다. 그는 다른 사람들과 팀 내에서 지속적으로 더 큰 역량을 창출하는 방식으로 행동함으로써 리더십 배수를 높일 수 있었다.

에릭의 이 뼈아픈 학습은 그의 주변 사람들에게도 전파되고 있다. 현재 우리는 에릭과 그의 고위 경영진, 그리고 신젠타 비즈니스의 큰 부분을 책임지고 있는 사장 존 파르John Parr와 함께 일하고 있다. 존은 자신의 리더십에 대한 피드백을 받은 뒤 노트를 꺼내 두 단어를 적고 (그림 6.3), "이것이 내가 리더십을 바라봐야 하는 방식입니다"라고 말했다. "에고에 의해 지배당하지 말고, 팀의 역량과 능력치를 키우는 방식으로 결정을 내리고 이끌어야 합니다." 존은 함께 일하는 리더들을 개발하기보다는 자신과 다른 사람들을 더 강하게 몰아붙이고 강요하는 것이 리더십 비율을 낮춘다는 점을 알고 있었다.

존은 자신을 내려놓고 다른 사람을 개발하며 책임의식을 부여했다. 동시에 더욱 철저히 인간적인 리더로 성장했다. 그 결과, 그는 규모 확장을 위한 탄탄한 토대를 구축했다.

리더가 변화하면 모든 것이 달라진다. 에릭이 자신의 리더십을 되돌아보고 변화시킴에 따라 그의 팀 전체와 고위 임원진도 함께 변화하고 있다. 이는 이제 에릭과 신젠타의 최우선 과제가 되었다. 이것이 바로 확장형 리더십이 작동하는 방식이다.

그림 6.3 에고 내려놓기(Let Ego Go)

당신의 리더십 수익률은 어느 정도인가

당신의 강점이 오히려 부채를 배가시키고 있지는 않은가? 아니면 당신의 길을 가로막고 있지는 않는가? 당신의 리더십 수익률은 어느 정도인가? 당신의 리더십 비율은 높은 수익률을 보이고 있는가? 주변의 다른 리더를 개발하고, 모든 상호작용을 통해 직원들의 역량과 능력치를 높임으로써 당신은 리더십 배수를 높이고 있는가?

당신은 '더 철저하게 인간적'이 되는 것, 그리고 '목적에 기반한 성취를 위한 시스템 디자인'에 집중하며 '깊은 관계'를 맺는 것을 통해 리더십을 확장할 수 있다. 당신의 개인적 리더십과 집단 리더십 모두에서 업무와 관계 사이의 최적의 균형점을 찾아냄으로써 리더십을 확장할 수 있다.

관계-업무 균형

리더십 비율은 깊고 진정성 있는 관계를 통해 의도적이고 전략적인 업무 성취를 이루는 능력과 직접적으로 연결되어 있다. 리더십서클 프로필에서 원의 세로축은 리더의 '리더십 단계'를 나타내며, 상반원은 '창의성', 하반원은 '반응성'을 의미한다. 가로축은 '관계'에서 '업무'로 이어진다. 좌반원은 리더가 자신과의 관계, 그리고 타인과의 관계를 어떻게 맺는지를 보여주고, 우반원은 리더가 업무를 어떻게 수행하는지를 표현한다. 이 네 개의 영역으로 구성된 4사분면 프레임워크가 유니버설 리더십 모델과 리더십서클 프로필의 기초가 된다(그림 6.4).

리더는 사람들을 '창의성'의 관점으로 관리할 수 있다. 이는 높은 자기 인식과 감성 지능을 바탕으로 사람과 팀, 조직의 참여를 유도하고 힘을 실어주며, 최고의 모습을 이끌어내는 방식이다. 반대로 리더는 사람들을 '반응성'으로 관리할 수도 있다. 이 경우, 조화와 수용의 욕구 때문에 자신의 힘을 지나치게 쉽게 포기하는 방식이다.

또한 리더는 '업무 창의성'을 바탕으로 행동할 수 있다. 목적과 비전에 따라 움직이며, 이를 효과적으로 실행에 옮겨 결과를 창출하고 시스템 개선으로 이어지게 하는 방식이다. 반면, '업무를 반응성'으로 수행하는 리더는 과도한 권한을 행사하고 지나치게 통제적이며, 마이크로 매니징을 하고 조직과 사람을 지속 가능한 수준을 넘어설 때까지 몰아붙이는 경향이 있다.

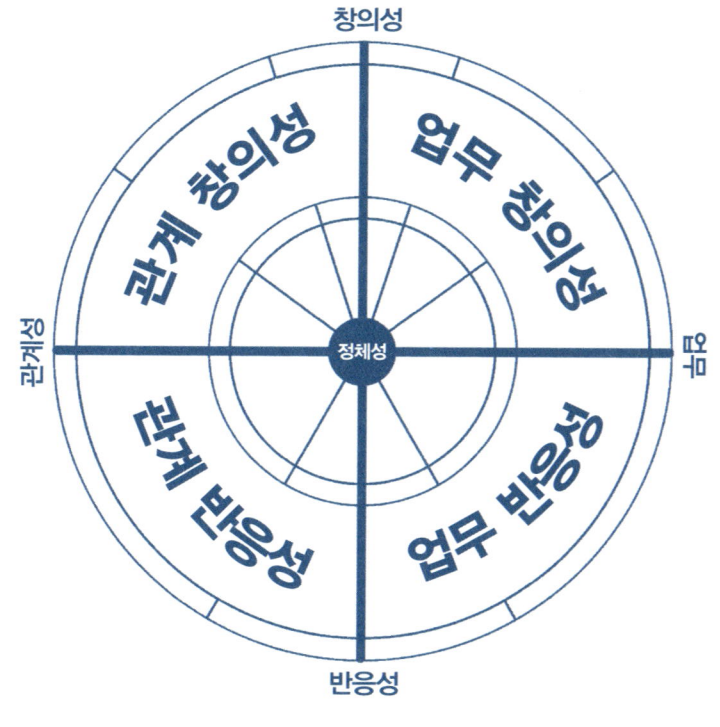

그림 6.4 리더십 4사분면

리더십서클 프로필은 업무 강점과 관계 강점 간의 균형을 측정한다. 이 균형은 불균형보다 훨씬 더 효과적이며, 균형을 이루는 것은 리더십 비율과 밀접한 관련이 있다. 관계와 업무가 균형을 이루지 못하면 리더십 비율은 낮아지고, 두 영역이 균형을 이루면 리더십 비율은 높아진다.

사람들을 창의성으로 이끌고, 목적에 기반한 업무 성취에 집중하도록 하는 능력은 효과적인 확장형 리더십의 핵심이다. 앨런 멀러리

Alan Mulally는 그러한 리더 중 한 사람이다. 그는 보잉 상용기Boeing Commercial Airplanes의 CEO로서 큰 성공을 거두었으며, 2006년에는 포드 자동차Ford Motor Company의 사장 겸 CEO로 영입되었다.

앨런은 포드에 입사한 첫날부터 뛰어난 리더십 비율을 발휘했고, 불과 2년 만에 전 세계 직원들은 그와 직접 소통했는지 여부와 관계없이 그와 강한 유대감을 느꼈다. 그는 자신의 경력 동안 '함께 일하기'를 위한 일련의 원칙과 실천 방식을 개발했다. 아래에 나열한 그의 원칙 중 절반 이상이 고창의성 리더의 상위 10대 강점 목록에 포함되어 있으며, 이 모든 원칙은 리더십서클 프로필의 창의성 역량에 해당한다. 이는 곧 리더십 확장을 위한 핵심 조건들과 직접적으로 연결된다.

- 사람 우선
- 비배제 원칙
- 강력한 비전, 포괄적 전략, 끈질긴 실행 계획 [생성적 긴장감을 조성함]
- 명확한 성과 목표
- 하나의 계획
- 사실과 데이터… 비밀은 관리할 수 없다… 데이터는 우리를 자유롭게 한다.
- 계획, 상태, 특별한 주의를 필요로 하는 영역을 누구나 알고 있다.
- 계획을 제안하고 방법을 찾으려는 긍정적 태도
- 서로 존중하고, 경청하고, 돕고, 감사하기
- 정서적 회복력… 프로세스 신뢰하기
- 즐겁게 일하기… 여정과 서로를 즐기기[1]

앨런의 '함께 일하기' 원칙과 실천 목록은 사람과 계획, 업무에 대한 집중, 그리고 실행을 위한 협력 사이를 유기적으로 넘나들며 강력한 효과를 발휘한다. 놀랍지 않게도, 앨런은 보잉 상용기와 포드 자동차의 수장으로 재직하는 동안 미국 최고의 CEO 중 한 명으로 손꼽혔다. 이는 관계와 업무 사이의 균형을 최적화하는 그의 탁월한 리더십 능력 덕분이었다.

하지만 한 가지 더 있다. 앨런은 리더는 자신과 함께 일하는 사람들을 사랑해야 한다는 신념을 굽히지 않는다. 그는 CBS와의 인터뷰에서 이렇게 말했다. "성공의 목적은 다른 사람을 위해 봉사하는 것입니다. 인생의 목적은 사랑하고 사랑받는 것입니다."[2]

다른 CEO들이 앨런의 사례를 보고 "직원들을 사랑해야 한다는 뜻인가요?"라고 묻곤 한다. 이에 대한 그의 대답은 명확하다. "왜 안 그럴까요? 그들은 깨어 있는 시간의 4분의 3을 당신이 세상을 위한 놀라운 무언가를 만들어내는 데 바치고 있습니다." 그는 업무와 관계의 균형이 얼마나 중요한지를 자연스럽게 터득했고, 다른 사람들을 위해 끊임없이 봉사하는 삶을 실천해왔다.

창의성 리더십은 반응성 리더십보다 훨씬 더 효과적이며, 업무와 관계 역량 모두에서 강점을 보인다. 이것이 바로 여성 리더가 남성보다 더 창의적이고 효과적인 리더로 인식되는 주된 이유이며, 더 나은 성과를 내는 이유이기도 하다. 실제로 여성 리더는 리더십의 음(陰)과 양(陽)을 보다 조화롭게 통합하는 경향이 있다.

고창의성 리더는 직원 개발과 결과 중심의 업무 사이에서 최적의 균형을 이룸으로써, 그들의 리더십이 배가 효과를 낼 수 있게 한다. 이들의 리더십서클 프로필 상에서의 관계-업무 균형 평균 점수는 87번째 백분위수에 해당할 만큼 상당히 높다. 반면 고반응성 리더는 준거집단 대비 10번째 백분위수에 머무른다.

또한 고반응성 리더는 사람들을 무시하거나 위축시키는 경향이 있어서 리더십 비율 측면에서 강점보다 부채가 더 높은 수준을 보이게 된다. 이로 인해 자신의 리더십뿐 아니라 다른 사람들의 공헌마저 무효화하고 만다. 이들의 리더십은 확장을 위한 조건을 스스로 저해하기 때문에 결국 확장되지 않는다.

리더는 모든 직위의 사람들과 원만한 관계를 맺어야 할 도덕적 의무가 있다. 리더가 되거나 리더십의 지위에 오르게 되면, 그것은 곧 사람 비즈니스에 종사하게 된다는 뜻이다. 구성원, 팀, 조직을 통해 성과를 확장해야 하는 임무를 맡은 것이다. 직접 결과를 만드는 것이 아니라, 사람들이 결과를 만들어내도록 이끌어야 한다. 그리고 조직에서 더 높은 지위로 올라갈수록, 관계 영역에서 더욱 탁월해져야 하며, 관계 역량 또한 함께 확장해나가야 한다.

과제

당신은 이미 '큰 한 가지'를 파악함으로써 리더십 비율을 개선하는 여정을 시작했다. 이제 다음 단계는 '큰 한 가지 부채(One

Big Liability)'를 찾아내는 것이다. 잠시 시간을 내어 다음을 실천해보자.

- 가장 큰 부채가 무엇인지 파악하라. 고반응성 리더의 상위 10대 부채 목록과 리더십서클 프로필에서의 반응성 차원에 대한 자신의 점수를 검토하라. 습관적으로 반복하는 반응성 행동 중 어떤 것이 당신의 효과성과 업무를 방해하고 있는가? "내가 그 행동을 멈춘다면, 나의 리더십을 완전히 새로운 차원으로 끌어올릴 수 있는 행동은 무엇인가?"라고 스스로에게 질문해보라.
- 자신의 큰 한 가지 반응성 성향이 무엇인지 고민하고, 당신을 잘 알고 신뢰할 수 있는 사람들에게 피드백을 구하라. 효과적인 리더가 되는데 있어 당신을 방해하는 '큰 한 가지'가 무엇인지 묻고 그들의 통찰을 들어보라.
- 개발 계획 양식에 당신의 반응성 성향을 기록하라.

'큰 한 가지'와 '큰 한 가지 부채'에 대해 솔직히 말하는 것은 생성적 긴장을 만들어낸다. 그렇게 함으로써, 당신이 진정으로 원하는 리더십 방식과 현재 실행하고 있는 방식 사이의 간극을 인식하고 그 위에서 작업할 수 있다. 이 과정을 통해 변화의 동력이 생겨난다. 두 가지 모두에 대해 자신이 어떻게 행동하고 있는지를 지속적으로 피드백을 받다 보면, 어느새 당신은 자연스럽게 자신이 바라는 리더로 변화해 있을 것이다.

- 7장 -
상쇄 효과

"저 사람은 자기 방식에서 벗어나지 못해요." "그녀는 계속 자기 발등을 찍어요." "그는 스스로를 무력화시키고 있어요." "그 대화가 믿어지세요? 지난 3주 동안 우리가 했던 모든 일이 완전히 무효가 되었어요." 이런 말을 얼마나 자주 들어왔는가? 개인적으로 가장 눈길이 가는 말은 "그는 계속 자충수를 두고 있어요"라는 표현이다. 보기 좋은 장면은 아니다.

이러한 진술은 우리가 상쇄 효과Canceling Effect 부르는 현상을 드러낸다. 리더, 또는 전체 리더십 조직이 상쇄 효과를 경험할 때, 리더십의 강점이 부채에 의해 상쇄된다. 그 결과, 그들의 리더십은 확장될 수 없고 실제로도 확장되지 않는다.

다음은 시니어 리더인 짐에 대한 피드백이다. 이 진술에서 그의 리더십에서 상쇄 효과가 나타나는 것을 분명히 볼 수 있다.

짐의 경영 스타일은 매우 전문적이고 중심이 잘 잡혀 있는 모습에서부터 유치하고 옹졸한 모습까지 들쭉날쭉합니다.

짐은 멘토링해야 할 대상들과 다소 단절된 상태인 것으로 보입니다. 그가 시간에 쫓기고 있다는 점은 이해할 수 있지만 조직 내 사람들과의 연결을 위해 더 많은 노력을 기울이고, 자신을 조금 더 개방하여 유대감을 형성할 필요가 있습니다. 그래야만 사람들이 그를 따르고 싶어질 테니까요.

짐은 관계의 힘과, 관계가 자신과 다른 사람들의 비전을 실현하는 데 만들어낼 수 있는 시너지를 과소평가하고 있습니다. 확장된 비전을 이루기 위해 동료들과 자원과 노력을 결합하는 방법을 모색하기보다는, 혼자서 모든 것을 해내려는 경향이 있습니다.

짐은 스스로를 상쇄하는 리더의 대표적인 예이다. 그는 유능한 전문가이지만, 그의 리더십은 확장되지 않고 있으며, 접근 방식을 바꾸지 않는 한 확장될 가능성도 없다. 그는 늘 시간에 쫓기며, 비즈니스에서 관계의 힘을 효과적으로 활용하지 못하고 있다. 조직이 성장함에 따라, 짐은 주변 사람들과의 더 나은 관계 형성과 리더십 개발을 통해 더 큰 성과를 이룰 수 있음에도 불구하고 더 열심히, 더 오래 일하는 방식에 매몰되어 있다. 그 결과 그는 한계에 부딪혔으며 리더십 확장에도 실패하고 있다.

짐은 최선의 의도를 가지고 있지만 자신의 리더십을 스스로 상쇄하고 있다. 이는 다른 사람들의 역량뿐 아니라 조직 전체의 역량까지 제한한다.

상쇄 효과

그림 하나가 수천 개의 단어 이상의 정보를 보여줄 때가 있다. 그림 7.1은 고반응성 리더의 상위 10대 강점이 상위 10대 부채에 의해 무효화되는 상쇄 효과를 보여준다. 강점은 '왼쪽'에, 부채는 '오른쪽'에 배열되어 있으며, 각각의 막대 차트는 중앙에서부터 양방향으로 그려져 있다. 왼쪽에서 오른쪽으로, 다시 오른쪽에서 왼쪽으로 앞뒤로 읽어가며 고반응성 리더의 강점과 부채를 직접 비교해보자. 예를 들어, 추진력이 있으며 열정적이지만(61), 상호작용 스타일이 비효과적이다(63). 비전과 전략은 뛰어나지만(54), 팀 플레이어로서의 역할은 부족하다(42). 강력한 네트워킹 능력을 가지고 있지만(41), 팀을 제대로 개발하지 못했다(36). 특정 분야나 테크니컬 지식은 풍부하지만(38), 과도한 요구를 한다(36).

이처럼 앞뒤로 비교해보면, 고반응성 리더의 강점은 각기 상응하는 부채로 상쇄되고 있으며 강점과 부채의 지지 점수가 거의 동일하다.

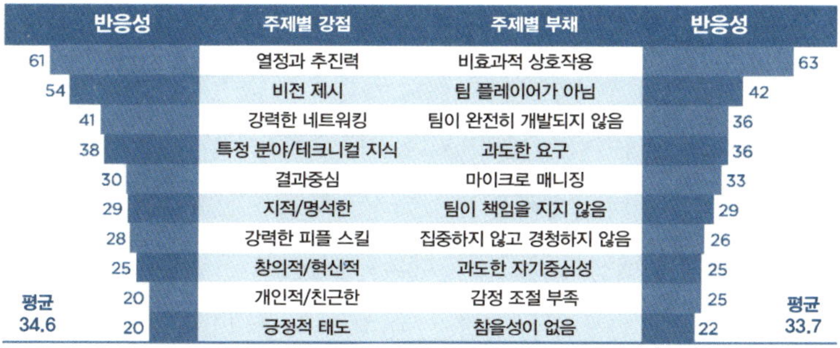

반응성		주제별 강점	주제별 부채	반응성	
61		열정과 추진력	비효과적 상호작용		63
54		비전 제시	팀 플레이어가 아님	42	
	41	강력한 네트워킹	팀이 완전히 개발되지 않음	36	
	38	특정 분야/테크니컬 지식	과도한 요구	36	
	30	결과중심	마이크로 매니징	33	
	29	지적/명석한	팀이 책임을 지지 않음	29	
	28	강력한 피플 스킬	집중하지 않고 경청하지 않음	26	
	25	창의적/혁신적	과도한 자기중심성	25	
평균 34.6	20	개인적/친근함	감정 조절 부족	25	평균 33.7
	20	긍정적 태도	참을성이 없음	22	

고반응성 강점은 부채의 1.0배 – 본질적으로 동일/상쇄된다.

그림 7.1 상쇄효과

이것이 바로 상쇄 효과가 작용하는 방식이다. 실제로 상위 10대 강점 점수와 상위 10대 부채 점수의 비율은 1:1이다. 즉, 고반응성 리더는 자신의 리더십을 스스로 상쇄하고 있다.

이 정보를 리더들에게 보여주면, 대부분은 즉시 고개를 끄덕인다. 그들은 우리가 설명하는 내용이 무엇을 의미하는지 정확히 알고 있으며, 실제로 그런 일이 조직 안에서 어떻게 벌어지는지를 이미 보아왔다. "자기 발목을 잡는 리더를 혹시 아십니까?" 혹은 "'말을 많이 할수록 의도에서 멀어지니 그만 말하면 좋겠다'는 말을 듣는 리더를 아십니까?"라는 질문에 리더들은 웃으며 그렇다고 대답한다.

상쇄 효과에 대한 개념을 공유하면 사람들은 거의 항상 "그래요, 그 말이 완벽히 이해가 되네요."라고 말한다. 이어서 리더가 스스로 자신의 방해 행동을 자각할 수 있도록 도와주면, "와, 몰랐네요. 계속 그렇게 하면 결국 더 열심히, 더 오래 일하고도 그 노력에 비해 돌아오는 것은 점점 줄어들겠네요"라고 말하곤 한다.

예를 들어, 어떤 리더는 영감을 주는 비전을 제시하거나 다른 사람들과 네트워킹하는 능력이 뛰어날 수 있다. 하지만 그 일을 어떻게 하느냐에 따라, 오히려 자신의 영향력을 스스로 상쇄할 수도 있다. 얼마나 뛰어난 재능으로 고위 리더십의 자리에 올랐는지를 고려하면, 여전히 조직에 상당한 기여를 하고 있을 수도 있다. 그러나 고반응성 리더일 경우, 그 리더십은 기껏해야 제자리걸음에 머문다. 그로 인해 조직의 확장 역량뿐 아니라 전략을 개발하고 실행하며 원하는 미래를 만들어가는 능력 전체에 부정적인 영향을 미칠 가능성이 크다. 비전과 전략이 실패하는 가장 큰 이유는, 개인적으로든 집단적으로든 효과적이지 않은 리더십 때문이다.

최근에 만난 40대 젊은 리더 자넷은 지금까지 만나본 사람들 중 가장 예리한 리더 중 한 명이다. 자넷은 다국적 기업에서 연간 매출 150억 달러 중 절반을 창출하는 사업 부문을 담당하고 있다. 구성원들은 그녀를 좋아하지만, 늘 바쁜 그녀는 리더로서 자신의 강점을 스스로 상쇄하고 있다는 사실을 인식하지 못하고 있었다.

어느 날, 우리는 중남미에 있는 생산 시설 중 한 곳을 방문해달라는 초대를 받았다. 이 시설은 수년간 최고 수준의 생산 시설로 꼽히며, 회사의 다른 생산시설들이 벤치마킹할 정도로 유명한 곳이었다. 도착하자마자 우리는 회의실로 안내되었고, 생산시설의 리더십 팀이 상사인 자넷과 우리를 대상으로 프레젠테이션을 진행했다. 이들이 그동안 거둔 성과를 보여줄 수 있는 중요한 첫 번째 발표가 시작되고 몇 분 후, 우리는 뒤쪽에서 자넷이 무엇을 하고 있는지 보기 위해 돌아보았다.

그녀는 고개를 숙인 채 스마트폰으로 이메일을 작성하고 있었다. 발표자에게 전혀 주의를 기울이지 않고 있었다. 이런 상황은 약 15분에서 20분간 지속되었고, 우리는 휴식 시간을 가졌다. 휴식 시간 동안 우리는 자넷을 따로 불러내어 이렇게 말했다.

"당신이 지금 하고 있는 행동, 즉 집중하지 않고 경청하지 않는 태도는 그들이 가치 있고 중요한 존재가 아니라는 명백한 메시지를 보내고 있는 것입니다."

자넷은 회사 수익에 매우 중요한 생산시설의 리더십 팀 앞에서 자신이 가진 강점을 스스로 상쇄하고 있다는 사실을 전혀 인지하지 못했다. 그러나 이런 상황은 자넷 혼자만의 문제가 아니다. 아이러니하게도, 그림 7.1에서 나타나듯 고반응성 리더의 강점 중 하나는 '피플 스킬'인데 지지 점수가 매우 높은 편이지만 실제 점수는 낮게 나타난다. 그리고 바로 그 반대편에는 '집중하지 않고 경청하지 않음'이 자리한다.

자넷은 구성원들에게 집중하지 않고 경청하지 않음으로써 자신의 피플 스킬을 상쇄하고 있었다. 효과적인 리더가 되기 위해서는 뉘앙스— 세심하게 주의를 기울이고 다른 사람의 말을 깊이 있게 듣는 태도— 에 집중해야 한다.

그림 7.1에서 또 하나 흥미로운 조합은 결과 지향적인 강점이 마이크로 매니징에 의해 상쇄된다는 것이다. 우리는 종종 결과 중심의 통제형 리더, 즉 고반응성 리더가 마이크로 매니징을 일삼는 모습을 목격하게 된다. 이러한 리더는 구성원들에게 "내가 당신보다 더 잘할 수 있다"는 메시지를 보내는 것뿐만 아니라, 더 나아가 "나는 당신이 이

일을 잘할 수 있다고 믿지 않는다. 당신은 역량과 능력치가 부족하다"는 신호까지도 분명하게 전달한다. 물론 이런 메시지를 의도적으로 보내려는 것은 아니었겠지만 실제로는 그렇게 받아들여진다. 그 결과 리더는 스스로 자신의 리더십을 상쇄하게 된다.

반대로, 사람들이 진정으로 영감을 얻고 동기를 부여받기 위해 무엇이 필요한지 이해하는 리더, 다시 말해 구성원들이 자율성과 재량을 발휘해 자신보다 더 큰 결과를 만들어낼 수 있도록 이끄는 리더는 전혀 다른 방식으로 행동한다. 두 리더십의 차이는 마치 낮과 밤처럼 극명하다.

반응성 성향은 때로 우리에게 유용하게 작용할 수도 있지만, 결국에는 벽에 부딪히게 된다. 그리고 (종종 너무 늦게) 우리는 그 반응성 리더십이 효과적인 리더십을 발휘하는 데 필요한 역량에 도달하지 못함을 깨닫는다.

그러나 우리가 반응성 리더십에서 창의성 리더십으로 전환하는 과정을 경험하게 되면 자신의 강점을 배가하고 동시에 주변 사람들의 역량과 능력치를 적극적으로 활용할 수 있다. 이러한 변화의 물결을 더 많이 탈수록 리더십은 더 넓게, 더 깊이 확장될 수 있다.

당신의 리더십은 확장되는가? 비차별적 강점의 영향력

당신의 리더십은 확장될 수 있는가? 승진을 할 수 있을 만큼 혹은 조직이 4배 성장할 수 있을 만큼, 당신의 리더십은 확장

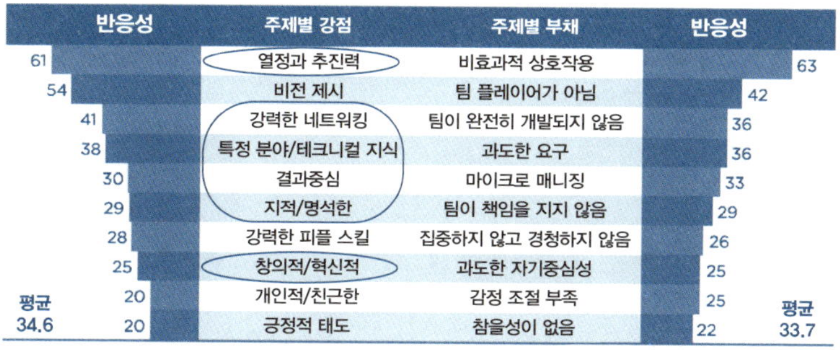

반응성	주제별 강점	주제별 부채	반응성
61	(열정과 추진력)	비효과적 상호작용	63
54	비전 제시	팀 플레이어가 아님	42
41	강력한 네트워킹	팀이 완전히 개발되지 않음	36
38	특정 분야/테크니컬 지식	과도한 요구	36
30	결과중심	마이크로 매니징	33
29	지적/명석한	팀이 책임을 지지 않음	29
28	강력한 피플 스킬	집중하지 않고 경청하지 않음	26
25	(창의적/혁신적)	과도한 자기중심성	25
20	개인적/친근함	감정 조절 부족	25
20	긍정적 태도	참을성이 없음	22
평균 34.6			평균 33.7

고반응성 강점은 부채의 1.0배 – 본질적으로 동일/상쇄된다.

그림 7.2 상쇄 효과 (동그라미 표시는 비차별적 강점)

가능한가? 당신의 리더십은 VUCA 환경에서 성공을 이끌어내기 위한 조직의 창의성 역량을 강화하도록 설계되어 있는가?

만일 당신이 반응성 리더십을 발휘하고 있다면, 리더십의 확장은 어렵다. 그림 7.2는 상쇄 효과를 시각적으로 보여준다. 이 그림에서 비차별적 강점은 동그라미로 표시되어 있다. 이는 리더가 의도하지 않게 스스로의 리더십을 상쇄하고 있음을 나타내며, 리더십 확장을 가로막는 주요 지점을 직관적으로 드러낸다.

다시 말하자면, 비차별적 강점이란 가장 효과적인 리더와 가장 비효과적인 리더 사이에 차이가 나타나지 않는 강점을 의미한다. 실제로 대부분의 비차별적 강점은 고창의성 리더보다 고반응성 리더에게서 더 높은 지지를 받고 있다. 이는 이러한 강점들이 지나치게 강화될 경우, 오히려 리더십의 확장을 방해할 수 있음을 시사한다.

이 두 가지 개념을 함께 고려해보면, 고반응성 리더는 확장될 수 없

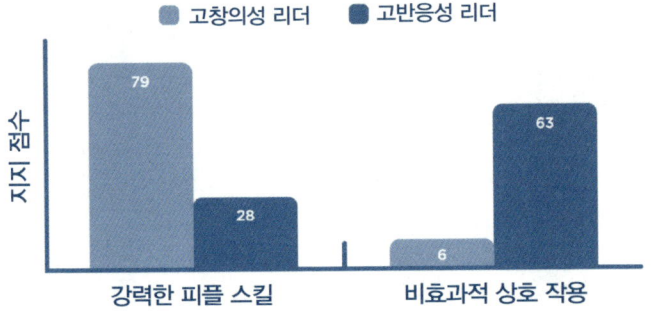

그림 7.3 피플 스킬

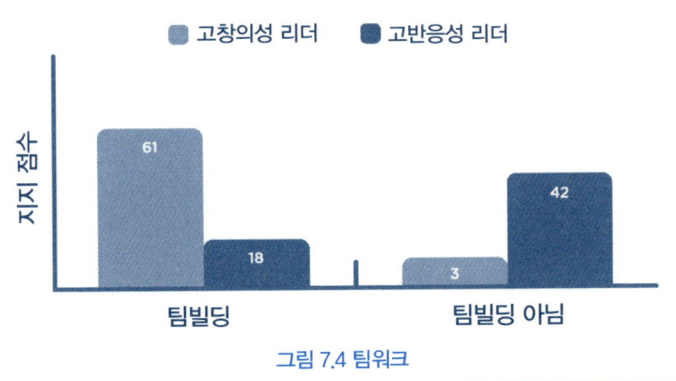

그림 7.4 팀워크

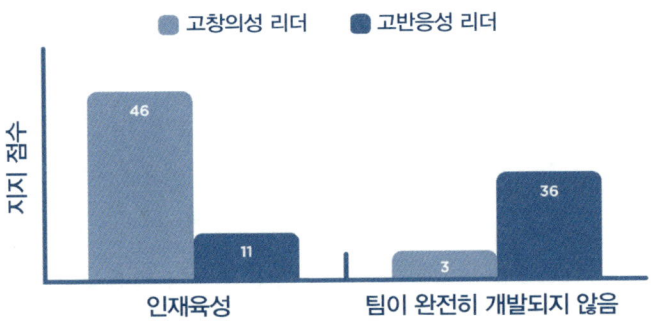

그림 7.5 인재육성과 팀 개발

는 강점에 의존하고 있으며, 그 결과 부채가 다른 강점들을 상쇄하게 된다. 결론은 분명하다. 고반응성 리더는 어느 시점부터 자기 방식에 갇혀 행동하게 되고 그들의 리더십은 더 이상 확장되지 않는다. 그리고 다음에서 보듯이 시스템 전체에 미치는 부정적인 영향도 결국 이러한 리더십 방식에서 비롯된다.

7배수 효과, 7가지 상쇄 효과

주관식 응답에 대한 연구를 수행한 우리 연구팀은 수집된 데이터로부터 7가지 핵심 주제를 도출했다. 이 데이터에 따르면 고창의성 리더는 리더십에서 배수 효과를 얻는 반면, 고반응성 리더는 자신의 효과성을 스스로 상쇄하고 있었다.

그림 7.3부터 그림 7.9까지는 고반응성 리더와 고창의성 리더의 강점과 부채 7가지 항목을 나란히 보여주며, 각 항목에 대한 점수 차이를 시각적으로 나타낸다.

그중 그림 7.3은 상쇄 관계에 있는 두 가지 리더십 행동, 즉 강력한 피플 스킬과 비효과적인 상호작용 스타일을 대비하여 보여준다. 고창의성 리더의 점수는 밝은색, 고반응성 리더의 점수는 진한색으로 표시되어 구분된다. 결론은 명확하다. 고창의성 리더는 강력한 피플 스킬을 통해 리더십을 발휘하고, 주변 사람들의 역량과 능력치를 확장시킨다. 반면 고반응성 리더는 비효과적인 상호작용 스타일로 인해 스스로의 리더십을 상쇄하고 있는 것이다.

그림 7.3부터 그림 7.9를 보면, 유사한 강점과 부채의 조합이 반복된다. 고창의성 리더는 리더십에서 배수 효과를 얻는 반면, 고반응성 리더는 스스로 자신의 발목을 잡는다. 고창의성 리더는 사람 중심의 접근, 팀워크, 인재육성과 임파워먼트, 경청, 침착함, 서번트 리더십을 통해

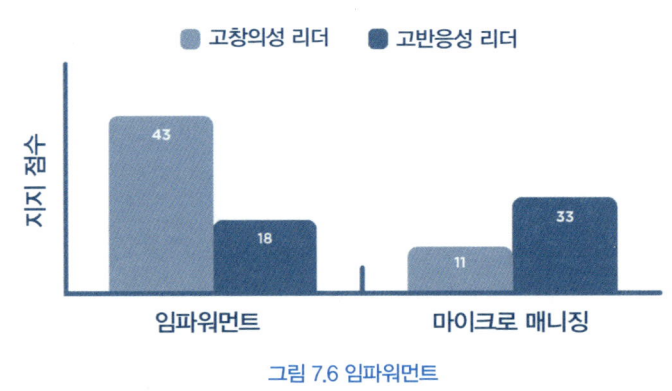

그림 7.6 임파워먼트

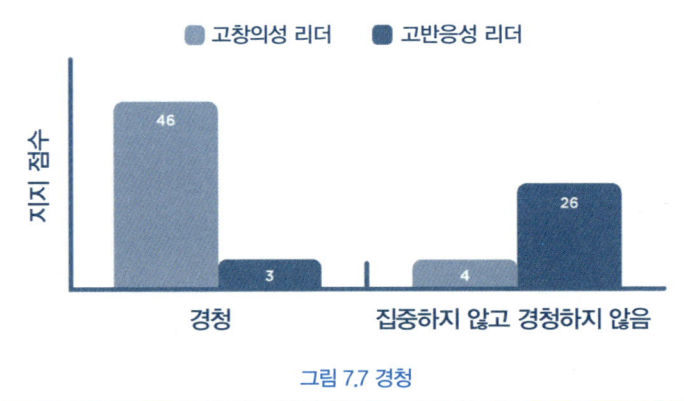

그림 7.7 경청

영향력을 발휘한다. 반대로 고반응성 리더는 비효과적인 상호작용, 팀워크 형성 및 팀 개발 실패, 마이크로 매니징, 경청 부족, 정서적 불안정성, 자기중심적 태도 등으로 인해 자신의 리더십을 상쇄하고 있다.

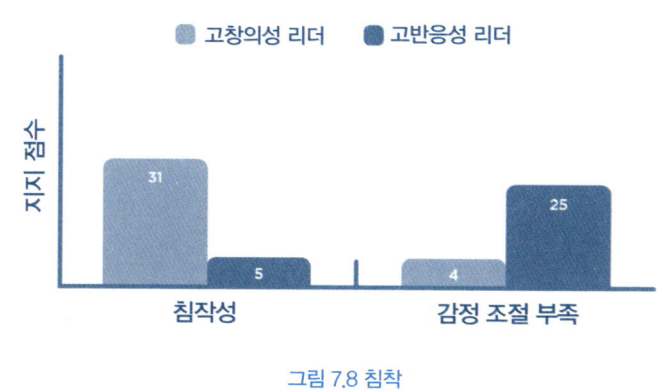

그림 7.8 침착

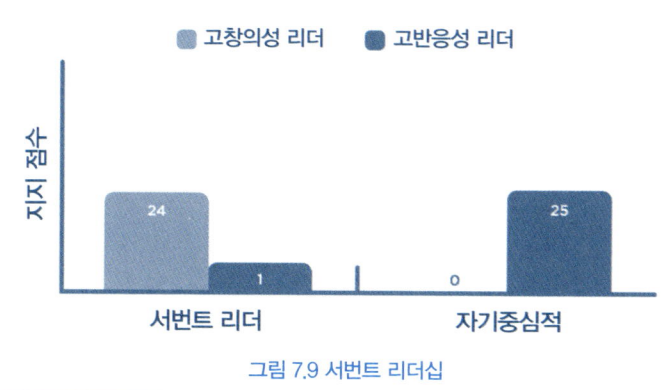

그림 7.9 서번트 리더십

시스템적 상쇄 효과

스스로를 상쇄하는 리더는 폭풍우와 같은 날씨를 불러온다. 우리 연구에서 고반응성 리더는 대기업 고위 리더십 팀 Extended Leadership Teams에 속한 준거집단의 시니어 리더 중 28%를 차지한다. 그들이 일으킨 '날씨 패턴'을 주의 깊게 살펴보라. 이들과 함께 일하거나, 이들을 위해 일하는 사람들이 어떤 영향을 받을지 생각해 보아야 한다. 우리는 고반응성 리더 한 명이 리더십 팀의 분위기, 에너지, 성과에 얼마나 부정적인 영향을 미칠 수 있는지를 잘 알고 있다. 이런 리더가 있는 조직에서는 중요한 대화가 중단되고, 조직 전체가 미봉책을 강구하게 된다. 즉, 핵심 리더를 화나게 하지 않으면서 일을 완수하는 방법을 찾게 되는 것이다. 더 극단적인 경우 리더십 팀은 고반응성 리더와의 직접적인 상호작용을 피하려 한다. 이는 팀원들이 이직을 고려하거나 아예 회사를 떠나는 결과로 이어질 수 있다.

고위 리더십 팀에 속한 시니어 리더의 28% 중 단 한 명만 있어도 엄청난 상쇄 효과를 유발할 수 있다. 그는 자신의 리더십을 스스로 상쇄할 뿐 아니라, 전체 팀 혹은 조직 전체에 심각한 지장을 초래한다. 이것이 바로 리더십 팀의 집단 지성이 팀원들의 평균 수준에도 못 미칠 수 있는 이유다. 고반응성 리더의 한계는 집단 전체의 수준을 최저 공통분모로 끌어내릴 수 있다. 모든 사람이 이 한 사람의 기준에 맞춰 하향 평준화되고 집단 지능이 시너지를 발휘하지 못한 채 서로를 상쇄하게 되는 것이다.

우리는 과거 한 대기업의 전사적 혁신 프로젝트에 참여한 적이 있다. 이 회사의 고위 임원 중 한 명은 회사에 가장 높은 매출을 가져오는 인물이었지만, 동시에 함께 일하는 사람들을 무력화시키는 리더이기도 했다. 그는 엄청난 열정과 추진력을 가지고 있었지만 소통 스타일은 매우 비효과적이었다. 요구가 많고, 자기중심적이며, 참을성이 없었다. 팀 플레이어도 아니었다.

결국 이 리더는 점차 주변 사람들의 에너지와 역량을 갉아먹었고, 그가 떠난 뒤 남은 건 번아웃된 사람들로 가득한 황무지였다.

조직은 그에게 반응성을 줄이고 창의성을 발휘하는 방식으로 행동할 것을 강력히 권유했다. 하지만 그의 고반응성 리더십 스타일은 이미 뿌리 깊게 자리 잡고 있어서 끝내 변화하지 않았다. 안타깝게도 회사는 결국 그를 해고하기로 결정했다. 그가 조직에 남아있음으로써 발생하는 비용이 너무 컸기 때문이다. 이 리더는 다른 사람들을 배제함으로써 조직의 현재 성과는 물론 미래 성장에도 걸림돌이 되고 있었다. 그를 내보내는 것은 조직 전체를 위해 불가피한 결정이었다.

또 다른 사례로, 한 고객사는 연간 수십억 달러의 수익을 창출하는 시니어 리더를 계속해서 고용하기로 결정했다. 하지만 이 리더는 조직의 잠재력을 최소화했고 유능한 인재들이 충분히 기여하지 못하도록 만들었다. 몇몇 인재들은 더 나은 환경과 조건을 찾아 결국 회사를 떠났다. 이 경우, 의사결정자들은 이 리더의 단기적 천재성을 유지하는 대신, 회사의 핵심 가치와 목적, 그리고 장기적인 성장과 번영을 희생하는 대가를 치르게 되었다.

조직은 종종 매우 어려운 선택에 직면한다. 앞의 예시에서 살펴본 것처럼 엄청난 성과를 내지만 동시에 성장을 심각하게 제약하는 천재적인 리더와 계속 함께 할 것인가? 이런 상황에서 조직은 딜레마에 빠진다. 성과만 놓고 보면 그를 내보내기엔 아쉬움이 크지만, 리더십 자리에 두기에는 조직 전체에 미치는 부정적 영향과 비용이 지나치게 크다.

결과적으로 조직은 그를 무시하거나 수용하거나, 혹은 우회하는 방식으로 문제를 모면하려 한다. 특히 조직의 규모가 커질수록 반응성 천재 리더가 주변 사람들에게 미치는 부정적 영향은 점점 더 커진다. 이들은 결국 조직의 성장과 혁신을 가로막는 존재가 된다.

우리는 리더들과 대화를 나눌 때, 종종 그들에게 지난 수년간의 경험과 성취, 그리고 여전히 해결되지 않은 문제들에 대해 성찰하게 한다. 그 과정에서 자주 묻는 질문이 있다. "다시 할 수 있다면, 다르게 했을 것이라고 생각되는 것은 무엇인가요?" 가장 많이 듣는 대답은 거의 항상 같다. "효과적으로 이끌지 못하고 발전 가능성도 보이지 않는 리더를 더 빨리 바꾸기 위해 어려운 결정을 내리는 것." 이것은 쉽지 않은 교훈이지만 우리가 반드시 마음에 새겨야 할 대목이다. 그렇게 결단을 내린다면 우리가 원하는 성과를 더 빠르게 달성할 수 있고 조직 전체에 상당한 긍정적 변화를 가져올 수 있다.

당신이 리더로서, 성과는 내고 있지만 그 과정에서 구성원과 조직에 피해를 주는 동료와 마주하고 있다면 신속하고 단호한 조치를 취해야 한다. 그가 리더십을 업그레이드할 수 있도록 돕거나, 아니면 한 발 물러나도록 해야 한다. 이것이 리더십을 확장할 수 있는 유일한 방법인 경우가 많다. 당신은 지금 배수 효과를 증폭시키고 있는가? 아니면 상쇄 효과를 증폭시키고 있는가?

이 책에서 제시한 데이터는 창의성 리더와 반응성 리더와 함께 일하며 쌓은 실제 경험을 바탕으로 밝혀진 것이다. 창의성 리더는 배수 효과를 증폭시키고 반응성 리더는 상쇄 효과를 증폭시킨다. 리더의 리더십서클 프로필이 점점 창의적으로 변화할수록, 에너지 소모가 줄고 리딩이 쉬워지며, 동시에 리더 개인의 효과성 또한 강화되는 모습을 발견할 수 있었다.

흥미로운 점은, 글이나 인터뷰를 통해 창의성 리더에 대해 이야기할 때, 응답자들이 때때로 부채를 언급하긴 하지만 그 영향을 크게 문제 삼지 않았다는 것이다. 예를 들어, "그녀는 경청을 더 잘할 수도 있겠지만 리더십이 너무 뛰어나서 함께 일하는 것이 오히려 특권처럼 느껴집니다"라고 말하는 식이다.

반응성 리더십에서 증폭되는 부채가 창의성 리더십에서는 최소화된다는 점에 주목하자. 고창의성 리더에게도 부채는 존재하지만, 이들의 리더십 효과성에서 나타나는 배수 효과에 의해 가려져 잘 드러나지 않는다.

증폭 효과는 몇 가지 핵심 요소를 제대로 실행할 때 발생한다. 수치적으로 보면, 고창의성 리더는 상위 10대 강점에 대해 팔로워들로부터 2.3배 더 많은 지지를 받고 있으며, 효과적인 리더십을 가능하게 하는 핵심 강점에서는 무려 6배 더 지지를 받는다. 이들은 강점 대비 부채의 비율이 4.4:1로 높기 때문에, 자신의 강점에 대해 상당한 배수 효과를 얻는다. 또한 업무와 관계의 균형 점수가 87백분위수로 매우 높아서 인재육성을 통해 결과에 집중하는 데 최적화된 리더십을 발휘하고 있다. 이 모든 요소가 맞물리면서 리더십은 자연스럽게 증폭된다. 이는 아래 방정식처럼 표현할 수 있다.

차별화된 강점 x 리더십 비율 x 관계-업무균형 = 증폭 효과

방정식의 각 변수가 다른 변수를 증폭시키기 때문에 이를 증폭 효과 amplifying effect라고 부른다. 고창의성 리더는 자신의 배수와 리더십 효과성을 서로 증폭시키는 방식으로 작동한다. 반면, 반응성 리더 역시 동일한 증폭 구조를 가지고 있지만, 그것이 정반대 방향으로 작용한다.

반응성 리더는 비차별적 강점을 두 배 더 많이 활용하는 경향이 있다. 실제로 이들의 상위 10대 강점 중 6개는 비차별적 강점이다. 또한 이들의 상위 10대 부채는 고창의성 리더보다 6.5배나 많다. 그 결과, 이들의 리더십 비율은 1 미만으로 낮게 나타난다. 다시 말해, 이들은 사람들을 무시하고 권한을 박탈함으로써 관계-업무 균형이 10번째 백분위수에 불과한 수준으로 떨어진다.

반응성 리더는 동일한 방정식을 사용하지만, 그 안에서 상쇄 효과를 증폭시키는 방식으로 작동한다. 그 결과, 이들의 리더십은 확장을 위한 핵심 조건들을 약화시킨다. 결국 리더십은 확장되지 않는다.

피터의 원칙 다시보기

앞의 그래프들을 보면서 우리는 다른 질문을 하기 시작했다. 피터의 원칙The Peter Principle을 들어보았을 것이다. 이 현상은 관리자가 결국 자신의 역량을 넘어서는 직책으로 승진할 때 발생한다. 피터의 원칙이 틀렸다면 어떻게 될까?

피터의 원칙은 1969년에 출간된 동명의 책에서 처음 등장했다. 관리자들에게 피터의 원칙의 의미를 아느냐고 물으면, 그들은 일제히 "무능력의 최고치까지 승진한다"고 말했다. 이는 어느 정도는 사실이다. 하지만 우리의 경험과 연구 데이터를 고려할 때, 리더는 역량 수준이 아니라 개발 수준에 따라 한계에 도달하는 것은 아닌지 의구심이 든다. 리더가 확장의 한계에 도달하거나, 천정에 부딪히거나, 무너지거나, 탈선할 때, 리더는 자신의 능력치의 상한선에 도달한 것일까, 아니면 자신의 개발 수준의 상한선에 도달한 것일까?

우리는 대부분의 경우 후자, 즉 개발 수준의 상한선에 도달한 것이라고 생각한다. 우리 연구에서 가장 효과적인 창의성 리더와 가장 비효과적인 반응성 리더는 모두 각기 재능이 있다는 결론에 이르렀다. 또한 리더의 순수한 영리함과 지능 그 자체만을 본다면, 비효과적인 반응성 리더가 더 재능이 있다고 평가받을 수 있다. 그렇다면 이 사람들이 리더로서 비효과적인 이유는 재능이 부족하기 때문일까? 아니면 다른, 명확하지 않은 이유가 있을까?

경험상, 이 정도 수준의 비효과적인 리더는 훨씬 많은 능력을 갖추고 있지만, 역량이 아니라 개발의 한계에 도달한 것이다. 이 결론은 미래의 리더를 어떻게 개발할지를 재정의한다.

이 주제가 리더십 개발을 재정의함에 있어 얼마나 중요한지를 이해하기 위해서는, 이 책에서 설명하는 각 리더십 수준이 점진적으로 성숙하는 내부 운영 체제에 의해 어떻게 뒷받침되는지를 이해해야 한다. 이너게임이 아웃터게임을 결정한다. 창의성 리더십은 반응성 리더십보다 더 성숙한 이너게임에서 발생한다. 이러한 유형의 리더와 수년간 일해본 결과, 우리는 매우 재능 있는 리더가 한계에 다다랐을 때, 이러한 한계가 대부분 그들의 이너게임 안에 있다는 결론에 도달할 수 있었다. 그들의 이너게임은 피터의 원칙이 말하는 한계에 다다른 상태였다. 진화해야 한다. 그들은 역량 수준의 한계가 아니라, 이너게임의 개발과 성숙의 한계에 도달하고 있는 것이다.

이 책의 후반부에서는 리더가 개발의 한계에 도달했다는 말이 어떤 의미인지를 설명한다. 그런 다음 유니버설 개발 경로를 설명한다. 다음 장에서는 리더가 창의성 리더십의 확장을 통해 조직을 변화시키는 방법에 초점을 맞춰보겠다.

> **성찰**
>
> – 당신은 스스로를 상쇄하고 있는가? 그렇다면 어떤 방식으로 상쇄하고 있는가?
> – 구체적으로 어떤 반응성 강점이 창의성 강점을 상쇄하고 있는가?
> – 비차별적 강점이 당신의 리더십에 어떤 방식으로 영향을 미치고 있는가?
> – 다른 사람에게서 또는 스스로 피터의 원칙을 경험한 적이 있었는가? 어떤 일이 일어났는가?

- 8장 -
리더십 확장 전략

사람들은 종종 리더십이 타고나는 것인지, 아니면 지식과 연습, 피드백을 통해 학습하고 향상시킬 수 있는 것인지 궁금해한다. 정답은 말할 것도 없이 둘 다 '그렇다'이다.

우리는 모두 각기 다른 재능을 갖고 있다. 운동, 예술 등 다른 분야에서 타고난 능력이나 재능이 연습을 통해 충분히 발휘될 수 있는 것처럼 타고난 리더십 능력 역시 개발과 코칭, 꾸준한 연습을 필요로 한다. 타고난 리더십 특성과 관계없이 리더십 능력은 개발할 수 있고 반드시 개발해야 한다.

사례: 제프 힐징거

제프 힐징거Jeff Hilzinger는 리더십을 배우고, 연마하고, 개발하며, 확장할 수 있다는 사실을 몸소 보여준 인물이다. 제프는 미국 전역의 중소기업들이 새로운 장비와 기술을 확보할 때 자본금 유지를 돕기 위한 상업용 장비 파이낸싱과 운영자금대출을 제공하는 금융 회사 말린 비즈니스 서비스Marlin Business Services의 CEO이다.

제프는 지금은 고창의성 리더이지만, 처음부터 그랬던 것은 아니다. 10여 년 전 우리가 그의 조직과 인연을 맺기 시작했을 무렵, 제프는 뛰어난 사업가로 인정받았지만 리더로서는 그저 괜찮은 수준이었다. 그는 기술, 산업, 재무에 대한 지식이 풍부했으며, 비즈니스와 조직 프로세스를 철저히 이해하는 탁월한 전략가였다. 그는 매우 성공적으로 조직을 이끌었지만 그 과정에서 자신과 주변 사람들이 큰 대가를 치르기도 했다.

2007년, 제프가 처음으로 리더십서클 프로필을 받았을 때(그림 8.1), 그는 고반응성 리더로 평가되었다. 그럼에도 그의 리더십 효과성 점수는 80백분위수에 달했다. 제프가 리더십 효과성에서 상대적으로 높은 점수를 받은 이유는 그의 지능, 결단력, 전략적 역량, 재무적 통찰력, 비즈니스 지식, 그리고 있는 그대로를 말하는 용감한 진정성이 엄청난 긍정적 반향을 불러일으켰기 때문이다.

그러나 그의 리더십에는 분명한 단점도 있었다. 그의 반응적 성향이 강점을 상쇄하는 경향이 있었기 때문이다. 권위적이고, 오만하며, 비

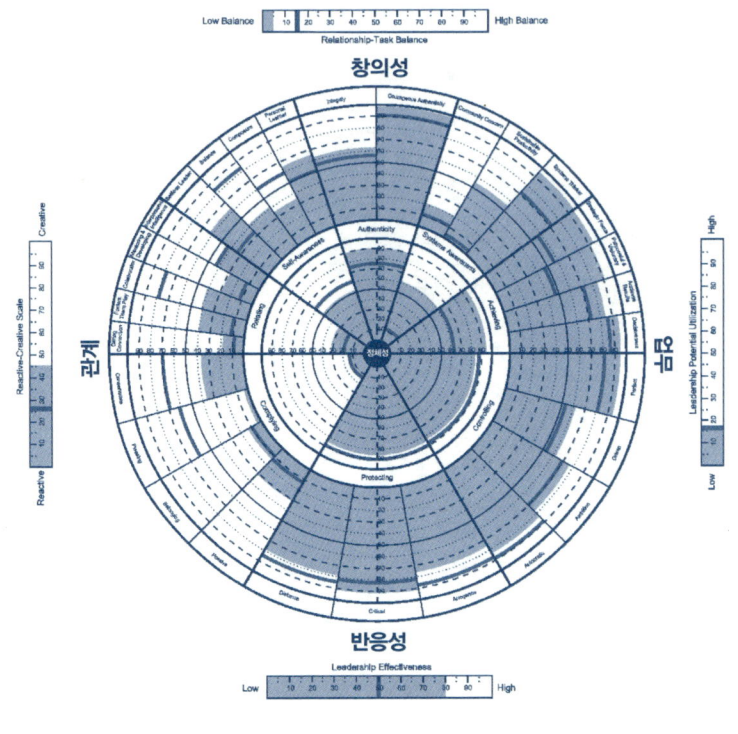

그림 8.1 제프의 첫 번째 리더십 프로필 (2007)

판적이고, 관계에서 거리감을 주는 방식은 다른 사람들이 그의 리더십을 온전히 받아들이기 어렵게 만들었다.

2007년, 아무도 예상하지 못했던 대불황이 코앞에 닥쳐오면서 제프의 리더십이 전례 없는 시험대에 오르게 될 줄은 아무도 몰랐다. 그는 리더십을 업그레이드하고 마음을 내려놓고 개발의 공백을 직면할 필요가 있었지만, 그 당시에는 기존의 방식에서 벗어나기를 거부했다.

대신 항상 해오던 방식 그대로 행동했다.

좋은 소식은 제프가 결국 자신의 리더십을 업그레이드해야 한다는 것과 그것을 경영진과 조직 전체로 확장해야 한다는 사실을 깨달았다는 것이다. 그리고 실제로 그렇게 했다. 오늘날 그는 엄청난 성공을 거둔 전방위적 리더로 거듭났다.

제프는 어떻게 이러한 근본적인 변화를 이뤄낼 수 있었을까? 이제 그 방법에 대해 이야기하고자 한다.

자신을 넘어서는 리더십 확장

수년간 우리는 크고 작은 수백 개의 조직에서 수천 명의 리더와 함께 해왔다. 최고의 리더들은 어떻게 자신을 변화시키고, 리더십을 확장하며, 조직을 변혁할 수 있었을까? 우리는 함께 일한 리더들로부터 이 과정을 이해하는 데 많은 것을 배울 수 있었다. 우리의 경험에 따르면, 이 목표를 달성하기 위해서는 세 가지 주요 단계가 있다.

1단계, 나 자신부터 시작하기: 자신의 내면을 깊이 들여다보고, 리더로서의 강점과 부채를 파악한다. 앞 장에서 제시한 강점과 부채 목록을 검토하고 이를 바탕으로 성찰한다. 리더십서클 프로필을 활용해, 창의성과 반응성, 관계와 업무 사이의 스펙트럼에서 자신이 어디에 위치해 있는지 살펴본다.

- 먼저 알아차림 : 격차 인정하기
- 피드백이 풍부한 환경 만들기
- 큰 한 가지(One big thing)에 집중하기
- 도움 요청하기

2단계, 리더십 팀 개발하기: 리더로서 자신의 리더십 강점과 부채를 이해했다면, 다음 단계는 리더십 팀으로 초점을 옮기는 것이다. 이 단계에서부터 자신을 넘어서는 리더십 확장이 본격적으로 시작된다.

- 개발 어젠다 주도하기
- 개인 및 집단 리더십 효과성 평가하기
- 적합한 인재 배치하기
- 중요한 것을 중심으로 정렬하기

3단계, 리더십 시스템 구축하기: 지속가능한 변화를 만들어내고 살아남기 위해서는, 조직 전체에서 창의성 이상의 리더십을 개발할 수 있는 시스템을 구축해야 한다.

- 개발 지향 조직 만들기
- 결과 측정에 집중하기

- 개발 어젠다를 제도화하기

1단계. 나 자신부터 시작하기

제프는 첫 번째 리더십서클 프로필을 받은 지 약 2년 후, 두 번째 리더십서클 프로필을 받고는 심각한 표정을 지었다. 그는 고반응성 리더로 나타났다(그림 8.2). 프로필의 상반원인 창의성 영역에서 전반적인 점수가 크게 하락했고, 관계-업무 균형은 거의 0에 가까웠다. 리더십 효과성 점수는 30번째 백분위수로 떨어졌다. 제프는 리더로서 자신의 강점을 심각하게 상쇄하고 있었다.

두 번째 리더십서클 프로필 결과에서 자신의 반응성이 증가한 모습을 확인한 후, 위대한 멘토이자 리더에게서 배운 경험과 헌신적인 리더십 팀의 일원이 된 것이 제프가 자신의 개발 격차를 직면하게 만드는 계기가 되었다. 그는 이를 개선하기 위해 노력하기 시작했고, 결코 뒤를 돌아보지 않았다.

제프의 성장에서 중요한 전환점은 위대한 멘토로부터 배운 경험이었다. 제프에게는 최고의 리더이자 멘토인 고(故) 짐 맥그레인Jim McGrane과 함께 일할 수 있는 행운이 있었다. 짐은 미국 익스프레스 리스U.S. Express Leasing의 CEO였고, 제프는 그의 오른팔이자 회사의 CFO, COO였다. 두 사람은 개인적·집단적 리더십 효과성을 향상시키기 위해 서로를 돕는 관계를 유지해 왔다.

『마스터링 리더십』에서는 짐이 두 번째 리더십서클 프로필 피드백을 받고, 대불황기 동안 고창의성 리더에서 평균 수준의 리더로 떨어졌

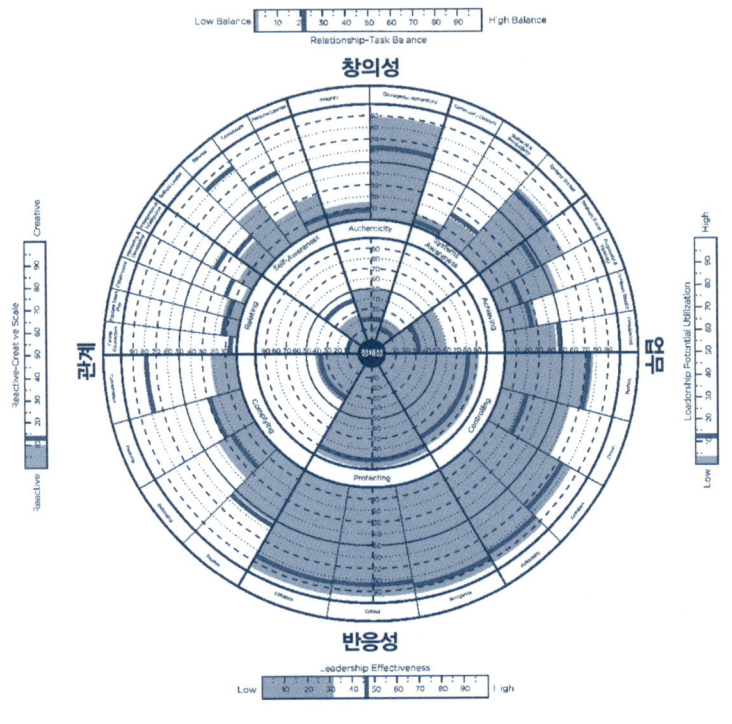

그림 8.2 제프의 두 번째 리더십 프로필 (2009~2010)

던 이야기를 소개했다. 프로필을 받은 지 일주일 후 우리가 짐을 만났을 때, 그는 이미 40명의 핵심 리더들과 25번의 미팅을 진행한 상태였다. 그는 이 리더들에게 두 개의 프로필을 보여주며 간단한 질문을 던졌다.

"저에게 무슨 일이 일어났고, 어떻게 해야 할까요?" 짐은 철저하게 인간적인 모습을 갖추고 자신으로부터 변화를 시작했다.

먼저 알아차림 : 격차 인정하기

자신의 현재 리더십과 달성하고자 하는 리더십 사이에 차이가 있음을 인정해야만 위대한 리더십을 향한 여정의 첫걸음을 내디딜 수 있다. 제프는 자신에게 개발 격차, 즉 위대한 리더가 되기까지 머나먼 여정이 필요하다는 사실을 인정했다. 이 여정을 위해서는 상당한 자기 인식, 개발, 역량 구축, 그리고 지속적인 연습이 필요하다. 제프는 자기 인식이 높아지면서, 자신이 누구인지, 어떤 사람이 되고자 하는지에 대해 진실을 마주할 때 생기는 생성적 긴장감에 빠져들었다. 그렇다면, 어떻게 자기 인식을 강화할 수 있을까?

그 출발점은 자신과 대화하는 것이다. 스스로에게 물어보라.

"나는 얼마나 자기 인식을 하고 있는가?"

"나는 무엇에 주의를 기울이고 있는가?"

"나는 조직 전체에 어떤 영향을 미치고 있는가?"

그 다음, 질문의 범위를 넓혀서 팀원들, 동료들, 그리고 조직 내에서 신뢰하는 사람들에게 물어보라.

"내가 이끌어야 하는 모든 상황에서 나는 어떤 영향력을 끼치고 있는가?"

자신의 영향력을 아는 것은 매우 중요하다. 자신이 상황 속에서 어떻게 자신을 활용하고 어떤 영향을 미치고 있는지를 스스로 인식하지 못하면 효과적으로 리더십을 발휘할 수 없다.

피드백이 풍부한 환경 만들기

인식을 개선하는 가장 빠른 방법은 주변 사람들로부터 지속적으로 피드백을 받는 것이다. 많은 리더는 자신의 영향력에 대해 명확히 알지 못한다. 이는 리더십서클 프로필에서의 평가자 점수와 자기 점수 간의 불일치를 통해 확인할 수 있다. 일반적으로 반응성 리더일수록 자신이 실제보다 더 긍정적인 영향을 미치고 있다고 과대평가하는 경우가 많다.

리더로서 자신의 영향력이 무엇인지 명확하지 않거나, 알고 있는 내용이 실제와 다르다고 느낀다면, 리더십서클 프로필 또는 다른 360도 피드백 도구를 활용해 피드백을 수집하라. 평가를 통해 받은 피드백을 소화한 뒤에는 팀원들과 함께, 자신이 어떤 영향을 미치고 있는지, 팀원들이 자신에게 무엇을 필요로 하는지에 대해 대화를 나눠야 한다. 이때 경청하고, 피드백에 방어적으로 반응하지 않아야 한다. 받은 피드백에 대해 충분히 고마움을 표현하는 것이 중요하다.

그다음 단계는 정기적으로 인풋을 받을 수 있도록 피드백 시스템을 구축하는 것이다. 자신이 조직 내에서 어떤 영향을 미치고 있는지, 그것이 자신이 보여주고자 하는 리더의 모습과 일치하는지를 항상 파악해야 한다. 이 일을 어떻게 잘 수행해야 할지 모르겠다면, 신뢰할 수 있는 조언자의 도움을 받는 것도 중요하다.

리더로서 성공하려면, 강력한 피드백 시스템을 구축하고, 유지하며, 적극 활용해야 한다. 그 과정에서 배운 것을 열린 마음으로 받아들이고 이를 바탕으로 실질적인 행동 변화로 연결시켜야 한다.

우리는 짐과 제프, 그리고 그들의 팀이 피드백이 풍부한 환경을 디자인할 수 있도록 지원해왔다. 지금 제프는 항상 피드백을 받는다. 그는 피드백을 자발적으로 요청하고, 때로는 요구하기도 한다. 그의 오만하고 비판적인 태도는 여전히 가끔은 드러나지만, 그는 이 점을 인식하고 있다. 제프는 이렇게 말하곤 한다.

"지금부터 하는 말이 오만하게 들릴 수도 있을 것 같아 미리 사과드립니다. 이런 일이 생기지 않도록 배우고 정말 노력하고 있습니다. 여기서 비판하려는 의도는 없습니다. 제가 개선해야 할 점이 있다면, 꼭 피드백을 주십시오."

그는 이러한 태도를 통해 자신의 행동이 미칠 수 있는 영향을 완화하려고 노력하고 있으며 더 나은 리더로 성장하고 있다.

큰 한 가지에 집중하기

피드백이 풍부한 환경에 있다 보면, 변화해야 할 큰 한두 가지가 분명해진다. 제프도 마찬가지였다. 그는 주변 사람들과 우리에게 계속해서 물었다. 그는 더 효과적인 리더가 되고 싶다고 말했다. 우리는 제프에게 리더십 진단에서 효과성을 가장 잘 예측하는 두 가지 변수는 '목적이 있는 비전'과 '팀워크'라고 설명했다. 그 말을 들은 제프는 곧바로 이렇게 반응했다.

"그래요. 그 말이 확실하네요. 그게 바로 제가 해야 할 일이에요."

그는 명확한 목적의식을 갖고, 이를 조직의 전략적 비전으로 전환하는 리더가 되기로 다짐했고 비전은 팀의 정렬과 팀워크를 촉진하기 때문에 이 두 요소는 자연스럽게 완벽한 조화를 이루었다.

제프는 자신의 리더십과 조직을 완전히 변화시킬 '큰 한 가지', 즉 비전에 맞춰 팀을 구성하는 것에 집중했고, 이를 실현하고 다음 단계로 나아가기 위해 헌신했다. 그 과정에서 그는 끊임없이 자신이 어떻게 자신의 방식에 얽매여 있었는지, 그리고 변화를 시도하는 바로 그 부분에서 스스로를 어떻게 상쇄하고 있었는지를 명확히 인식하게 되었다. 그는 지속적으로 피드백을 요청했고, 낡고 효과적이지 않은 방식으로 리더십을 발휘하는 자신을 발견했을 때는 내면을 깊이 들여다보며, 리더십의 효과를 떨어뜨리는 핵심 동인을 파악하려고 노력했다. 그는 반복되는 패턴 뒤에 있는 '왜'를 이해하고자 했다.

제프는 자신의 리더십을 다음 단계로 끌어올릴 '큰 한 가지'를 명확히 설정하고, 자가당착에 빠질 때마다 스스로 깨우치고, 자신을 변혁적 구조, 즉 생성적 긴장 상태에 놓아두었다. 그로부터 몇 년 후, 제프의 리더십 프로필은 현저히 변화했다(그림 8.3).

높았던 '통제' 점수는 크게 낮아졌고, '오만'과 '비판적' 점수 역시 낮아졌다. 반면, '관계 형성' 점수는 상승했다. 프로필의 창의성 부분은 만개하고 있었다. 리더십 효과성은 30번째 백분위수에서 70번째 백분위수로 상승했다.

안타깝게도 2014년, 짐이 세상을 떠났다. 이후 제프는 자연스럽게 후계자로 낙점되어 조직을 이끌게 되었다. 당시 그는 이렇게 말했다. "우리가 집단적 리더십에 대해 진지하게 받아들이고 있는지는 두고 보면 알게 되겠죠." 결과적으로, 제프는 진심이었다. 그는 자신과 팀의

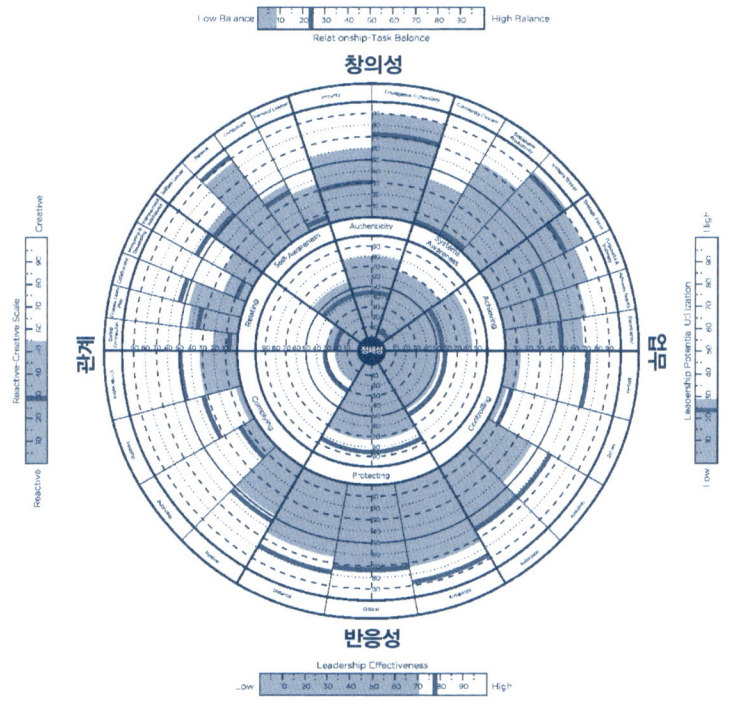

그림 8.3 제프의 세 번째 리더십 프로필 (2013)

리더십 개발에 전적으로 헌신했고, 주변 사람들을 지속적으로 참여시켰다. 사업 역시 크게 번창했다.

제프는 리더가 타고나는 것이 아니라 성장하고 개발될 수 있다는 것을 증명하는 사례가 되었다. 제프는 바로 그런 사람이다. 제프는 자신의 타고난 능력을 더욱 발전시켰고 자신의 약점을 보완했으며 새로운 리더십 방식을 도입하여 매우 효과적인 리더가 되었다. 제프는 짐이 남긴 유산의 일부로서 그만의 고유한 방식으로 조직을 이끌었다. 이로써 짐의 정신은 조직에서 계속 살아 숨쉬게 됐다. 제프는 다른 리더로부터 배운 것들을 바탕으로 자신만의 리더십 브랜드를 구축했으며 지금은 그 유산을 전수하고 있다. 이것이 바로 위대한 리더십의 아름다움이다.

도움 요청하기

리더십 확장은 모든 리더, 경영진, 혹은 조직에 엄청난 도전이다. 현재 당신이 보유한 전문성만으로는 감당할 수 없는 경우도 많다. 개인적으로나 집단적으로 비즈니스의 여러 측면을 운영하는 데 필요한 모든 것을 알고 있다 하더라도, 자신의 리더십을 향상시키고 조직 전체에 걸쳐 이를 확장하는 방법에 대해서는 잘 알지 못할 수 있다.

한 걸음 나아갈 때마다 장애물에 부딪히고, 두 걸음 뒤로 물러나는 상황이 반복된다면, 외부 컨설팅 회사의 도움을 요청할 시점일 수 있다. 조직 내에서 전문성이 없는 분야를 직접 운영하려 하지 말고, 필요한 전문가를 내부에서 찾거나 외부에서 영입하거나, 외부 컨설팅의 도움을 받는 것이 필요하다.

우리는 어느 날, 1억 달러 규모의 가족 기업을 이끄는 회장인 폴로부터 아래와 같은 이메일을 받았다(정보 보호를 위해 회장의 이름은 변경했다). 폴은 30대의 유능한 젊은 사업가로, 아버지를 대신해 회사를 운영하게 된 인물이다.

안녕하세요.

저는 올해 매출이 1억 달러에 육박하는 가족 소유 기업을 운영하고 있습니다. 현재 우리의 리더십 효과성은 솔직히 말해 엉망입니다. 그럼에도 불구하고 우리는 지금까지 잘해왔지만 앞으로 회사를 성장시키고 번창하게 하려면 리더십을 반드시 업그레이드해야 합니다.
그래서 저는 리더십서클 프로필 인증을 받아 회사 전체에 리더십 진단 및 개발 프로세스를 적용하고자 합니다. 또한 저는 크고 작은 여러 기업과 지속적으로 자문 관계를 맺고 있어, 이 도구를 중소기업 영역에 적용할 수 있는 특별한 기회가 있다고 생각합니다.
저는 리더들을 개발할 준비가 되어 있고, 또한 효과적으로 업무를 수행할 수 있는 리더들을 영입할 준비도 되어 있습니다. 우리의 사업이 앞으로 더 크게 성장하고 번창하기 위해서는, 저 스스로 더 효과적인 리더가 되어야 하며, 조직 전반에도 강력하고 효과적인 리더십이 필요합니다. 어디서부터 어떻게 시작할 수 있을지, 당신의 생각을 공유해 주시기 바랍니다.
감사합니다.

폴
이사회 의장

폴은 똑똑할 뿐만 아니라 겸손하다. 그는 도움이 필요할 때를 알고,

자존심(에고)을 내려놓고 인정할 수 있을 만큼 마음이 넓은 사람이다. 그는 아버지의 노고를 헛되이 하고 싶지 않다. 가족과 직원들의 삶의 터전인 회사를 잃고 싶지 않다. 그리고 현재의 리더십 수준으로는 원하는 목표를 달성할 수 없다는 사실을 인식하고, 도움을 요청하기 위해 손을 내밀었다. 우리가 알고 있는 변혁적 리더십을 발휘하고 확장한 최고의 리더들 역시 전문가의 도움을 받아 그렇게 해왔다.

제프, 짐, 폴은 모두 성공에 필요한 매우 인간적인 모습을 보이며, 자기 자신부터 시작함으로써 리더십 확장을 위한 조건을 마련했다. 자신부터 시작하지 않으면, 변화의 중심에 서야 할 리더가 오히려 그 변화를 가로막는 장애물이 되어 스스로를 상쇄하게 된다. 하지만 나 자신부터 시작하면, 리더는 조직의 개발 어젠다를 붙잡고, 개인적으로 주도하며, 공개적으로 취약성을 드러내고, 깊은 관계와 신뢰 안에서 그 여정을 함께하게 된다.

이렇게 확장을 위한 모든 조건이 갖춰지면, 조직 전체는 생성적 긴장감에 휩싸이게 된다. 이것이 바로 변혁이다.

2단계. 리더십 팀 개발하기

리더의 가장 중요한 역할, 즉 제1 책무는 다른 리더를 개발하는 것이다. 이를 위해서는 팀을 단순히 무작위로 모인 개인들의 집합체로 보아서는 안 된다. 대신, 팀을 리더들로 구성된 집단, 다시 말해 리더십 팀으로 인식해야 한다. 당신이 리더로 구성된 팀을 이끌고 있다는 사실을 인식하게 되면, 비로소 다른 고창의성의 효과적 리더를 개발하는 본연의 업무에 집중할 수 있게 된다.

제프 역시 조직 전체에서 효과적인 개인 및 집단 리더십을 개발하는 것이 자신의 핵심 책임임을 깨달았고, 실제로 실천했다.

개발 어젠다 주도하기

제프의 스토리를 완전하게 만드는 것은, 그가 스스로를 위해 끊임없이 노력했다는 점이다. 하지만 그보다 더 중요한 것은, 조직 전체에 걸쳐 개인 및 집단 리더십 개발을 확대하는 개발 어젠다에 과감히 도전했다는 점이다. 그렇게 함으로써, 그는 전례 없는 새로운 수준의 성과를 달성하게 되었다.

제프의 이러한 성공은 그에게 말린 비즈니스 서비스의 CEO라는 다음 기회로 이어졌다. 1997년, 말린 비즈니스 서비스는 주로 소형 장비 리스를 중심으로 운영되던 초기 단계의 스타트업이었다. 2016년, 창립자가 퇴사하자 이사회는 말린 비즈니스 혁신을 이끌 수 있는 리더를 찾기 시작했다. 플랫폼은 견고했지만 활용도가 낮았고, 이사회가 설정한 주요 목표는 기업 가치의 성장을 가속화하는 것이었다. 제프는 새 회사에 도착하기도 전에 조직과 리더십 개발 어젠다를 스스로 챙기기 시작했다. 새로운 업무를 시작하기 한 달 전, 그는 도움을 요청하기 위해 우리에게 전화를 걸었다. 그리고 이렇게 말했다.

> 입사하면 제가 해야 할 일이 무엇인지 알고 있습니다. 저는 비전과 전략 수립을 확실히 해야 합니다. 말린 플랫폼이 나아갈 수 있는 몇

가지 전략적 방향이 있고 진화의 중요한 초기 단계는 '말린 2.0'의 비전을 다시 세우는 것입니다. 저는 이 과정을 통해 시니어 팀과 이 사회 내에서 우리가 나아가고자 하는 방향에 대한 공감대를 형성하고자 합니다. 현재 시니어 팀의 대부분은 비교적 최근에 말린에 합류한 사람들이고 저는 이들 모두를 좋아합니다. 따라서 저는 회사를 다시 구상하면서 공동의 리더십 책임에 대한 공통된 관점을 중심으로 팀을 통합할 수 있기를 바라고 있습니다. 우리는 조직의 가치와 우리가 누구인지를 명확히 해야 합니다. 효과적인 리더로 구성된 최고의 팀을 만들어야 합니다. 개별적으로도 효과적인 리더가 되어야 할 뿐만 아니라 팀으로 뭉쳐야 합니다. 저는 개발 어젠다를 직접 맡아 초기부터 함께 작업할 계획입니다.

제프는 첫날부터 개발 어젠다를 주도했다. 그는 자신부터 변화를 받아들이고 모든 과정을 투명하게 진행했다. 스스로 아직 배울 것이 더 많다는 것을 인정하고 주변 사람들에게 도움과 피드백, 의견을 구했다. 이렇게 자신을 내려놓고 철저하게 인간적인 모습을 보여줌으로써 주변 사람들도 그렇게 하도록 독려했다. 다른 리더와 고성과 리더십 팀을 개발하는데 이보다 더 빠른 방법은 없다. 개발 어젠다를 주도할 때는 자신으로부터 시작해야 기꺼이 공개적으로 배우고, 내려놓고, 깊은 관계 속에서 이 모든 것을 수행한다면 조직의 변화는 가속화된다.

리더십 확장은 팀에서 시작된다. 올바른 팀을 구성하고 있는가? 팀을 리더로 이루어진 팀으로 대하고 있는가? 리더는 자기 인식을 하고 있는가? 자신이 팀에서 리더로서 어떤 모습을 보이는지 알고 있는가? 당신의 리더십 팀은 '팀 인식team-aware'이 되어 있습니까? 이 질문 중 하나라도 "아니오"라고 대답했다면 리더십을 확장하기 전에 해야 할 일이 있다.

  리더로 구성된 팀이 집단적으로 효과적인 리더십을 발휘하는 팀으로 성장하려면 리더 자신에게 적용했던 자기개발 방식을 팀 전체에 확대해야 한다. 이를 위해 먼저 팀의 모든 리더와 개별적으로 대화해서 각자가 자신의 영향력에 대해 얼마나 명확한 자기 인식을 갖고 있는지 파악할 필요가 있다. 팀원들은 자신이 어떤 방식으로 행동할 때 효과적인지 혹은 비효과적인지 알고 있는가? 리더가 개별적으로 보여주는 행동 방식은 팀과 조직이 더 효과적으로 일하고 더 나은 성과를 내도록 돕고 있는가, 아니면 오히려 장애물이 되고 있는가? 리더는 피드백을 적극적으로 수용하고 조직 전체의 역량을 높이는 방향으로 반응하는가, 아니면 방어적 태도를 보이며 조직의 역량과 잠재력을 저하시키고 있는가? 요약하자면 팀의 모든 리더가 자기 자신을 돌아보며 성장의 출발점으로 삼을 수 있도록 도와야 한다.

개인 및 집단 효과성 평가

  다음으로 당신의 직속 팀과 고위 리더십 팀의 집단적 효과성을 평가해야 한다. 팀이 조직을 이끌 때 어떻게 집단적으로 보여지고 있는가? 필요한 정보와 피드백을 수집하고, 이를 열린 마음으로 받아들여야 한다. 자유롭게 이슈를 꺼낼 수 있는 개방적인 문화를 구축해야 한다. 리더십 향상을 위해 각자가 책임을 다하고, 서로 도움을 주고받으며, 피드백이 풍부한 환경을 조성해야 한다.

또한 비즈니스 사례를 개발하고, 이를 실현하기 위해 팀에 무엇이 필요한지 결정해야 한다. 이 목표를 달성하기 위해 팀이 어떤 모습을 보여야 할까? 예를 들어, 리더십 팀이 더 강력한 비즈니스 성과와 매출 증대에 전략적으로 초점을 맞추기로 했다면, 다음과 같은 질문에 답해야 한다.

- 성과를 달성하기 위해 개별적으로 그리고 함께 어떻게 차별화된 리더십을 발휘해야 할 것인가?
- 참여도가 높은 조직을 구축하기로 선택했다면, 참여 프로세스를 어떻게 설계할 것인가?
- 참여 문화가 실제로 뿌리내리고 리더십 팀이 원하는 결과를 얻으려면 리더로서 당신은 어떤 사람이 되어야 할 것인가?

비즈니스 성과와 이를 성취하는 데 필요한 리더십 사이에 연결고리를 구축한 후에는, 전체 그룹을 개발 프로세스에 투입해야 한다. 이 프로세스가 당신의 정체성과 조직을 이끄는 방식의 일부가 될 때까지 계속 노력하라. 개발 어젠다는 매우 집중적이고 포괄적이어야 하며, 개발과정을 함께 하되 리더가 주도해야 한다. 예를 들어 이렇게 말할 수 있다.

"우리가 지금의 모습에서 벗어나 앞으로 1년 후 우리가 원하는 모습으로 변화하고 비즈니스를 혁신하는 방법은 다음과 같습니다. 이것이 우리가 집중해야 할 핵심 과제입니다."

리더십 팀으로서 당신이 맡은 모든 일은 두 가지 관점에서 점검해야 한다.

첫째, 달성하고자 하는 성과는 무엇이며, 어느 기간에 걸쳐 달성할 것인가?

둘째, 이러한 결과를 창출하기 위해 어떤 사람이 되어야 하며, 어떻게 함께 리더십을 발휘하고 이끌어야 하는가?

이 두 가지 어젠다는 서로 밀접하게 연결되어 있다. 팀으로서 더 효과적으로 리드할 수 있다면 더 나은 결과를 얻을 수 있다.

적합한 인재를 배치하기

팀에서 리더십을 효과적으로 확장하려면 적합한 인재를 적재적소에 배치해야 한다. 팀원의 성과에 만족하지 못한 적이 있는가? "프랭크는 정말 좋은 사람입니다. 제 역할을 다 하지 못하지만 계속 팀에 두고 싶어요"라고 말하는 자신을 발견했을 수도 있다. 하지만 프랭크는 당신에게 필요한 리더가 아닐 수도 있다. 프랭크가 당신이 요구하는 일을 하지 않는다면, 그리고 당신이 적당히 타협하거나 절충하는 전략을 채택한다면 프랭크는 팀 전체의 성과를 크게 저하시킬 수 있다. 한두 명의 열악한 리더가 전체 팀의 효과성을 심각하게 상쇄할 수 있다. 따라서 프랭크는 강도 높은 개발 어젠다를 시작하거나 팀을 떠나야 한다.

한 고객사와 처음 일을 시작했을 때, 그 회사의 11명으로 구성된 시니어 팀은 제대로 기능하지 못하고 있었다. 2년이 지난 현재 그 팀의 구성원은 6명으로 줄었다. 처음의 팀원 중 남아 있는 사람은 단 한 명뿐이다. 하지만 지금의 팀은 이전보다 훨씬 더 강력해졌다. CEO와 팀원들이 리더십의 효과성을 함께 높여가고 있다. 이제는 조직을 이끄는 집단적 리더십을 이전보다 훨씬 효과적으로 발휘하고 있다.

조직의 리더십 인재와 효과성을 업그레이드하다 보면, 몇몇 사람들은 개발 어젠다를 완전히 수용할 것이다. 이들은 기꺼이 스스로 도전하고, 현재 위치를 뛰어넘어 발전하며, 개발을 지속적인 자기개발 여정의 일부로 받아들일 것이다. 개발 의지가 없는 사람들을 변화시키거나 교체하고, 당신이 하고 있는 일을 받아들일 수 있는 사람들을 영입해야 한다. 개발 의지가 없는 비효과적인 리더를 그냥 둘 여유는 없다. 현재 있는 각 리더를 떠올리며 다음과 같이 질문해보자.

"이 사람은 개발 의욕이 있는가?" "정말 그를 원하는가?" "당신이 요구하는 것을 할 수 있는가?"

중요한 것을 중심으로 정렬하기

리더십 팀을 구성한 후에는 조직의 목적, 비전, 전략을 강력히 정렬해야 한다. 이것이 바로 리더십 확장의 조건이다. 말린의 CEO로 취임한 제프가 한 일이 바로 이것이다.

우리 저자들은 즉시 그와 협력하여 최고 경영진 팀뿐만 아니라 최고위 리더 개개인의 효과성을 진단했다. 팀 전체가 개발 어젠다에 집중할 수 있도록 제프를 지원했고, 취임 후 60일 이내에 리더십 팀을 모아 조직의 방향을 설정했다. 그들은 함께 회사의 목적, 비전, 가치, 전략적 어젠다를 명확히 하고 이를 중심으로 정렬했다.

리더십 팀이 사업부 또는 전체 비즈니스를 책임지는 경우, 리더는 조직의 상위 목적을 이해하고 헌신해야 한다. 올바른 미션, 비전, 전략이 마련되어 있는지 확인해야 한다. 이 중 어느 하나라도 개선하거나 새로 설정할 필요가 있다면 팀원들이 협력하여 이 작업을 진행하도록 해야 한다.

이를 통해 지속적인 리더십 개발의 정당성이 확보되고 팀원 각자가 자신의 팀에서도 동일한 과정을 진행할 수 있는 기반이 조성된다. 또한 리더십 팀은 비전, 미션, 전략을 조직 내 다른 구성원들에게 명확히 전달할 수 있어야 하며, 이를 통해 구성원들이 이러한 방향에 정렬되고, 개인적으로나 집단적으로 어떻게 기여할 수 있는지 이해할 수 있도록 해야 한다.

3단계: 리더십 시스템 구축하기

자신부터 시작하여 리더십 팀을 개발하기 시작했다면 이제는 조직 전체로 리더십을 확장하기 위한 구조적 틀을 마련해야 한다. 이것이 바로 리더십 확장을 위한 시스템적 접근이 요구되는 이유다.

개발을 전략적 우선순위로 설정하고 이를 조직의 일상 업무 속에 영구적으로 통합하고 조직 전체가 리더십 개발을 위한 체계를 제도화해야 한다. 리더십 개발을 촉진하는 시스템과 문화를 조직 내부에 정착시키고 유지하는 과정은 끊임없이 진화하는 여정이다.

개발 지향 조직 만들기

개발 지향 조직은 충분히 만들 수 있고 반드시 만들어야 한다. 이를 위해서는 앞서 언급한 모든 단계를 조직 전체에 순차적으로 적용하고 체계화하여 제도화해야 한다. 그렇다면 어떻게 해야 하는가? 바로 당신 자신부터 시작하여 조직의 개발 어젠다에 주도적으로 오너십을 가져야 한다. 조직의 개발을 진정한 자신의 과제로 삼아야 비로소 조직 전체가 개발 지향적으로 변화할 수 있다. 자신의 리더십 팀을 개발하고, 효과적이지 않거나 변화를 이끌지 못하는 리더는 변화시키며, 효과적인 리더가 될 수 있다고 평가되는 인재는 승진시키거나 영입한다. 피드백이 풍부한 환경을 조성하고, 개별 리더의 지속적인 성장을 위해 피드백을 제공하며 개발 진척 상황을 측정하고 추적한다. 그리고 전체 시스템을 지속적으로 업그레이드한다. 이때 부하 리더들에게도 그들의 팀에서 똑같이 실행하도록 요청해야 한다. 그들은 또다시 그들의 부하 리더에게 같은 요구를 하게 될 것이다.

결과 측정에 집중하기

측정된 것이 실행된다. 리더십을 확장하려면 노력의 결과와 성과를 측정해야 한다. 이를 위해서는 평가에 필요한 데이터를 생성하는 시스템을 만들어야 한다. 제프는 자신의 리더십을 확장하려면 노력의 결과를 측정해야 한다는 사실을 깨닫고 팀원들에게 다음과 같은 질문을 던졌다.

측정의 관점에서 우리는 무엇을 해야 하는가? 책임의 관점에서 우리는 무엇을 해야 하는가? 프로세스 관점에서는 무엇이 중요한가? 이를 위해 어떻게 조직을 재구성해야 하는가? 우리의 성과, 즉 우리가 말한 목표와 현재 위치의 관계에 대해 어떻게 계속해서 진실을 말할 수 있는가? 우리 모두가 피드백을 받을 수 있는, 피드백이 풍부한 환경을 조성하려면 어떻게 해야 하는가?

제프는 100% 이해했다. 그는 리더십을 확장하려면 자신과 조직을 완전히 변화시켜야 한다는 사실을 깨달았다. 그는 구성원들과 협력하여 측정 결과와 성과를 포함한, 리더십 확장을 뒷받침할 수 있는 시스템을 만들어야 했다. 이보다 덜한 노력으로는 성과를 실질적으로 개선할 수 없다는 것을 알게 됐다.

개발 어젠다를 제도화하기

우리는 1년이 조금 지난 시점에 제프의 팀 전체를 두 번째로 한자리에 모았다. 게티스버그의 신성한 전장에서 3일 동안 함께 하며 리더십에 관한 교훈을 배웠다. 우리는 개인적으로, 또 집단적으로 리더십에 대해 고민했다. 팀원들이 서로에게 직접 피드백을 줄 수 있는 방식을 개선해 피드백 수준을 높였고, 모든 학습 내용을 리더십 개발 계획에 반영하여 각 팀원이 다음 단계의 발전을 위해 무엇을 해야 하는지 명확히 파악할 수 있도록 했다.

이후 5개월이 더 지났다. 우리는 팀의 개선 사항을 측정하고, 더 나아지기 위해 필요한 점을 파악하여 후속 조치를 취했다. 이제 우리는 개발 어젠다를 제도화하는 다음 단계로 나아가고 있다. 이 과정에서 조직의 리더십을 구축하고 확장하기 위해 제프의 리더십 팀 산하의 여러 리더십 팀을 참여시키고 있다. 말린 비즈니스 리더십 팀에서는 이 작업을 계단식으로 확산cascading하고 있다. 이제 리더십이 최고위 리더십 팀을 넘어, 조직 전체로 확장되어야 할 때다. 리더십을 확장하지 않고, 리더십 기반을 강화하지 않는다면 비즈니스는 지속적으로 번영할 수 없다. 리더십은 확장되어야 하고 리더십 확장은 각 단계에서 이뤄져야 한다.

    제프의 접근 방식은 매우 체계적이다. 그는 무엇이 효과적인지 알고 있으며, 모든 판단은 데이터에 기반한다. 그는 조직을 전환시키는 데 가장 큰 효과를 가져올 수 있는 방식을 선택했고, 이를 영구화할 수 있는 리더십 시스템을 만들었다. CEO로 취임한 지 2년 만에 제프는 말 그대로 회사의 한계를 뛰어넘는 팀을 구축했고, 주가는 120% 상승했다. 그들은 지금 놀라운 성과를 거두고 있다. 말린은 회사 역사상 최고의 성과를 기록하며, 10억 달러 규모의 조직으로 빠르게 성장하고 있다.

제프 힐징거: 변혁의 리더

    말린의 CEO가 되기로 결정한 제프 힐징거가 가장 먼저 한 일은 조직의 정체성을 구성하는 모든 요소—즉 목적, 비전, 전략, 문화, 가치—를 일치시켜 팀을 하나로 묶는 것이었다. 동시에 그는 수개월에 걸쳐 리더십 팀을 평가했다. 취임 후 1년 반 만에 그는 우수한 리더를 임명하고, 성과가 기대에 미치지 못하는 리더는 해임함으로써 팀을 업그레이드했다. 그는 자신을 포함한 모든 구성원이 개인과 집단의 리더십 효과성을 개발하기 위해 노력하도록 했다. 그 결과 10점 척도에서 5~6점대의 성과를 내던 리더 팀이 7~8점대의 성과를 내는 팀으로 성장했다.

제프는 이러한 접근 방식을 다음 단계의 리더십으로 확장하여, 조직 전체의 리더십 시스템을 업그레이드했다. 주요 비즈니스 지표와 책무 Accountability 시스템에 대한 기준을 수립하고, 보상 및 성과 시스템을 재설계했다. 그 결과는 명확하다.

제프는 리더십에 대한 기준을 끊임없이 높이고 있다. 자신의 리더십을 확장해 가면서, 그는 계속해서 고위 리더십 팀을 점검하며 다양한 질문을 던진다.

> 우리 모두 한 방향으로 가고 있는가? 우리 모두 인식을 같이 하고 있는가? 어려운 대화를 잘할 수 있는가? 한 목소리로 이야기하고 있는가? 구성원 중 한 사람의 의견을 듣는다면, 그것은 우리 모두의 의견을 대변하는가? 우리는 일관성이 있는가? 일관성이 없을 때 그것을 정확히 인지하고 있는가?

2017년, 제프는 10년 만에 네 번째로 리더십서클 프로필 진단을 받

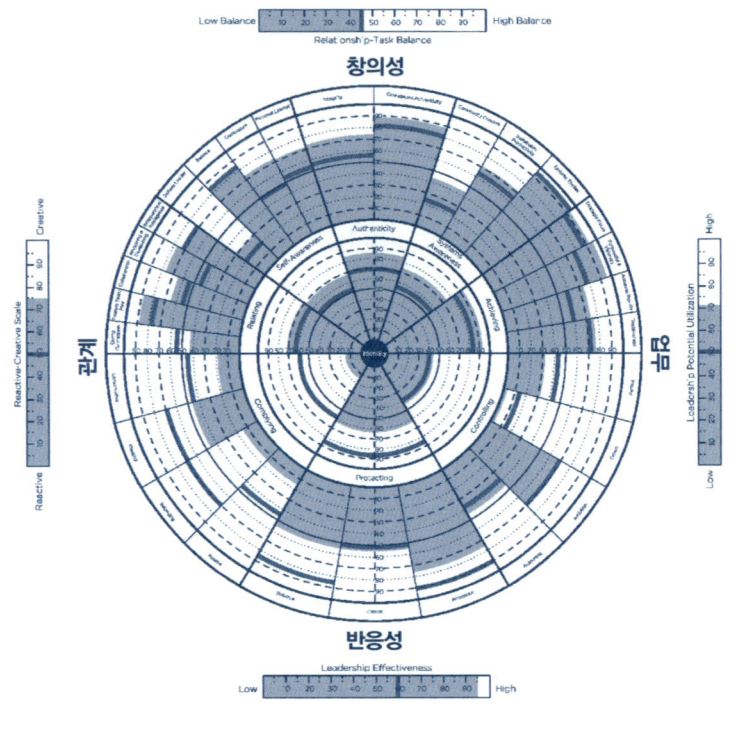

그림 8.4 제프의 네 번째 리더십 프로필 (2017)

왔다(그림 8.4). 그래프는 그가 얼마나 뛰어난 CEO가 되었는지를 보여준다. 이제 그는 다른 강점들을 보완하는 동시에, 깊이 있는 관계를 형성할 수 있게 됐다. 반응성은 크게 줄어들었고, 리더십 효과성은 상위 95백분위수에 해당한다.

2007년, 처음 제프에게 피드백을 제공했을 때 그는 피드백의 가치를 이해하고 받아들이는 데 어려움을 겪었다. 하지만 지난 10년 동안 거의 모든 면에서 리더로서 자신을 변화시켰다. 그는 효과성 면에서 하위 사분위수에 머물던 리더에서, 최고 수준은 아니더라도 상위 사분위수에 해당하는 리더로 성장했다. 뿐만 아니라 조직에서 리더십을 확장하는 방법을 익혔고, 함께 일하는 사람들을 통해 자신의 리더십을 여러 차례 증폭시켰다.

10년 전 모습에서 오늘날의 위대한 리더로 변신할 수 있었던 비결에 대해 제프에게 물었을 때, 그는 이렇게 답했다.

> 두 분이 저에게 알려준 내용과 짐을 비롯해 훌륭한 리더들로부터 배운 것을 그대로 실천했을 뿐입니다. 리더의 효과성과 가장 높은 상관관계를 보이는 두 가지 차원이 '목적 있는 비전'과 '팀워크'라고 말씀해주셨죠. 그래서 거기에 집중했습니다. 비전, 전략, 성과에 대해 명확히 이해하고 있는 고성과 리더십 팀을 구축하는 데 집중했어요. 저는 리더십 팀의 집단적 효과성에 집중했습니다. 그 다음엔 피드백이 풍부한 환경을 구축하고, 비즈니스를 위한 개발 어젠다를 실천에 옮겼습니다.

최근 말린의 최고인사책임자 로라 엉거Laura Unger와 대화를 나눴는데 그녀는 제프의 리더십이 개인적으로 미친 엄청난 영향에 대해 이렇게 말했다. "제가 이 직책에 지원했을 때, 제프를 포함해 두 명의 다른 CEO들과 인터뷰할 기회가 있었습니다. 그런데 제프와 이야기를 나눈 후, 제 경력에서 중요한 이정표가 될 최고의 리더십 경험을 하게 될 것임을 직감했습니다."

10년 전이라면 제프에 대해 그렇게 말하지 않았을 것이다. 사실 그를 알고 있는 사람들이었다면 그녀에게 그 일을 맡지 말라고 조언했을지도 모른다. 하지만 제프는 그 분야에서 최고의 인재 중 한 명인 그녀를 채용하게 됐다. 위대한 리더는 훌륭한 인재를 찾아낼 뿐 아니라, 더 나아가 개발한다.

그렇다면 앞으로 제프는 어떤 일을 해야 할까?

그는 리더들이 새로운 사업 분야에 진출해 회사를 성장시킬 수 있도록 리더십 역량과 능력을 키워야 한다. 핵심 사업만큼 효과적으로 새로운 사업 부문을 이끌 수 있는 리더십이 필요하다. 제프는 자신을 위한 일과 팀을 위한 일을 넘어, 확장된 리더십 팀을 위한 일을 추진하고 있다. 조직 전체의 리더십 시스템에 대해서도 같은 작업을 수행하게 될 것이다.

제프 힐징거의 사례와 이 장에서 제시된 단계를 따르면, 누구든 자신의 리더십을 확장하고 조직 모든 수준에서 리더십 역량과 능력을 키울 수 있다. 이 변혁은 결코 쉽지 않을 뿐 아니라 하루아침에 이루어지지도 않는다. 많은 시간이 걸리는 지속적인 과정이며, 완전히 끝나는 일도 아니다. 그러나 이 과정을 따르고 개발 어젠다를 받아들일 의지가 있다면, 리더십은 개인과 조직 모두에게 경쟁우위이자 자산이 될 것이다.

이 모든 것은 나 자신부터 시작하지 않으면 이루어지지 않는다. 그래서 이 책의 나머지 부분은 반응성 리더십에서 창의적이고 통합적인 리더십으로 전환하기 위한 보편적 개발 경로에 초점을 맞출 것이다. 12장에서는 이 여정을 함께 헤쳐 나가는 방법에 대해 자세히 설명하겠다.

> **과제**
>
> **다음 질문들에 대해 성찰하고 답하는 시간을 가져보자.**
>
> - 조직에서 리더십 확장의 책임을 지고 있는가? 그렇다면 이 과제를 완수하기 위해 지금 구체적으로 무엇을 하고 있는가? 그렇지 않다면 그 이유는 무엇이며, 이를 바꾸기 위해 무엇을 할 것인가?
> - 리더십이 미치는 영향을 더 깊이 인식하려면 어떻게 해야 하는가?
> - 리더로 구성된 팀을 이끌고 있는가? 그렇다면 그 팀은 지금 어떤 모습인가?
> - 리더십 개발 계획서에 당신의 리더십과 조직 리더십에 대한 비전 선언문을 작성하라. 지금은 존재하지 않지만 2년 후에는 존재하게 될 것은 무엇일까?

- 9장 -
당신은 어떤 유형의 리더인가

 앞에서 우리는 시니어 리더들이 서로에 대한 피드백을 통해 가장 효과적인 리더와 그렇지 않은 리더를 어떻게 구분하는지를 살펴보았다. 또한, 우리 저자들과 함께 일한 시니어 리더들이 어떻게 리더십을 확장하고 조직을 성공적으로 변화시켰는지도 살펴보았다. 이 장에서는 보다 의식적으로 효과적인 리더가 되기 위해 각자가 취해야 할, 더 깊은 변혁적 여정에 초점을 맞추고자 한다.

 우리는 앞서 출간한 『마스터링 리더십』에서 유니버설 리더십 모델을 소개하며, 모델이 지나치게 대담하다는 비판을 받았던 경험도 공유한 바 있다. 유니버설 모델은 지난 70년간 발표된 리더십 및 리더십 개발 분야의 주요 이론과 연구 대부분을 통합한 것이다. 우리는 이 지식들을 통합해 리더십이란 무엇이고, 리더십이 어떻게 개발되는지를 보편적 원리로 정리했다. 무엇보다 중요한 것은 이 모델이 지난 18년 동안 15만 명이 넘는 리더들을 대상으로 검증되었다는 점이다. 그 결과는 매우 놀라웠다. 연구에 참여한 리더들이 모델 전체에 대해 우리가 『마스터링 리더십』에서 제시한 방식 그대로 설명했다는 사실은 우리를 놀라게 했고, 또한 기쁘게 했다. 나아가 리더들은 각자의 고유한 개발 경로에 대해서도 이야기했다. 이는 우리의 모델이 비즈니스 현장에서 실제로 작동한다는 것을 보여준다.

유니버설 모델의 작동 경로는 수직적Up이면서 수평적Across이다. 대부분의 사람에게 '수직적 경로'란 반응성 리더십에서 창의성 리더십으로의 전환을 의미하며, 일부에게는 창의성 리더십에서 통합적 리더십으로의 전환을 의미한다. '수직적 경로'란 현재와 미래의 리더십 과제에 대응하기 위해 내면의 운영 체제를 업그레이드하는 것을 뜻한다. 반면, '수평적 경로'는 리더십의 음과 양, 여성성과 남성성, 관계 중심성과 과업 중심성 사이에서 균형을 잡고, 최적화해 나가는 방향을 말한다.

그러나 리더십 확장을 바란다면, 먼저 '수직적으로' 이동해야 한다. 수직적 이동이 수평적 이동을 가능하게 한다. 리더들이 리더십 전체 스펙트럼에서 수직적 이동을 어떻게 설명하고 있는지를 살펴보며 이야기를 시작해보자.

중간 그룹

리더십의 전체 스펙트럼을 설명하기 위해 앞서 남겨 두었던 중간 그룹을 살펴보겠다(그림 9.1). 기억하겠지만, 우리는 데이터베이스를 네 그룹으로 샘플링했다. 앞서 우리는 종 모양 곡선의 양쪽 끝, 즉 고반응성이면서 저창의성인 한쪽 끝과 고창의성이면서 저반응성인 다른 한쪽 끝에 대해서 살펴보았다. 우리는 리더들에 대해 피드백을 제공한 사람들이 이 두 극단 사이의 중간 그룹도 구분할 수 있는지 궁금했다.

답은 분명히 "그렇다"였다. 사람들은 고반응성/저창의성에서 중간 두 그룹을 거쳐 고창의성/저반응성에 이르는 리더십의 전체 스펙트럼을 인식했고, 각 그룹 간의 차이점을 설명할 수 있었다. 논의의 편의를 위해 이 네 가지 그룹을 ① 고반응성, ② 중간 반응성, ③ 중간 창의성, ④ 고창의성이라고 부르겠다.

우리는 두 중간 그룹 각각에 대해 동일한 정량적 및 정성적 매트릭스 분석을 실시했다. 분석 결과는 리더십에 대한 기존의 인식을 뒤바꿀 만큼 놀라웠다.

첫 번째로 중요한 결과는 이 네 그룹이 통계적으로 서로 다르다는 점이다. 앞서 설명했듯, 통계학자들은 그룹 간 차이가 통계적으로 주목할 만한 수준인지 여부를 계량적 효과 크기 분석을 통해 확인했다. 이 그룹 간의 효과 크기 점수는 1.2에서 2.8 사이였다[1]. 즉, 고반응성 리더와 중간 반응성 리더 간에는 리더십 방식에서 상당한 차이가 있을 것

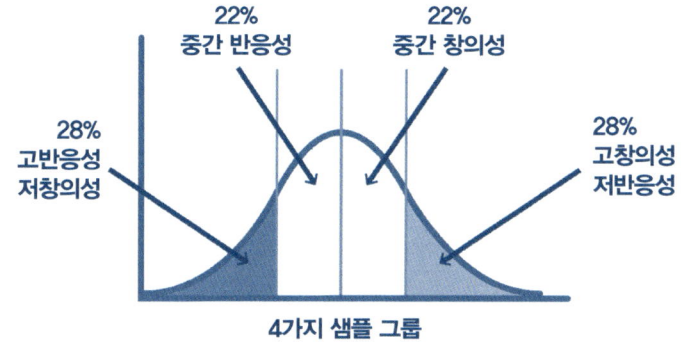

그림 9.1 4가지 리더십 샘플

으로 예측할 수 있었다. 중간 반응성과 중간 창의성, 중간 창의성과 고창의성 리더 간의 차이도 마찬가지였다. 각각의 리더십 수준은 서로 다른 측정값을 보였고, 그에 따라 서로 다른 효과성을 나타냈다.

이 프레임워크는 저창의성/고반응성에서 고창의성/저반응성으로 이어지는 개발 경로를 제공하고 창의성 리더는 반응성 리더보다 더 높은 수준의 의식, 역량, 인식, 효과성을 지니고 있음을 시사한다. 이는 리더를 위한, 측정 가능하며 가속화될 수 있고 평생에 걸쳐 이어질 수 있는 개발 경로를 보여준다.

개발 경로

현재 우리는 유럽에 있는 다양한 세대의 리더들과

일하고 있다. 그중 몇몇은 한 때 동유럽 공산권이었던 국가의 출신이다. 이들은 보안과 안전을 끊임없이 살피는 환경에서 성장했다. 그 결과, 고개를 숙이고 다니며 동료들이 넘기 힘든 벽을 스스로 쌓고 있었다. 더 이상 통제적인 공산주의 체제에서 일하지 않음에도 여전히 그런 환경에 있는 듯한 방식으로 행동하고 있었다.

최근 우리는 루마니아 출신의 여성 리더 안나를 만났다. 그녀는 제2차 세계대전 중 조부모가 모두 강제 수용소에서 사망했고, 독재자 니콜라이 차우셰스쿠Nicolae Ceaușescu가 철권 통치하던 공산주의 국가에서 성장했다. 시민들은 빈곤과 식량 부족, 비밀 경찰의 야간 검문 속에 살아야 했다. 이런 성장 환경은 안나의 높은 반응성을 낳았고, 이는 그녀의 내부 운영 체제에 깊이 각인되어 있었다.

우리가 처음 만났을 당시 안나는 직원들에게 의견을 묻거나 제안을 받기보다는 지시와 명령으로 조직을 이끌고 있었다. 그녀는 폐쇄적인 사람이었고, 그 누구도 그녀를 잘 알지 못했고 당연히 팀원들과의 관계도 거의 형성되지 않았다. 리더십서클 프로필에 담긴 피드백은 거칠고 잔인하게 느껴질 정도였지만, 그녀는 이를 받아들였다. 그리고 자신의 리더십이 더는 확장될 수 없다는 한계에 도달했음을 인정하고 고창의성 수준의 리더십으로 나아가기 위한 개발 여정에 헌신하기로 결심했다. 시간이 걸릴 것이며, 중간 단계를 거쳐야 한다는 사실도 받아들였다. 오래된 습관을 바꾸는 일은 그녀에게 결코 작은 과제가 아니었다.

우리는 먼저 안나가 명령 대신 질문을 통해 의견을 구하고 직원들의 참여를 이끌어내는 코칭을 시작했다. 이 접근 방식은 그녀의 행동에 조금씩 변화를 일으켰고 구성원들이 참여할 수 있는 조직 분위기를 만들었다. 이는 큰 도약이 아닌 작은 발걸음에서 시작되는 변화였다.

두 번째 제안은, 안나가 마음을 열어 사람들이 자신을 더 잘 알 수 있도록 하자는 것이었다. "당신의 배경에 대해 사람들에게 이야기하세요. 당신의 관점을 알리고, 무엇이 지금의 당신을 만들었는지를 나누어 보세요. 더 열린 대화를 위한 장을 만들어 보세요." 우리는 그녀에게 구체적인 방법도 함께 제안했다.

그 결과, 우리는 안나가 고반응성 리더십에서 중간 반응성 리더십으로 전환할 수 있도록 도울 수 있었다. 현재 그녀는 중간 창의성 리더십을 향해, 그리고 언젠가는 고창의성 리더십에 도달하기 위한 길을 꾸준히 걷고 있다. 그러나 수년간 금전적, 심리적으로 큰 성공과 보상을 안겨준 과거의 리더십 방식에서 벗어나는 일은 결코 쉬운 일이 아니다.

데이터에 대한 심층 분석

정량적 결과부터 살펴보자. 그림 9.2는 네 그룹 각각에 대한 리더십서클 프로필의 종합을 보여준다.

한 프로필에서 다음 프로필로의 발전을 확인할 수 있다. 표본 추출 연구였기에 놀라운 일은 아니지만, 각 프로필 간의 '효과 크기'는 큰 차

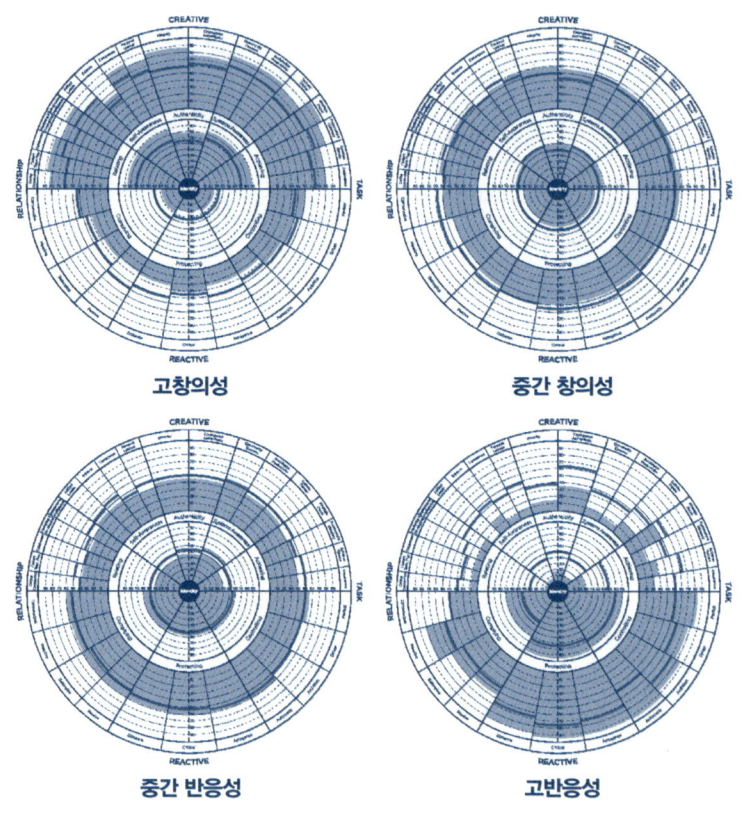

그림 9.2 4개 리더 그룹에 대한 리더십서클 통합 프로필

이를 보였다. 이는 네 가지 리더 그룹이 각자의 직원과 조직에 서로 다른 '조직의 날씨'를 만들어낸다는 점을 시사한다. 우리 연구원들은 리더십서클 프로필에서 이 네 그룹 간의 차이가 얼마나 뚜렷하게 측정되는지를 보고 놀라워했다.[2]

그림 9.3은 이 데이터를 또 다른 시각으로 보여준다. 이 차트의 막대

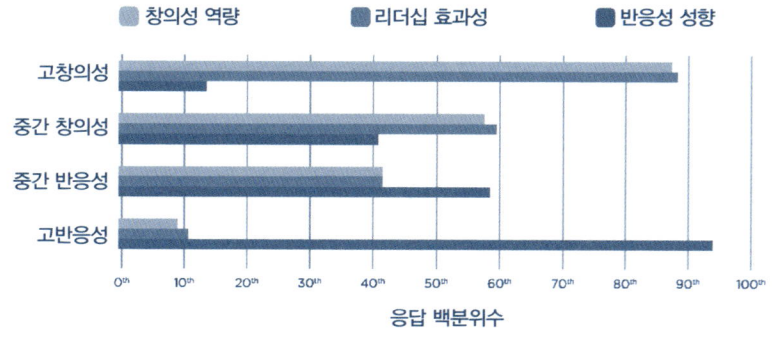

그림 9.3 창의성, 반응성, 리더십 효과성 점수

는 평가자들이 응답한 내용을 바탕으로 리더십 수준별로 샘플링된 리더들의 평균 백분위수를 보여준다. 네 그룹 각각에 대한 리더십서클 프로필 상반원의 창의성 역량 점수는 밝은색 막대로 표시되어 있다. 더 진한색 막대는 '리더십 효과성'에 대한 점수이며, 가장 어두운 색 막대는 평균 반응성 성향의 점수다.

창의성 역량 점수가 리더십 효과성 점수와 얼마나 밀접한 상관관계를 보이는지 주목해보자. 두 점수는 거의 완전히 일치한다. 또 한 가지 주목할 점은 반응성 성향 점수가 이들과 일정 부분 상관되어 있으나, 반대 방향으로 작용하면서 창의성 역량 및 효과성 점수와는 거울처럼 반대의 모습을 보여준다는 것이다.

창의성 역량과 리더십 효과성 점수는 반올림된 숫자로 각각 10 분위수에서 시작해 40, 60, 90 분위수까지 상승하고 있다. 이에 반해 반응성 성향 점수는 반대 방향으로, 90 분위수에서 시작해 60, 40, 10 분위수로 점차 하락한다. 이 데이터는 리더십 스펙트럼의 각 수준이 분명히 다르며, 고반응성에서 고창의성으로 이동할수록 리더십 효과성이 높아진다는 점을 명확하게 보여준다.

다음으로 우리는 각 리더십 수준에 대한 주관식 응답 점수가 이러한 측정치들과 어떻게 연동되는지를 살펴보고자 했다. 그림 9.4는 그 결과를 보여준다.

이 그래프에서는 주관식 응답 점수가 각 프로필의 백분위수별 점수 위에 함께 표시되어 있다. 각 그룹에 대해, 강점 지수에서 부채 지수를 뺀 값을 '순 강점 점수'로 정의하고, 고창의성 리더의 순 강점 점수 중 가장 높은 값을 100으로 삼아, 다른 그룹의 점수를 이에 대비한 백분율로 환산하였다. 이를 통해 순 강점 점수와 프로필 백분위수 간의 관계를 명확히 확인할 수 있었다.

그림에서 볼 수 있듯, 주관식 응답은 정량적 데이터와 상당히 일치한다. 이를 통해 우리는 리더들의 주관식 응답을 신뢰할 수 있다는 결론

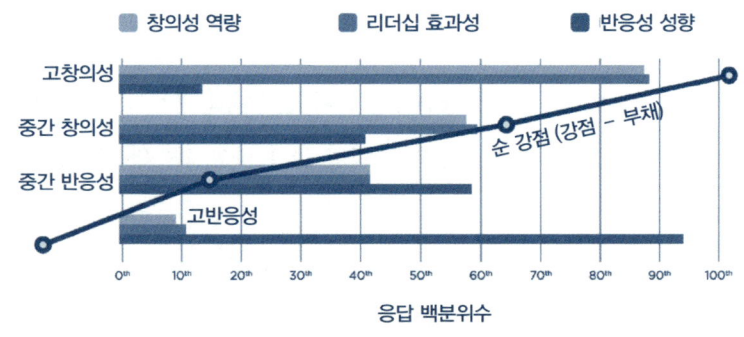

그림 9.4 창의성, 반응성, 리더십 효과성 및 순 강점 점수

을 내렸다. 리더들은 리더십의 전체 스펙트럼을 양적, 질적으로 정확하게 인식하고 묘사하고 있었던 것이다.

앞장에서 잠시 언급한대로, 리더로서 우리는 날씨를 만들어 낸다. 그리고 주변 사람들은 우리가 만들어낸 그 날씨를 정확히 묘사한다. 이어지는 그림들은 타인이 우리의 행동을 얼마나 정확하게 관찰하는지 보여준다. 또 우리가 하는 일 중 무엇이 효과적인지, 무엇이 효과가 없는지를 어떻게 설명하는지, 그리고 이 모든 요소가 리더로서 우리의 효과성에 어떤 영향을 미치는지를 나타낸다. 그림 9.5부터 9.8은 확인된 강점, 부채, 리더십 효과성 백분위수, 그리고 리더십 비율 간의 관계를 시각화한 것이다.

이 그림들은 각 리더십 수준 간의 뚜렷한 차이를 보여준다. 밝은색 막대는 고창의성 리더의 상위 5가지 강점에 대한 지지 점수를 나타내며, 진한 색 막대는 고반응성 리더의 상위 5가지 부채에 대한 지지 점수를 나타낸다. 큰 화살표는 각 그룹의 평균 리더십 효과성 점수를 표시한다.

각 그림을 순차적으로 살펴보면, 고창의성에서 고반응성으로 갈수록 상위 5가지 강점에 대한 지지 점수가 점차 감소하는 것을 확인할 수 있다. 동시에 리더십의 전체 스펙트럼을 따라 고창의성에서 고반응성으로 이동할수록, 리더십 효과성 점수는 낮아지고, 상위 5가지 부채는 증가하는 양상을 보인다.

이 그림들에 표시된 리더십 비율은 상위 5개 항목 내에서 강점과 부채의 비율을 나타낸다. 고반응성 리더의 리더십 비율은 0.6:1이다. 이

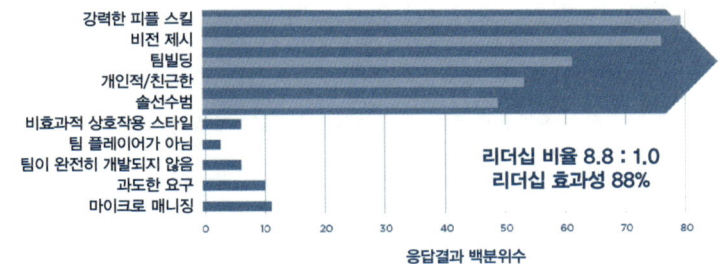

그림 9.5 고창의성

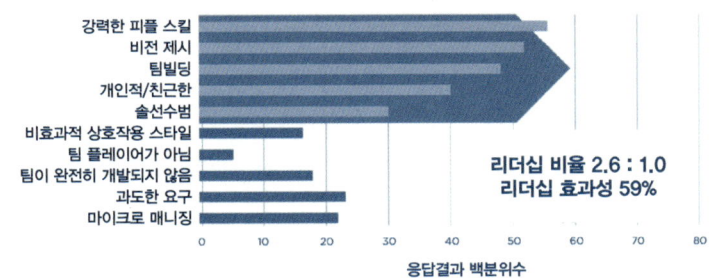

그림 9.6 중간 창의성

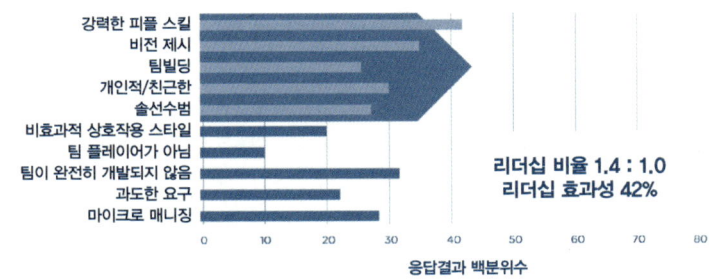

그림 9.7 중간 반응성

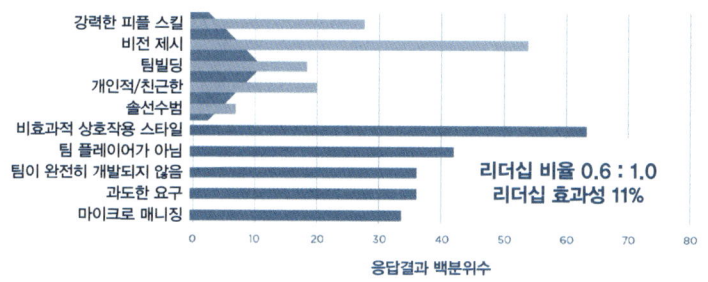

그림 9.8 고반응성

수치는 상쇄 효과를 분명히 보여준다. 0.6은 1보다 훨씬 작은 값이므로, 열심히 일할수록 그 노력이 스스로 상쇄되고 있음을 의미한다. 이것이 바로 이들의 평균 리더십 효과성 점수가 11백분위수에 불과한 이유다.

중간 반응성 리더의 리더십 비율은 1.4:1이다. 이는 이들이 지나치게 반응적으로 행동하지는 않지만, 여전히 리더십 효과를 배가시키지는 못하고 있음을 보여준다. 여기서 주목할 점은, 연구에 참여한 평가자들이 부정적인 피드백보다 긍정적인 피드백을 제공할 가능성이 더 높다는 것이다. 실제로 전체 4,113명의 평가자의 주관식 응답을 분석해보면 강점에 대해 언급할 가능성이 부채보다 1.7배 더 높았다. 정량적 데이터에서도 이러한 응답 편향을 확인할 수 있었다. 이러한 경향을 감안할 때, 중간 반응성 리더는 리더십 비율 1.4 이상으로 스스로를 상쇄하고 있을 가능성이 높다. 이는 평균 리더십 효과성 점수가 40백분위수라는 점에서도 확인된다.

중간 창의성 그룹의 리더십 비율은 2.6:1이다. 이들은 경쟁 우위를 갖고 있으며, 리더십을 효과적으로 배가할 가능성이 크다. 이들의 평균 리더십 효과성 점수는 거의 60백분위수에 도달한다. 확실히 평균 이상의 수준이다.

고창의성 그룹은 매우 인상적인 리더 그룹이다. 리더십 비율은 8.8:1로 명확한 배가 효과를 보여준다. 리더십 효과성 점수는 거의 90백분위수에 이른다. 이 비율이 만들어내는 증폭 효과는 매우 크다. 고창의성 리더는, 리더십 비율이 0.6:1이고 효과성 점수가 10백분위수에 가까운 고반응성 리더와 비교해 분명한 차이를 보인다.

그림 9.9부터 9.12까지의 버블 차트는 지지 점수를 시각화한 것이다. 이 차트에는 강점과 부채 중 지지 점수가 20점 이상인 항목들만 포함했고 하나의 그림 안에 함께 표시했다. 버블의 크기는 지지 점수의 크기를 나타낸다. 강점은 흰색 버블, 부채는 짙은 회색 버블로 표시했다. 차별화되지 않은 강점은 밝은 회색으로 나타냈다. 이 네 개의 그림을 통해 각 리더십 수준에서 어떤 변화가 일어나는지를 시각적으로 확인할 수 있다.

창의성이 낮고 반응성이 높을수록 버블 차트에서 흰색이 줄어드는 대신 점점 더 짙은 회색으로 채워지는 양상이 뚜렷하다. '강력한 피플 스킬'과 같은 핵심 강점은 리더십 스펙트럼의 아래쪽으로 갈수록 점차 줄어드는 반면, '비효과적인 상호작용 스타일'과 같은 부채는 급격히 증가한다. 리더십의 반응성이 높을수록 부채와 차별화되지 않는 강점이 더욱 두드러지게 나타난다. 이 그림들은 리더십의 반응성이 높아질수

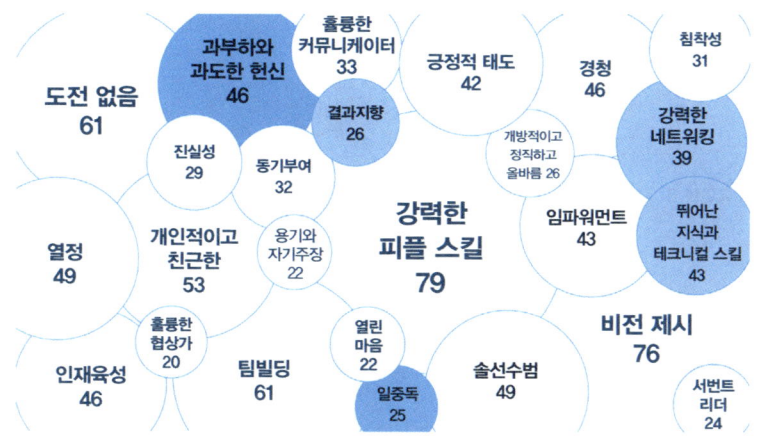

그림 9.9 고창의성 지지 점수

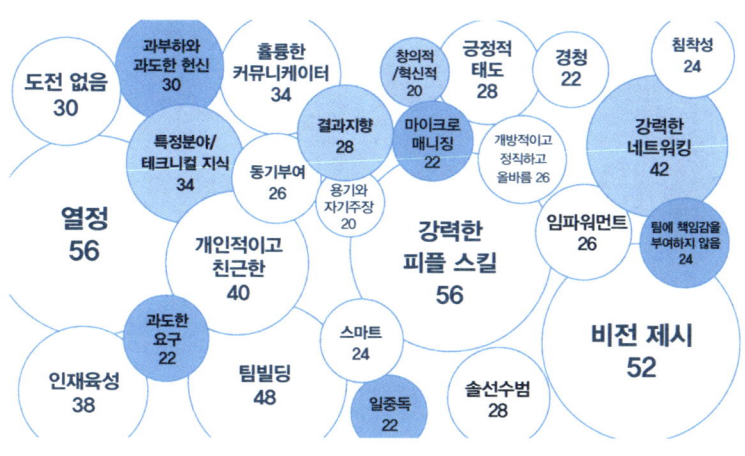

그림 9.10 중간 창의성 지지 점수

9장 - 당신은 어떤 유형의 리더인가 ·· 199

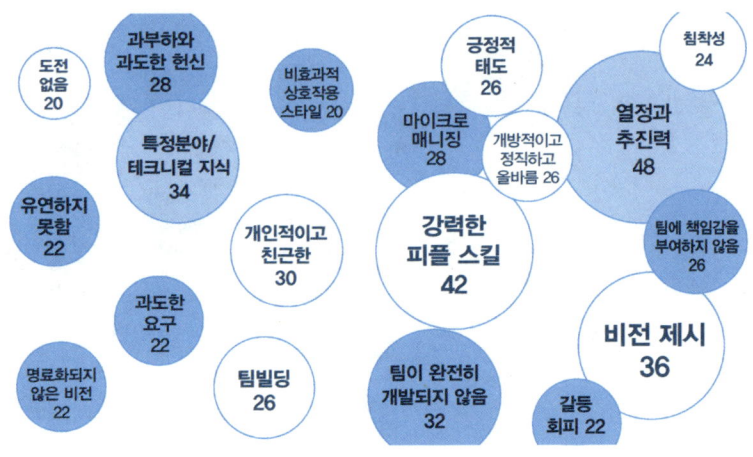

그림 9.11 중간 반응성 지지 점수

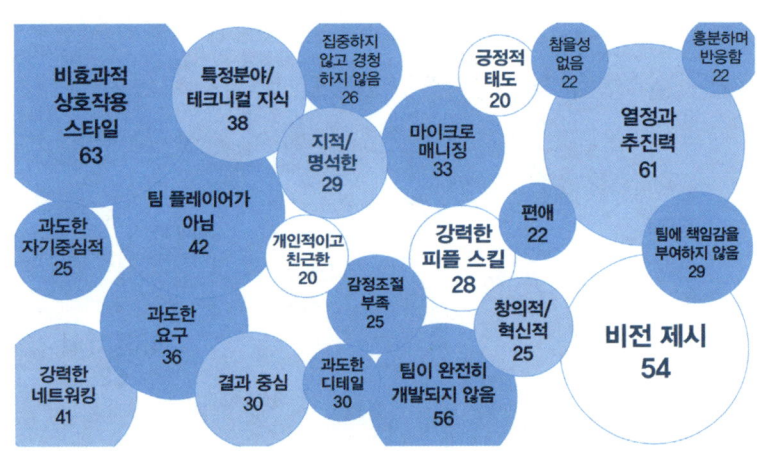

그림 9.12 고반응성 지지 점수

록 리더십 비율이 감소하고, 상쇄 효과가 증가함을 극적으로 보여준다.

주요 결론

이번 연구를 통해 다음과 같은 주요 결론을 도출할 수 있었다:

- 리더십서클 프로필은 리더십 전체 스펙트럼에 걸쳐 리더의 행동과 영향력의 차이를 섬세하게 측정할 수 있는 진단 도구다. 이 도구를 통해 리더에게 의미 있는 피드백이 제공되고 있음을 확인할 수 있었다.

- 실제로 측정 가능한 '리더십의 전체 스펙트럼'이 존재한다. 우리는 연구 목적상 네 단계로 구분했지만, 효과 크기의 규모를 고려하면 리더십서클 프로필은 훨씬 더 세분화된 여러 단계로 리더십 수준을 구분할 수 있다. 따라서 이 스펙트럼 안에서 자신이 어디에 위치하는지, 그리고 조직의 집단적 리더십이 어디에 속하는지를 정확하게 파악할 수 있다.

- 우리는 리더십이 조직 성과에 가장 결정적인 기여를 한다는 사실을 알고 있으며 그 리더십이 어떤 모습이어야 하는지도 알고 있다. 또한 효과적인 리더십과 그렇지 않은 리더십이 무엇인지, 그리고

그 차이를 어떻게 설명할 수 있는지도 알고 있다. 당신 주변의 리더들은 고반응성 리더십부터 고창의성 리더십까지, 즉 매우 비효과적인 리더십부터 매우 효과적인 리더십에 이르는 전체 스펙트럼을 대표한다. 이들은 어떤 리더십이 작동하고 어떤 것이 작동하지 않는지, 그리고 성과와 어떤 연관성이 있는지를 설명할 수 있다.

- 지혜는 시스템 안에 있으며 당신 주변 곳곳에 존재한다. 리더로서 당신은 이미 피드백이 풍부한 환경에 놓여 있다. 당신이 그것을 인식하고 활용하든 그렇지 않든, 현실은 그렇다. 당신 주변의 리더들은 당신이 어떻게 행동하고 있는지, 무엇이 당신을 효과적으로 만들고 있는지, 무엇이 당신의 효과성을 제한하는지를 양적, 질적으로 파악하고 설명할 수 있다. 여기서 남는 마지막 질문은 이것이다. "당신은 당신이 매일 수영하고 있는 피드백이 풍부한 수영장의 물을 제대로 활용하고 있는가?"

당신은 어디에 있는가?

당신은 리더십 스펙트럼의 어디에 위치해 있는가? 그리고 어떻게 그것을 알 수 있는가? 당신의 리더십 팀은 어디에 있는가? 그들은 어떤 수준에 있을까? 이러한 질문들에 당신은 답할 수 있는가? 당신 주변의 리더들은 실제로 당신을 얼마나 명확하게 보고 있는가?

 잠시 시간을 내어 그들에게 물어본다면, 리더로서의 당신의 모습―무엇이 잘 작동하고 있고, 무엇이 그렇지 않은지, 그리고 당신의 리더십이 조직 구성원에게 어떤 영향을 미치고 있는지―에 대한 피드백은 얼마나 정확할까? 당신은 알고 싶은가? 유감스럽게도 대부분의 리더는 알고 싶어하지 않는다.

 피드백이 풍부해야 할 조직 안에 피드백이 부족한 경우가 많다. 조직에서 직급이 올라갈수록 피드백은 줄어든다. 왜일까? 당신의 직급이 높아질수록 주변 사람들은 진실을 말하는 데 더 신중해진다. 그것이 좋은 이야기가 아닐 경우에는 더더욱 조심스럽고 두려워한다. 이것이 바로 리더가 '벌거벗은 임금님'이 되는 이유다. 대부분의 리더는 피드백을 자연스럽게 요청하지 않기 때문에, 피드백이 풍부한 환경의 혜택을 제대로 누리지 못한다.

 조직은 리더십의 효과성 수준을 넘어서는 성과를 지속할 수 없다. 따라서 위 질문들에 대한 답을 아는 것이 매우 중요하다. 리더로서 반응성이 높을수록 자신의 개발 격차를 인식하지 못하고, 실제보다 더 효과적이라고 착각할 가능성이 높다. 그러나 창의성이 높을수록, 자신의 개발 어젠다를 인식하고 파악할 가능성이 크다. 그림 9.13은 리더가 스스로를 평가한 셀프 리더십 진단 점수와 타인 평가자들의 점수 간의 관계를 보여준다.

 네 그룹별 평가자들의 리더십 효과성 평균 백분위수는 평가자들이 부여한 평균 창의성 역량 점수와 매우 유사하다. 하지만 리더가 스스

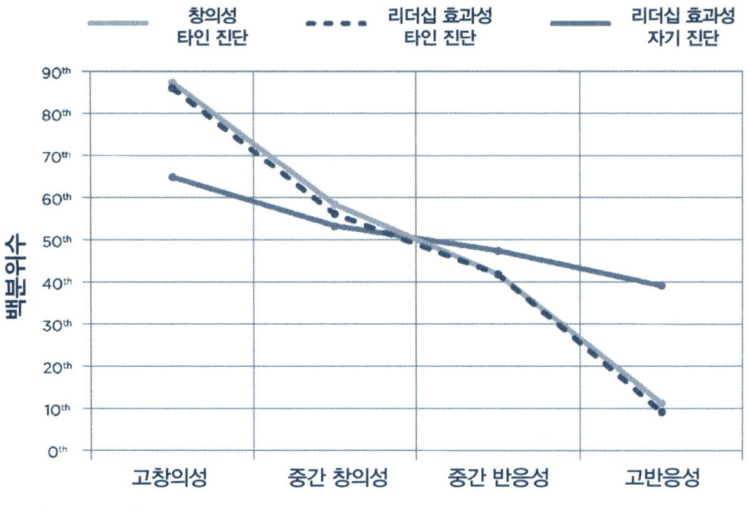

그림 9.13 타인 점수와 비교한 자기 점수

로 평가한 리더십 효과성 점수는 전혀 다른 이야기를 들려준다. 고반응성 리더는 자신의 효과성을 실제보다 약 30백분위수 정도 과대평가하는 경향이 있다. 반면, 고창의성 리더는 자신의 효과성을 과소평가하는 경향이 있다. 이 점은 짐 콜린스Jim Collins가 그의 저서 『좋은 기업을 넘어 위대한 기업으로』[3]에서 밝힌 바 있다. 그의 연구에 따르면, 매우 효과적인 '5단계 리더Level 5 Leader'는 직관에 반하게도 강한 의지와 겸손함을 동시에 갖추고 있다. 가장 효과적인 리더는 자신의 개발 과제를 분명히 인식하고, 지속적인 성장을 추구한다. 반면 고반응성 리더는 피드백을 지속적으로 받기를 꺼리며, 자신의 개발 격차와 직면하기를 회피한다. 결국 그들은 자신도 모르는 사이에, 그리고 종종 직면하고 싶지 않은 방식으로 스스로를 상쇄하게 된다.

당신은 이미 피드백이 풍부한 환경 속에 있다. 이제 남은 질문은 하나다. "당신은 이 피드백 환경을 성과로 연결시키고 있는가?"

피드백을 얻고, 그것을 학습의 기회로 삼는 체계를 설계하는 일이야말로 당신이 어떤 리더가 될지를 결정짓는다. 우리는 모두 생각보다 훨씬 더 피드백이 풍부한 환경 속에 살고 있다. 사람들은 우리를 놀랄 만큼 섬세하고 정교하게 관찰하고 있다. 사람들은 고반응성 리더와 중간 반응성 리더, 그리고 각 리더십 수준 간의 미묘하지만 분명한 차이를 인식할 수 있다.

사람들이 '당신에게 피드백을 주지 않는 이유'는 무엇인가? 이 질문에 솔직하게 답할 수 있다면, 더 많은 피드백을 받기 위해 필요한 것이 무엇인지도 알 수 있을 것이다. 만약 당신이 구성원들로부터 충분한 피드백을 받고 있지 않다면, 그럴 만한 이유가 있는 것이다. 우리는 고반응성 리더가 피드백을 잘 수용하지 못한다는 점을 알고 있으며 솔직한 피드백을 제공하는 사람이 그로 인해 대가를 치르는 경우도 많다는 사실을 인식하고 있다. 정확하고 날카로운 피드백은 당신 주변에 얼마든지 있다. 창의성 리더는 그 피드백을 받아들이지만, 반응성 리더는 이를 거부하고 결국 구성원들은 피드백을 포기하게 된다.

이제 업그레이드할 때

리더십 스펙트럼의 위쪽으로 올라간다는 것은 반응성 부채에서 창의성 강점으로, 즉 재능의 상쇄에서 재능의 배가로 이동함을 의미한다. 이는 기술적, 지적, 창의적 재능을 개인적으로 발휘하는 수준에서, 사람들과 팀을 통해 그 재능을 증폭시키는 수준으로 나아가는 것이다. 이러한 스펙트럼 이동은 단순히 역량을 추가하거나 개선하는 차원이 아니라, 개발의 문제다.

리더십의 전체 스펙트럼은 리더의 개발 단계와 깊은 관련이 있다. 리더십의 기술과 실천을 진정으로 마스터하고자 한다면, 유니버설 개발 경로에서 첫 번째 단계는 수직적 이동이다. 다시 말해, 내부 운영 체제를 업그레이드하여 더 높은 수준의 리더십 효과성과 마스터리를 달성해야 한다. 다음 장들에서는, 우리 연구에 참여한 리더들이 경험한 '수직적 이동'이 무엇이었는지, 그리고 그것이 어떻게 나타났는지를 살펴보겠다.

과제

- 리더로서 당신은 리더십 전체 스펙트럼 중 어디에 위치해 있는가? 이는 당신의 리더십 방식에 어떤 영향을 미치고 있는가?
- 당신의 리더십 팀은 이 스펙트럼의 어디에 있는가? 그 위치는 조직의 전반적인 효과성에 어떤 영향을 미치고 있는가?
- 리더로서 당신의 개발 경로는 무엇인가? 그리고 당신의 직속 부하들은 어떤 개발 경로를 걷고 있는가?

- 10장 -
반응성 리더십의 한계

유니버설 개발 경로는 수직적이고 수평적이다. 먼저 '수직적으로 변화'한 뒤 상호보완적 역량으로 핵심 능력을 보강하여 '수평적인 변화'를 만들어내야 한다. 먼저 수직적 이동부터 이야기해보자. 직관적으로, 더 높이 올라가기 위해서는 더 깊이 내려가야 한다.

몇 년 전, 리더십서클 프로필 360 피드백을 받았을 때 나(밥)는 예상치 못한, 심지어 상처가 되는 경험을 했다. 나는 '오만'에서 높은 점수를 받았고 '협력'과 '팀워크'에서는 낮은 점수를 받았다. 이러한 리더십 패턴은 전략을 개발해 실행으로 옮기고 결과로 이끄는 조직 역량에 걸림돌이 되었다. 좋은 그림이 아니었다. 우리의 고객들이 그랬듯이 나도 처음엔 설명을 하고 싶었다. 나는 빌에게 전화를 걸어 그가 나에게 준 점수를 수정하도록 설득하려 했다. 대화는 이런 식으로 이어졌다.

밥: 빌, 나에게 '오만' 항목에서 5점 만점에 4.5점을 주셨네요.

빌: 네, 그랬죠.

밥: 준거 집단에서 '오만'의 평균 점수는 2점이거나 약간 더 낮을 수도 있어요. 표준편차는 약 0.5입니다. 그러니까 '오만'에서 당신은 나에게 평균보다 표준편차로 5점이나 높은 점수를 주신 거예요. 이건 제가 세상에서 가장 거만한 사람은 아니라 해도, 가장 거만한 사람 중 하나라고 보셨다는 뜻입니다.

빌: 맞아요.

밥: 어이쿠.

마음이 아팠다. 빌의 피드백을 받아들이고 싶지 않았지만, 결국 받아들였다. 다른 비즈니스 파트너들로부터도 비슷한 피드백을 받은 나는 선택해야 했다. 나의 오만함이 업무 관계에 방해가 된다면, 나는 변해야 했다. 그래서 나는 나의 행동에 대해 더 알고자 했다. 파트너들에게 내가 어떻게 나만의 방식에 갇혀 있는지, 어떻게 하면 보다 협력적으로 일할 수 있을지를 지속적으로 피드백해 달라고 요청했다.

  그 후 몇 년 동안, 나 자신을 돌아볼 수 있는 많은 경험을 했다. 심각한 갈등이 있을 때면, 그 의견 충돌 속에서 내가 어떤 모습을 보이고 있는지를 되돌아보기 위해 산책을 나가기도 했다. 내가 어떻게 느끼고, 어떻게 생각하고 있는지를 깊이 살피다 보면, 갑자기 바닥까지 내려앉는 것 같은 순간이 찾아오기도 했다. 하지만 통찰은 때가 되면 찾아오는 법이다. 그리고 그 순간, 명료함이 찾아왔다. 그 순간 깜짝 놀랐다.

"세상에, 내 아이디어가 곧 나라고 여기고 있었구나."

그 순간, 나는 반응성 운영 체제의 핵심에 숨겨진 또 다른 층을 발견했다. 내가 어떻게 내 아이디어를 바탕으로 나 자신을 정의하고 있는지를 보게 되었다. "나는 아이디어를 만들어내는 능력으로 커리어를 쌓아왔지만 사실은 내가 아이디어를 가진 것이 아니라 아이디어가 나를 지배하고 있었구나. 내가 아이디어나 지적 능력이 없다면 나는 누구일까? 나는 곧 내 아이디어였다."

내가 나 자신을 지적 능력으로 그렇게까지 정의하고 있었다는 사실을 몰랐다. 하지만 그 모습을 알아챈 순간, 웃음이 터져 나왔다. "그동안 나는 빌의 오만함에 화가 났었죠. 그런데 거만한 사람은 바로 나였어요. 모두 제 투사였어요. 빌에게서 제 모습을 보고, 그를 비난했던 거예요. 와우!"

나는 집에 가서 빌에게 이메일을 보냈다. "빌, 내가 틀렸습니다. 나는 오랫동안 우리 파트너십에 잘못을 저질렀어요. 이제 대화할 준비가 되었습니다." 빌이 답장을 보냈다. "형제여, 당신의 마음이 느껴집니다. 같이 얘기합시다." 일주일 후, 우리는 주요 고객과의 하루 일정을 시작하기 전 아침 식사를 함께했다. 우리는 특별하면서도 치유적인 대화를 나눈 뒤, 그날 고객과의 업무를 시작했다. 지금까지 함께했던 날 중 가장 잘해낸 하루였다.

반응성의 핵심은 '정체성'이다. 우리는 자연스럽게 스스로를 선하고, 가치 있고, 성공적인 사람으로 보이거나 그렇게 경험되도록 자신을 정의한다. 그렇게 보이지 않으면 자신을 잃어버리는 것처럼 느껴진다.

그렇게 보이지 않는다면 그것은 내가 아니거나, 아예 그러한 '나'는 존재하지 않는다고 여기게 되는 것이다. 물론 이것은 진실이 아니라 환상이다. 그러나 그 환상은 실제처럼 느껴지고 '평생 그것을 진실처럼 믿고 살아왔기 때문에' 오히려 진실처럼 작동하게 된다.

창의성 리더십으로 수직 이동하는 첫 번째 단계는 우리가 자신을 정의하는 방식의 중심에 있는 반응성 착각을 살펴보는 것이다. 그리고 그 착각이 어떻게 우리를 비효과적인 방식으로 몰아넣었는지를 이해해야 한다. 우리 자신을 상쇄시키는 구조화된 핵심 가정을 들여다볼 필요가 있다.

사람마다 서로 다른 구조화된 가정을 중심으로 정체성의 핵심을 이루는 내부 운영 체제를 설계해왔다. 유니버설 리더십 모델은 세 가지 리더 유형을 제시하며 각 유형은 저마다 다른 리더십 강점을 중심으로 자신의 정체성을 구성한다.

가슴(Heart) - 피플 강점
머리(Mind) - 지적 강점
의지(Will) - 결과 강점

우리 각자는 가슴, 머리, 의지의 독특한 조합이다[1]. 하지만 일반적으로 이 강점들 중 하나가 지배적이며, 우리는 각기 다르게 가슴/관계 중심이거나, 머리/아이디어 중심이거나, 혹은 의지/결과 중심으로 나타난다. 우리는 성장하면서 주된 강점은 크게 발달시키지만 다른 재능들은 상대적으로 덜 발달시키는 경향이 있다.

반응성 리더십의 내부 운영 체제인 '사회화된 자아'[2]로 성장해 가는 과정에서, 우리는 관계(가슴), 지성(머리), 결과(의지)와 같은 자신의 핵심 강점을 활용한다. 우리는 이 세 가지 강점 모두를 어느 정도 가지고 있지만, 그중 하나를 중심으로 구조화되어 그것을 정체성의 핵심으로 삼는 경향이 있다. 이 강점이 인정받게 되면 우리는 그것이 곧 나 자신을 정의한다고 믿게 된다. 그래서 우리는 착하고 호감이 가며 동의할 만하고 지지받는 사람(가슴), 혹은 똑똑하고 현명하며 명석하고 분석적인 사람(머리), 또는 결과를 이끌어내고 일을 완수하는 사람(의지)으로 보이고자 한다.

우리는 이 핵심 강점을 자신과 동일시하기 때문에 반드시 그렇게 보여야 한다는 강박에 빠진다. 이로 인해 우리는 자신의 강점을 과도하게 사용하고, 확장시키고, 과시하는 경향이 있다. 결국 그 강점이 부채가 될 때까지 몰아붙이게 된다. 강점의 과도한 개발은 다른 강점들을 덜 개발하게 만들며, 그로 인해 새로운 부채가 발생하기도 한다. 또한 우리는 강점이 어떻게 부채로 바뀌는지를 인식하지 못한 채 강점이 관련 부채로 전환되는 상쇄 효과에 빠질 가능성도 크다.

우리는 가장 강력한 강점을 반응적 전략에 사용하는 경향이 있다. 위협이나 압박에 직면했을 때, 본능적으로 자신이 가진 강점을 활용하게 된다. 이로 인해 세 가지 유형의 반응성 리더가 등장하게 된다.

순응(가슴)

방어(머리)

통제(의지)

발달단계의 '사회화' 수준에서는 일반적으로 이 세 가지 행동 성향 중 하나가 우리의 정체성과 리더로서 자신을 펼치는 방법의 핵심이 된다.

상쇄된 재능과 경쟁적 부채

반응성 리더가 스스로를 상쇄해버리면, 경쟁적 부채를 만들어내는 방식으로 자신의 재능을 약화시킨다. 이는 다른 강점의 개발을 방해하고 나아가 리더의 효과성과 확장성을 제한한다.

요약하자면, 반응성 리더십은 자신의 재능과 강점을 스스로 상쇄한다. 그리고 경쟁적 부채를 발생시켜 리더십이 확장되지 못하게 만든다. 각 유형의 리더는 각기 다른 재능과 강점을 중심으로 내부 운영 체제를 설계하기 때문에, 나름의 고유한 방식으로 반응한다. 각 유형은 서로 다른 강점을 발휘하고, 그 강점을 상쇄하는 특정한 부채를 사용한다. 동시에 해당 유형에 고유한 경쟁적 부채 조합을 드러낸다.

"더 높이 올라가고 싶다면, 더 깊이 들어가야 한다." 유니버설 개발 경로의 첫 번째 단계는 위로 올라가는 것이다. 그러나 어디에서부터 올라가야 할까? 개발 격차를 줄이는 데 있어 중요한 첫걸음은 반응성 자아로 들어가 자신의 유형에서 비롯되는 강점과 부채를 이해하는 것이다. 즉, 현재의 내부 운영 체제가 어떻게 설계되어 있는지, 구조화된 핵심 가정이 무엇인지, 그리고 그로 인해 자신이 상황 속에서 어떻게 반응하고 있는지를 살펴보아야 한다. 그래야만 유니버설 모델 내에서 자신의 위치를 파악하고, 방향을 설정하며, 구체적인 개발 경로를 그려낼 수 있다.

가슴 중심의 리더

가슴 중심의 리더는 관계를 형성하기 위해 타인에게 다가가며, 가슴이라는 재능을 중심으로 자신의 성격을 형성한다. 이들은 관계 지향적이다. 발달 단계의 사회화 수준에서는 다른 사람들이 자신을 좋아하고, 사랑하고, 받아들여 주는지에 따라 자존감과 안정감을 판단하고 스스로를 정의한다. 이들의 핵심 신념은 "당신이 나를 좋아하고, 사랑하고, 받아주면, 나는 괜찮아"이다.

이들은 다른 사람의 호감을 얻기 위해 과도하게 권한을 포기하는 경향이 있다. 목적보다는 안전을 추구하는 경향을 보인다. 또한 인정받지 못하고, 사랑받지 못하고, 호감을 얻지 못하는 것이 마치 죽음처럼 느껴질 정도로 두렵기 때문에 논쟁과 갈등을 피하고 순응적인 리더십을 지향하는 경향이 있다.

연구에 참여한 리더들은 이러한 유형을 순응형 리더로 묘사했다. 리더십서클의 유니버설 리더십 모델에서 '순응' 차원은 창의성의 '성취'

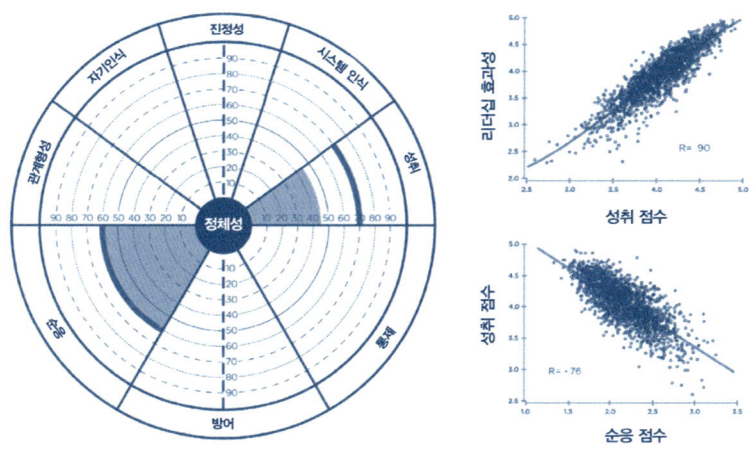

그림 10.1 성취 차원과 순응 차원 간의 상관관계

차원과 상반되는 개념이다. 리더가 수용되고자 하는 욕구로 인해 더 많은 권한을 포기할수록(순응), 비전을 주장하고 이를 전략으로 전환하여 결과를 도출하기 위해 실행할 수 있는 권한(성취)을 사용할 가능성은 줄어든다. 그림 10.1은 150만 건의 설문조사 데이터베이스를 기반으로, 이러한 두 차원 간의 상관관계를 보여준다.

'성취'는 리더십 효과성과 강한 정적 상관관계를 보인다(R = 0.90). 당연히 성취 수준이 높은 리더는 효과적인 리더로 인식된다. 목적 지향적인 리더는 명확하고 설득력 있는 비전을 수립하고, 이를 전략으로 전환한 뒤 구체적인 결과를 내어 전략 실행 능력을 입증한다. 반면 '순응'은 성취와 강한 부적 상관관계를 보인다(R = -0.76). 순응하는 리더는 자신의 성취를 방해하고, 그로 인해 리더십 효과성이 제한된다. 리더들이 순응형 리더십을 어떻게 인식하고 설명하는지를 살펴보기 위해, 우리는 데이터베이스에서 순응 점수가 높은 리더들을 선별한 후, 해당 리더들이 평가자들로부터 받은 주관식 응답을 샘플링했다. 그림 10.2는 50명의 고순응형 리더에 대한 종합적인 리더십 프로필을 보여준다.

고순응형 리더 그룹의 평균 순응 점수는 99백분위수이며, 성취 점수는 거의 없다시피 하다. 그렇다면 이 리더들은 주관식 응답에서 어떻게 묘사되었을까? 다음은 대표적인 몇 가지 예시다.

- 짐은 다른 사람들이 어떻게 생각하는지를 걱정하기보다는 자신의 결정을 포장하지 않고 팀의 성장과 성과에 더 집중할 필요가 있습니다. 의견이 자유롭게 표현될 수 있도록 해야 합니다.
- 자신의 비즈니스 입장이나 감정에 대해 명확한 입장을 갖고, 사실에 근거해 주장해야 합니다. 반대 의견이 생긴다고 해서 다른 사람들에게 잘 보이기 위해 입장을 바꾸어서는 안 됩니다.
- 많은 부하 직원들과 동료들은 그가 더 나은 결과를 만들기 위해 변화를 이끌기보다는, '예스맨'에 가깝다고 생각합니다.

이 리더 그룹에 대한 주관식 응답을 샘플링한 결과, 다음과 같은 내용들이 확인되었다(그림 10.3).

첫 번째 열을 보면, 고순응형 리더에 대해 다른 리더들이 언급한 주요 강점은 '강력한 피플 스킬'이었다(지지 점수 55). 이들은 침착하고 함

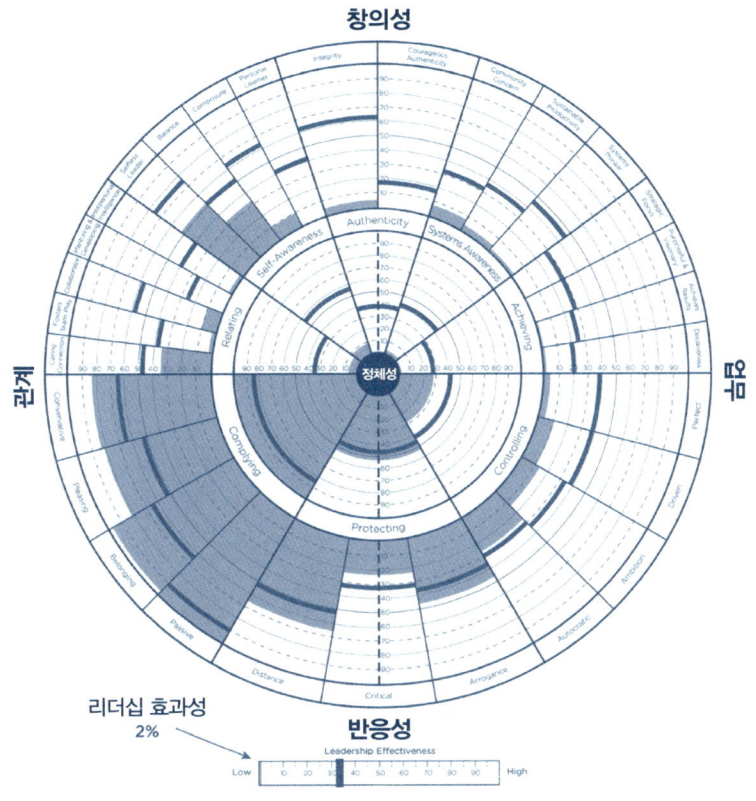

그림 10.2 고순응형 리더의 종합적인 리더십 프로필

께 일하기 쉬우며, 경청을 잘하고 협업을 촉진하는 경향이 있다. 그러나 마음 중심의 리더는 반응성이 높은 방식으로 리더십을 발휘하기 때문에 강점 점수는 대체로 중간 이하 수준에 그쳤다. 우리는 강점을 '반응적으로' 사용할 때, 오히려 그 강점을 제한하게 된다는 사실을 기억해야 한다.

강점		약화된 강점		경쟁적 부채	
강력한 피플 스킬	55	과도한 내성적	50	의사결정을 못함	43
침착	45	과도한 공손함	38	완전히 명확화하지 않은 비전	30
같이 일하기 쉬움	38	자신감 부족, 불안정	25	팀에 책임감을 부여하지 않음	20
경청	33	타인 생각을 과도하게 걱정함	25	직원들과 관계형성이 없음	23
팀빌딩	25	갈등 회피	23	팀 플레이어가 아님	23
강력한 협력자	20	거리두기	20	열정이 부족함	8
합계	216	합계	181	합계	147

그림 10.3 고순응형 리더의 강점과 부채

그림 10.3의 두 번째 열인 '약화된 강점'을 보면, 단순히 강점이 제한되거나 사라지는 수준을 넘어 부채가 더 강하게 드러나고 있음을 확인할 수 있다. 순응 전략을 사용하는 리더는 타인의 눈에 지나치게 내성적이고, 과도하게 공손하며, 자신감이 부족하고 불안정하며, 갈등을 피하고, 타인의 시선을 과하게 의식하며, 거리감을 준다는 인상을 준다. 이러한 부채는 대부분의 강점을 상쇄한다. 강점에 대한 총 지지 점수는 216점이었으며, 관계를 잃지 않기 위해 권한을 포기하는 성향에서 비롯된 부채 점수(181점)와 거의 맞먹는 수준이다.

세 번째 열은 '경쟁적 부채' 항목으로, 추가로 확인된 부채를 나열하고 있다. 경쟁적 부채란, 리더가 특정 핵심 강점에 과도하게 의존한 결과, 충분히 개발되지 못한 다른 강점들에서 발생하는 결손이다. 이 경우, 경쟁적 부채는 '성취'의 반대 방향에 있다. 순응이 과도하게 나타나면 성취가 희생된다.

그래서 고순응형 리더는 다음과 같은 평가를 받게 된다. 의사결정을 잘 하지 못한다, 비전이 부족하다, 팀원들에게 책임감을 부여하지 못한다, 몰입을 유도하지 못한다, 팀 플레이어로 만들지 못한다, 열정이 부족하다 등 경쟁적 부채의 총 지지 점수는 147점이다. 또한 약화된 강점과 합산한 총 부채 점수는 328점으로 강점 총점(216점)을 훨씬 초과한다. 결과적으로 부채가 강점을 상쇄한다.

이번 연구에 참여한 평가자들은 순응형 리더십을 리더십서클 프로필 360 해설서에 설명된 것과 거의 동일하게 정확히 묘사했다. 순응형 리더는 타인과 관계를 맺고, 다른 사람을 지원하거나 개발하며, 접근성이 높고 잘 경청하며 쉽게 연결된다는 강점을 가진다. 즉, 마음 중심의 리더다.

하지만 마음을 과도하게 사용하고, 이 기술들이 반응적으로 작동하게 되면, 이 리더는 의례적이고 조심스러우며 순종적이고 자기중심적이며, 팀에 책임감을 심어주지 못한다. 다른 사람의 기분을 맞추는 데 지나치게 집중하며, 우유부단하고 성과를 내지 못하는 것으로 보인다. 고순응형 리더에게 이러한 피드백을 제공하면, 종종 이렇게 반응한다. "와, 할 말이 없습니다. 힘이 빠지네요." 왜일까? 리더는 자신의 강점이 반응적 구조 속에서 작동하여 부채로 전환되는 순간, 목소리와 영향력을 잃게 된다.

또 다른 예로, 우리는 최근 순응 점수가 매우 높은 리더인 조앤과 함께 일한 적이 있다. 그녀가 받은 피드백에는 이 특성이 잘 드러나 있었다. 다음은 그녀에 대한 주관식 응답 몇 가지다.

- 당신이 어떤 신념을 가지고 있는지, 무엇을 중요하게 여기는지 잘 모르겠어요.
- 당신이 진짜로 원하는 게 무엇인지 솔직하게 말해주고, 제가 그걸 이해할 수 있었으면 좋겠어요.
- 지금 당신이 하는 말은, 당신에게 중요한 것이 아니라 제가 중요하게 생각할 것 같은 걸 말하는 것처럼 느껴져요. 그런데 당신은 제 상사잖아요.

디브리핑이 끝날 무렵, 나는 조앤에게 "그런 성향은 어디서 비롯된 걸까요?"라고 물었다. 그녀는 이렇게 답했다. "부모님은 어렸을 때 저희를 위해 정말 최선을 다하셨어요. 그런데 오빠가 워낙 문제가 많았고, 저는 부모님께 문제를 일으키고 싶지 않았어요."

조앤은 완벽한 어린 소녀에서 완벽한 성인 여성으로 성장했다. 이 페르소나를 리더십에도 그대로 이식했다. 남에게 폐를 끼치지 않기 위해 자신의 목소리를 억누르고, 자신의 힘을 다른 사람에게 양보했다. 주변 사람들은 조앤에게 무엇이 중요한지, 그녀의 진심은 무엇인지 늘 궁금해했지만, 그녀는 좀처럼 드러내지 않았다.

대화 말미에 나는 그녀에게 이렇게 말했다. "당신이 평생 동안 '문제가 되지 않기 위해' 얼마나 열심히 살아왔는지 압니다." 조앤은 잠시 생각에 잠겼다. 그러고는 눈을 크게 뜨며 말했다. "맞아요. 누구에게도 짐이 되고 싶지 않아서 매일매일 엄청나게 노력했어요. 그런데 결국 제가 여기저기서 문제를 일으키고 있었네요. 아주 크게요. 제 자신을 억누르며 저를 죽이고 있었어요."

이후 조앤은 직장에서 리더로서 자신이 어떤 방식으로 행동해왔는지가 개인 생활에까지 어떤 영향을 미쳤는지 설명했다. 두 명의 10대 아들을 둔 싱글맘인 조앤은 아이들이 아버지 없이 자라는 어려움을 극복하려면 지지가 필요하다는 걸 알고 있었다. 하지만 조앤은 아이들과 그런 대화를 나눌 수 없었다. 자신의 힘겨운 삶의 경험을 털어놓고 공유할 수 없었고, 자신과 연결되지 못했기에 아이들과도 깊이 연결되지 못했다. 고순응형 리더는 직장과 가정에서 결국 자신이 누구인지조차 모르게 될 정도로 자신의 목소리를 잃게 될 수 있다.

우리는 조앤의 부하 직원 12명과 함께하는 세션을 마련해, 구성원들이 조앤에게 무엇을 필요로 하는지 좀 더 잘 이해할 수 있도록 도왔다. 그 세션에서 구성원들은 서로에게는 활발하게 피드백을 주고받았지만, 조앤에게는 피드백을 거의 하지 않았다. 그 이유를 묻자, 그들은 조앤을 좋아하긴 하지만 그녀를 잘 알지 못한다고 답했다.

아이러니하게도 순응형 리더는 관계 지향적이지만 결과적으로 관계를 약화시키는 방식으로 행동한다. 이들은 가슴 중심적이지만 말투와 목소리를 낮추는 방식으로 스스로 권한을 포기한다. 그들의 높은 배려심 덕분에 사람들은 이들과 함께 있는 것을 좋아하지만, 정작 이들은 자신의 재능을 충분히 활용하지 못한다. 인간관계에 지나치게 신경 쓰는 나머지, 오히려 관계를 해치게 되는 것이다.

의지 중심의 리더

　　　　　　　　의지 중심의 리더는 마음 중심의 리더와는 반대편에 서있다. 마음 중심의 리더가 음(陰)이라면, 의지 중심의 리더는 양(陽)이다. 의지형 리더는 다른 사람을 향해 움직이기보다는 다른 사람을 상대로 움직인다. 이들은 다른 사람을 이기기 위해 경쟁하고, 권력을 장악해 그것을 이용해 앞서 나가려 한다.

　실제로 의지형 리더의 핵심 강점은 '의지력'이다. 일을 성사시키고, 결과를 창출하며, 원하는 것을 이루어내는 내적 동기가 곧 의지력이다. 이들은 일의 추진과 주도에 적합하게 태어났다.

　발달 단계 중 사회화 수준에서 의지 중심 리더는 의지라는 재능과 결과를 만들어내는 힘의 사용을 중심으로 자신의 정체성을 조직한다. 이들의 핵심 신념은 다음과 같다. "내가 성과를 내고, 완벽하며, 승진하고, 책임지고, 통제할 수 있는 사람이라면 나는 괜찮다."

　이들은 실패를 두려워한다. 실패는 마치 죽음처럼 느껴지기 때문이다. 이들은 어떻게든 결과를 만들어낸다. 그러나 이들은 종종 다른 사람들은 자신이 원하는 결과를 달성하기 위한 소모품처럼 여기며, 필요하다면 타인을 희생시키면서까지 권력을 추구한다. 그 결과 수많은 사상자를 남기기도 한다. 이들은 위임하거나 팀워크를 형성하거나, 신뢰를 쌓거나, 타인을 우아하게 멘토링하지 않는다. 이들은 '통제' 유형의 리더다.

　그림 10.4는 유니버설 리더십 모델에서 '통제'와 '관계 형성' 간의 역

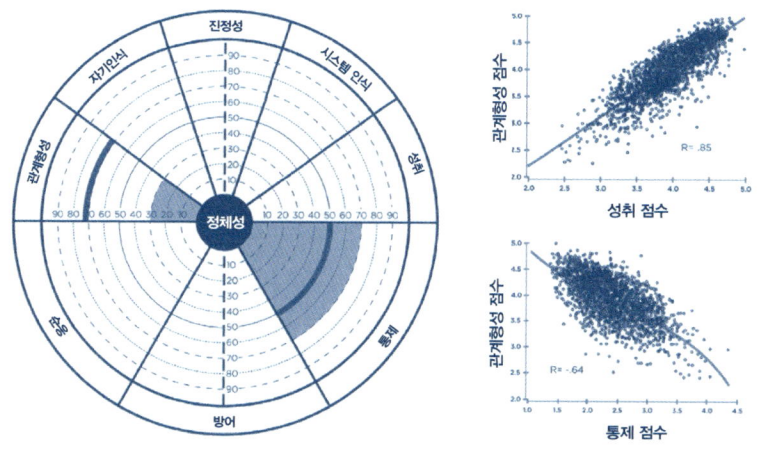

그림 10.4 관계형성과 통제 차원 간의 상관관계

동적 관계를 보여준다. 이 두 성향은 서로 반대되는 행동 경향을 갖고 있다. 고통제형 리더는 관계 형성이나 팀워크에 뛰어나지 않다. 반면, 사람들과 연결되고, 멘토링하며, 고성과의 팀워크를 만들어내고, 협력하고, 강한 대인관계 능력을 발휘하는 '관계 형성' 역량은 리더십 효과성과 매우 높은 상관관계(R = 0.85)를 보인다. 다수의 지지를 받은 고창의성 리더들의 강점이 "사람, 사람, 사람"이라는 점을 떠올려보면 이는 충분히 납득이 된다.

그러나 '통제'는 '관계 형성'과 분명한 부적 상관관계를 보인다(R = -0.64). 통제형 리더십이 강해질수록, 관계 형성 능력은 그만큼 감소한다. 이것이 바로 통제형 리더가 자신만의 세계에 갇히는 방식이다.

우리는 고통제형 리더 그룹의 주관식 응답도 샘플링해 이들의 리더

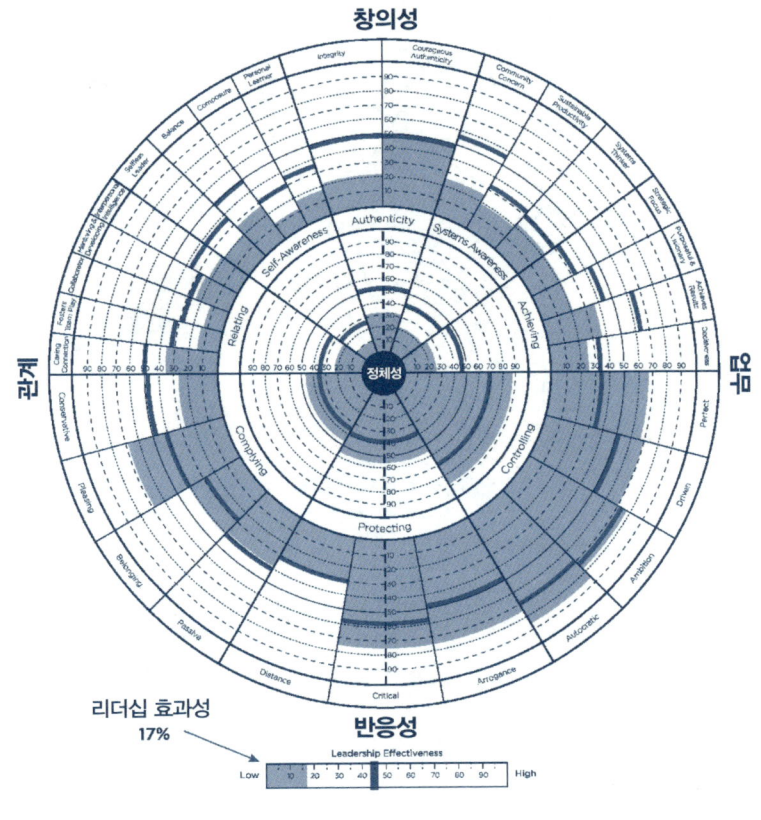

그림 10.5 고통제형 리더의 종합적인 리더십 프로필

십 특성을 보다 구체적으로 살펴보았다. 그림 10.5는 이 리더 그룹의 전체적인 리더십 프로필을 보여준다. 이 그룹의 평균 통제 점수는 87 백분위수로 매우 높았다. 반면 리더십 효과성 점수는 17 백분위수로 매우 낮은 수준에 머물렀다. 이들에 대한 주관식 응답에서 리더십은 어떻게 표현되고 있을까? 다음은 대표적인 몇 가지 예시다.

- 존은 회사의 성공을 위해 열정을 쏟고 있습니다. 하지만 때때로 그 열정이 지나칠 때가 있습니다. 그는 다른 사람들을 과도하게 밀어붙이고, 그들이 감당할 수 있는 수준을 넘는 기대를 하곤 합니다.
- 사라의 가장 큰 도전은 팀원들을 신뢰하고 권한을 위임해, 그들이 스스로 업무를 수행하며 신뢰를 쌓도록 하는 일입니다. 그녀가 다른 사람이 충분히 처리할 수 있는 사소한 세부 사항에 매이지 않고, 자신의 주의가 정말 필요한 핵심 이슈에 집중할 수 있는 시간을 확보하길 원합니다.
- 배리는 팀워크를 장려하거나 협업 문화를 조성하지 않습니다. 그는 무례하고, 이기적이며, 오만하고, 경멸적인 태도를 보이기도 합니다. 지시적이고 권위적이며, 명령하고 통제하는 리더십 스타일을 가지고 있습니다. 모든 것을 승패의 문제로 보며, 자신의 판단을 기준으로 타인과 거리를 둡니다. 그는 영감을 주는 리더가 아닙니다.

그림 10.6은 고통제형 리더들의 데이터 샘플에서 수집한 주관식 응답을 요약한 것이다. 고통제형 리더들은 열정, 추진력, 기술/분야 전문성 등의 항목에서 중간 수준의 점수를 받았다. 비전을 제시하고 긍정적이며 함께 일하기 쉽다는 평가도 일부 받았다. 이들이 얻은 총 강점 점수는 222점이다. 그러나 특히 자기 중심적 추진력은 관련된 부채로 이어지기 쉽다.

업무 재능		약화된 업무 재능		경쟁적 부채	
뛰어난 테크니컬/특정 분야 지식	45	과부하/과도한 헌신	38	비효과적 상호작용 스타일	28
열정	45	마이크로 매니징	35	직원들과 관계형성이 없음	23
추진력	38	과도한 요구	33	경청하지 않음	18
같이 일하기 쉬움	33	유연하지 않음	28	타인에게 미치는 영향을 인식하지 못함	18
긍정적 태도	33	충동적	15	감정조절 부족	18
비전 제시	28	참을성 없음	15	팀에 책임감을 부여하지 않음	23
합계	222	합계	164	합계	128

그림 10.6 고통제형 리더의 강점과 부채

이러한 리더들은 과도하게 헌신적이며, 마이크로 매니징하고, 요구 수준이 지나치며, 융통성이 없다. 충동적이고, 참을성이 부족하다는 평가를 받는 경우가 많다. 이는 추진력이라는 강점이 남용될 경우, 오히려 부채가 되어 강점을 상쇄한다는 점을 잘 보여준다.

경쟁적 부채는 반대 측면, 즉 덜 발달된 '관계 형성' 영역에서 나타난다. 이들 리더는 상호작용에 능숙하지 않고, 팀워크에 서툴며, 경청하지 않고, 자기 중심적이며, 감정을 조절하지 못한다. 이와 같은 경쟁적 부채는 강점을 충분히 상쇄할 수 있다.

응답에서 나타난 강점의 총점은 222점이었지만, 이 강점들이 과도하게 사용되면서 업무적 재능이 약화될 경우, 점수는 164점으로 떨어졌다. 더 나아가, 이 강점들이 리더의 효과성을 상쇄하는 경쟁적 부채로 작용하면 점수는 128점까지 낮아졌다. 의지와 권한이라는 강점을 반응적으로 사용할 경우, 강점은 상쇄되고 경쟁적 부채가 발생하고 리더십의 확장성은 떨어지게 된다. 이번 연구에 참여한 리더들은 이론과 기존 연구에서 예측한 그대로 통제형 리더의 강점과 부채를 정확하게 묘사했다. 이는 리더십서클 프로필 해설서에서도 설명되었던 내용과 일치한다.

통제형 리더는 어린 시절부터 권한을 활용하여 성과를 내는 능력을 강점으로 발전시켜왔다. 대표적인 강점으로는 열정, 추진력, 결과 중심, 결단력 등이 있다. 그러나 이 강점들이 반응적으로 사용될 경우, 통제형 리더십을 낳게 된다. 이러한 강점들은 종종 다른 사람들에게 다음과 같이 경험된다.

과욕, 완벽주의, 일 중독, 과도한 야망, 독재적 성향, 비효과적인 상호작용 스타일, 경청 부족, 마이크로 매니징, 과도한 요구 등.

이러한 모습은 의지 대 의지, 강점 대 강점 간의 충돌을 야기하게 된다. '결과를 만들어내는 의지와 힘'은 분명 리더의 핵심 강점이며 고유한 재능이다. 그러나 그것이 반응성 운영 체제를 통해 실행되면 이 강점은 곧 부채로 전환되며 스스로를 상쇄하게 된다.

머리 중심의 리더십

머리형 리더는 타인과 이성적이고 분석적인 거리를 두는 사람으로, 대체로 지적이고 매우 이성적인 성향을 가진다. 이들은 지식과 진리를 추구하며, 그러한 재능을 가진 사람으로 인식된다.

이들은 발달 단계 중 사회화 수준에서는 분석적이고 비판적인 능력을 통해 자신의 가치와 안정감을 구축한다. 경쟁 우위를 유지하고, 사건을 합리적으로 설명하며, 똑똑하고 지식이 풍부하며 우월한 사람으로 인식되기를 원한다. 이들의 핵심 신념은 다음과 같다. "나는 똑똑하고, 자급자족하며, 우월하고, 무엇보다도 다른 사람의 생각에서 오류를 찾아낼 수 있다면 괜찮다."

이들은 혼란이나 갈등 속에서도 침착하고 이성적인 태도를 유지하고, 안전한 거리에서 상황을 분석하며, 복잡하고 긴장된 상황에서도 뛰어난 분석 능력을 발휘한다. 하지만 종종 차갑고, 거리감이 있으며, 무관심하거나 과도하게 분석적이고 비판적이며, 오만하다는 인상을 주기도 한다.

이들은 연결감이 부족하다고 느낄 때 가장 두려움을 느끼기 때문에, 이성적인 상태를 유지하려 하고 항상 분석적이려고 노력한다. 그러나 이로 인해 자주 지나치게 비판적이고, 흠을 잡으려 들며, 잘난 척한다는 피드백을 받는다. 이들은 방어형 리더다.

'순응'이 음(陰), '통제'가 양(陽)이라면, '방어'는 침착하고 비판적인 상태를 유지하는 중립의 위치에 있다. 그래서 방어는 유니버설 리더십 모델의 중앙에 자리 잡는다. 중립적이기 때문에 반대 축은 존재하지 않지만, 자신의 강점과는 상충되는 성향을 지닌다. 그림 10.7은 이 관계성을 시각화한 것이다.

방어는 본래의 강점인 자기 인식, 시스템 인식, 진정성과 대조된다.

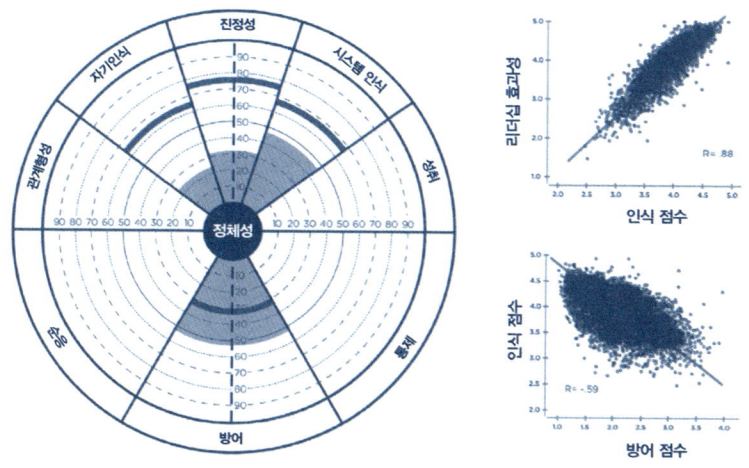

그림 10.7 방어와 인식(자기인식, 진정성 및 시스템 인식)의 상관관계

이러한 '인식' 차원은 리더십 효과성과 강한 정적 상관관계를 보인다(R = 0.88). 반면, 방어는 이 '인식' 차원과 뚜렷한 부적 상관관계를 보인다 (R = -0.59). 즉, 방어형 리더십의 반응성이 높아질수록 자기 인식, 진정성, 시스템 인식은 약화된다. 실제로 '방어'는 창의성 상반원 전체와도 강한 부적 상관관계를 가진다.

그림 10.8은 샘플링된 고방어형 리더들의 종합적인 리더십 프로필을 보여준다. '방어'는 95 백분위수로 매우 높게 나타난 반면, 리더십 효과성은 10 백분위수로 매우 낮다. 그림에서 보듯, 창의성 상반원의 점수는 전반적으로 매우 낮은 수준에 머물렀다.

그림 10.9는 고방어형 리더 그룹에 대한 주관식 응답을 요약한 것이

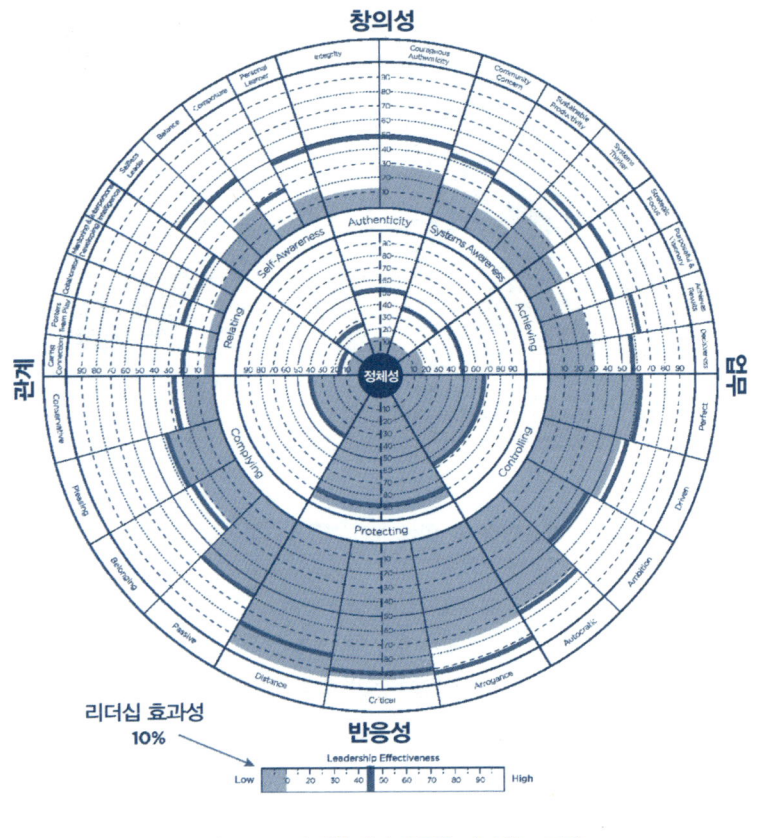

그림 10.8 고방어형 리더의 종합 리더십 프로필

다. 이 그룹의 '방어' 점수는 85백분위수였고, '통제' 또한 65백분위수로 비교적 높게 나타났다는 점에 주목할 필요가 있다. 이는 이 그룹이 이성과 의지력이라는 두 강점의 결합을 보여준다는 의미다. 예상대로, 이 리더 그룹에서 가장 자주 언급된 강점은 "매우 이성적이며 추진력이 있다"는 점이었다. 고방어형 리더는 비전과 전략 수립 능력이 뛰어

강점		약화된 강점		경쟁적 부채	
비전 제시	45	과도한 요구	35	비효과적 상호작용 스타일	58
뛰어난 테크니컬 / 특정 분야 지식	30	완전히 명확히 하지 않은 비전	33	팀 플레이어가 아님	35
추진력	30	유연하지 않음	30	직원들과 관계형성을 하지 않음	25
결과 중심	28	팀에 책임감을 부여하지 않음	23	편애	25
스마트/지적능력	25	즉흥적 반응	23	다른 사람을 낮게 평가하고 공개적으로 창피를 줌	25
전략적 사고	25	갈등 회피	19	직속부하를 육성하지 않음	18
열정	20	거리두기	18	경청하지 않음	15
합계	203	합계	181	합계	201

그림 10.9 고방어형 리더의 강점과 부채

나고, 지식 기반이 탄탄하며 기술적으로 강하고, 추진력이 있으며, 결과 중심적이고, 스마트하며, 열정적이라는 평가를 받았다.

그러나 다시 한 번 강조하건대, 이 강점들 역시 반응적으로 사용됨으로써 대부분 점수가 보통 이하로 떨어졌다. 과도하게 활용될 경우 오히려 상쇄되는 경향을 보였다.

고방어/통제형 리더는 다음과 같은 평가를 받는다. 과도한 부담을 주고, 방향이 명확하지 않으며, 융통성이 없고, 팀에 책임감을 부여하지 못하고, 충동적이며, 갈등을 회피하고, 냉담하고, 거리감이 있다.

이러한 부채는 이 리더들이 받은 강점 점수 203점을 181점 수준까지 상쇄하는 것으로 나타났다. 경쟁적 부채는 충분히 개발되지 않은 강점의 결손으로 나타난다. 이들은 다음과 같은 방식으로 표현된다. 상호작용이 비효과적이고, 팀 플레이어로 기능하지 못하며, 참여도가 낮고, 편애하고, 타인을 깔보며, 공개적으로 모욕을 주고, 직속 부하를 개발하지 않으며, 경청하지 않는다.

  이는 '방어' 성향이 높고 '통제'도 다소 높은 리더들에게 나타나는 독특한 형태의 상쇄 효과다. 이 경우, 강점이 부채로 전환되면서 리더십 효과성을 심각하게 저해한다. 다음은 빌이 자신의 아들 체이스에게 가혹하게 비판적이었던 실제 사례다. 한번 살펴보자.

> 저는 '방어' 점수가 높게 나왔고, 실제로 종종 비판적인 태도를 취하는 편입니다. 하지만 누군가 제 말이 비판이라고 느낀다면, 그 순간 제 마음속에서 무슨 일이 일어나고 있는지를 들여다볼 필요가 있습니다. 사실, 제 비판적 성향은 외적으로 드러나는 부분이 1%에 불과합니다.
>
> 제가 가진 비판적 성향의 강점은, 다른 사람들이 보지 못하는 것을 볼 수 있다는 점입니다. 예를 들어, 품질 개선 활동에서는 개선이 필요한 2%를 식별하기 위해 모든 가능한 오류를 찾아냅니다. 결국 98%는 제대로 되어 있고, 2%는 단순한 잡음이라는 점을 드러내는 것이죠. 이러한 상황에서는 비판적 사고가 효과적으로 작동합니다. 그러나 항상 그런 것은 아닙니다.
>
> 예외적인 경우가 바로 제 큰아들 체이스와의 일화였습니다. 체이스가 캘리포니아에서 로스쿨 1학년을 마치고 집에 온 지 약 15분쯤 되었을 때였습니다. 솔직히 말하자면, 체이스는 마치 고속도로 고가 밑에서 막 기어 나온 사람처럼 보였습니다. 면도도 하지 않았고, 옷차림도 엉망이었죠. 저는 15분간 참다가 결국 이렇게 말하고 말

았습니다.

"체이스, 너 꼴이 엉망이야. 외모는 너한테 중요하지 않은가 봐."

그러자 체이스는 바로 대답했습니다.

"아니요, 그게 아니에요. 사실 새 옷을 살 돈이 없어요. 아버지가 우리 형제들 모두 학부까지는 보내주시겠다고 하셨잖아요. 저는 정말 감사하게 생각해요. 그런데 대학원은 스스로 감당해야 하잖아요. 그래서 저는 아버지께 학비든, 옷이든, 다른 어떤 것도 부탁하지 않으려 해요. 아버지는 지금도 너무 열심히 일하시잖아요. 저는 아버지를 사랑하고 존경해요. 그래서 제 힘으로 해보려고 하는 거예요. 그래서 지금은 새 옷을 살 여유가 없어요."

저는 자녀와의 관계에서 가장 큰 가치는 아이가 잘한 점과 개선할 점을 알려주는 데 있다고 믿어왔습니다. 하지만 실제로는, 저는 가혹하게 비판하고, 결점을 지적하고, 우월감을 드러내는 전형적인 방어형 리더의 모습을 보였던 것이죠. 체이스를 통해, 제가 제 정체성의 핵심이자 강점이라고 믿어왔던 태도들이 정작 아들에게는 아무런 가치도 없다는 것을 깨달았습니다. 그 순간 저는 직장에서뿐 아니라 가정에서도 상쇄 효과가 발생할 수 있다는 사실을 처음으로 실감했습니다.

체이스를 비판적으로 몰아세우기보다는 용기 있는 진정성, 즉 열린 마음으로 진실을 말하는 방식으로 접근했어야 했습니다. 같은 강점이라도 판단하려는 태도가 아니라 상대와 함께 균형을 맞추며 진실을 전하는 방식으로 사용하는 것이었어야 했습니다. 그렇게 하는 것이야말로, 제 아이들과 가족, 직장 동료, 고객들이 저에게 진정으로 바라고 있는 '철저하게 인간적인' 리더십이었습니다.

다른 유형들과 마찬가지로, 고방어형 리더십 역시 자신의 강점, 이 경우에는 뛰어난 비판력과 분석력을 과도하게 사용함으로써 그 대가를 치르게 된다.

유니버설 모델은 핵심 패턴을 그려낸다

유니버설 리더십 모델은 공통적인 핵심 패턴을 기반으로 하고 있기 때문에 '보편적'이라고 할 수 있다. 이 모델이 실제 현장에서 유효한지 확인하고자 데이터베이스를 샘플링한 결과, 실제 적용되고 있음이 입증되었다. 응답한 리더들은 이론과 연구에서 제시한 유형과 행동 패턴을 정확히 동일한 방식으로 설명했다.

평생에 걸쳐 정보를 제공하고 교훈을 주는 좋은 모델만큼 도움이 되는 것은 없다. 좋은 모델은 현실을 더 효과적으로 탐색할 수 있도록 도와준다. 유니버설 리더십 모델이 바로 그런 모델이다. 이 모델은 수치적으로 강한 상관관계를 통해 정량적 검증이 되었을 뿐 아니라, 리더들이 실제 상황을 설명하는 방식에서도 질적으로 검증되었다. 리더들은 리더십 전체 스펙트럼Up과 각 핵심 유형별 개발 방향Across을 스스로 설명할 수 있었다. 따라서 이 모델은 리더가 리더십 개발 여정에서 자신의 현재 위치를 파악하고, 앞으로 나아갈 정확한 경로를 설계하는 데 매우 유용하다. 즉, 리더십과 개발을 모두 아우르는 보편적 모델인 셈이다.

이러한 강점 기반의 접근 방식은 리더가 지금까지 자신을 이끌어온 핵심 강점들을 이미 충분히 개발해 왔다는 전제를 바탕으로 한다. 하지만 강점은 반응적으로도, 창의적으로도 작동할 수 있다.

반응적으로 발휘되는 강점은 실제로 그 강점을 약화시키고, 경쟁적 부채를 발생시키며, 리더십 확장도 어렵게 만든다. 반면, 창의적으로 발휘되는 강점은 이러한 한계를 넘어 긍정적 효과를 극대화한다.

유니버설 개발 모델의 첫 번째 단계는 내부 운영 체제를 업그레이드하고 리더십 스펙트럼을 수직적으로 확장하는 것이다. 이 두 요소는 긴밀하게 연결되어 있다.『마스터링 리더십』에서 소개한 연구에 따르면, 리더십 스펙트럼의 상위 단계로 올라가기 위해서는 '사회화'에서 '자기주도'로 내부 운영 체제를 업그레이드하는 것이 결정적인 역할을 한다.[3]

결국, 첫 번째 단계는 수직적 이동이다. 그런데 어디서부터 시작해야 할까? 그 출발점은 자신의 핵심 재능으로부터 자유로워지는 것이다. 즉, 그 재능을 제한하고 상쇄하는 반응적 구조에서 벗어나, 창의적 구조 안에서 다시 발휘할 수 있도록 하는 것이다. 그렇게 할 때 강점은 진정한 의미의 배가된 힘이 된다. 따라서 개발 격차에 직면한 리더는 자신이 가진 강점을 어떻게 발휘하고 있는지 정확히 파악해야 한다.

그 강점은 반응성으로 작동되고 있는가, 아니면 창의성으로 작동하고 있는가? 만약 반응성이라면, 어떤 반응성 유형에 빠져 있는가? 어떤 반응성 전략이나 행동을 습관적으로 사용하고 있는가? 이러한 질문은 직면하기 어려울 수 있지만, 구체적인 개발 경로를 계획하기 위해 반드시 답해야 할 질문들이다.

가고자 하는 목적지에 도달하려면, 좋은 지도(모델)를 보고 현재 위치를 정확히 알아야 한다.

유니버설 개발 모델의 두 번째 단계는 수평적 확장이다. 그렇다면 어디서부터 수평적으로 확장해야 할까? 그 실마리는 자신의 핵심 유형에 있다. 수평적 확장은, 자신의 핵심 강점들과 반대 방향, 즉 아직 충분히 개발되지 않은 강점들에서 시작된다. 결국, 개발 격차를 줄이기 위해서는 수직적 이동과 수평적 확장이라는 두 방향 모두에서의 이동이 필요하다.

- 내부 운영 체제를 업그레이드함으로써, 내재된 강점을 더 높은 수준에서 발휘할 수 있도록 끌어올린다.
- 충분히 활용되지 않고 있는 강점을 개발하여 수평적으로 확장하여 경쟁적 부채를 상호보완적 역량으로 전환한다.

당신 주변의 리더들은 이 모든 내용을 정확히 설명해 줄 수 있다. 결국, 당신은 피드백이 풍부한 환경 속에 살고 있으며, 지혜는 이미 당신 주변에 널려 있다. 당신이 해야 할 일은 단 하나, 질문하는 것뿐이다.

하지만 단지 상황에 따라 자신이 어떻게 행동하고 있는지를 아는 것만으로는 충분하지 않다. 이 장에서 설명한 첫 번째 단계를 구체적으로 실천해야 한다. 두 번째 단계는 다음과 같다. 자신의 내면에서 강점을 어떻게 활용하고 있는지를 배우고, 자신을 상쇄하던 습관적인 패턴을 멈추며, 내부 운영 체제 깊숙이 들어가 전체 패턴을 움직이게 하는 핵심적인 내부 가정을 변화시키는 것이다.

이 작업은 자신의 개발 격차를 줄이고, 스스로를 혁신하는 힘들고 고된 '영적 작업'이다. 모든 리더는 평생에 걸쳐 이를 수행해야 한다.

과제

- **성찰:** 당신은 반응성 리더십의 세 가지 유형인 순응, 방어, 통제 중 어느 유형에 해당하는가? 그 유형은 리더로서 당신의 효과성에 어떤 영향을 미치고 있는가? 그리고 이에 대해 어떤 방식으로 대응하고 싶은가?
- **실천:** 당신의 주요 부채 중 하나를 줄이기 위해 취할 수 있는 구체적인 행동 하나, 또는 새롭게 시도해보고 싶은 행동 하나를 적어보자.

- 11장 -
반응성 리더십에서
창의성 리더십으로

    10장에서는 반응성 리더십이 어떻게 고유한 핵심 강점을 약화시키고 경쟁적 부채를 유발하는지 살펴보았다. 이는 결국 스스로를 제약하며 리더십 확장에도 실패하게 만든다. 반면 창의성 리더십은 확장이 가능한 리더십이다. 이번 장에서는 창의성 리더십을 활성화하는 정신적 구조의 전환을 설명한다. 이를 통해 핵심 강점을 배가시키고 보완적 역량을 확보하여 리더십 확장을 이루는 법을 알아본다.

    리더가 직면하는 주요 개발 격차는 다음과 같다. 리더는 창의성 리더십 혹은 그 이상 수준의 리더십을 요구하는 높은 복잡도 속에서 작동한다. 그러나 여전히 대부분의 리더는 반응성 리더십에 머물러 있다. 반응성 리더십은 그 본질상 확장에 한계가 있다. 또한 스스로를 상쇄시키는 경향이 있기 때문에 복잡도에 효과적으로 대응하지 못한다.

이로 인해 발생하는 개발 격차는 적응적 과제이다.[1] 이러한 과제는 단순히 새로운 역량을 배우거나, 지식을 추가하거나, 기술을 향상시키거나, 능력을 보완하는 것으로 해결할 수 없다. 이미 존재하는 해결책이나 현재의 내면 운영 체제 안에서는 이 문제를 풀 수 없다.

오히려 개발 격차는 더 높은 수준의 사고와 존재 상태로의 진화를 요구한다. 그래야만 오늘날의 복잡도가 초래하는 문제를 해결할 수 있다. 아인슈타인의 말처럼 "현재의 문제에 대한 해결책은, 그 문제를 만들어낸 의식 수준에서는 찾을 수 없다." 이것이 바로 우리가 직면한 개발 격차다. 개인적으로는, 진화하거나 뒤처질 수밖에 없다. 조직적으로는, 진화하거나 고객으로부터 멀어질 수밖에 없다. 전 세계적으로는, 진화하거나 소멸할 수밖에 없다.

개발 격차는 수직적 개발과 관련이 있으며, 내면으로부터의 진화, 그리고 새로운 방식의 결정, 행동, 의미 부여를 요구한다. 우리는 과거의 발달 수준을 해체하고, 복잡도가 점점 커지는 현재의 세계에서 더 잘 작동하는 새로운 '디자인', 즉 한층 더 진화된 자아 구조를 재설계해야 한다.

보편적 개발 경로에서 첫 번째 움직임은 수직적 상승이다. 이는 지금의 자아 수준에서 더 진화된 자아 수준으로 이동하는 수직적 발전을 의미한다. 우리는 『마스터링 리더십』에서 리더십 수준이 성인의 발달 수준과 밀접하게 연결되어 있다는 점을 이미 밝힌 바 있다. (그림 11.1) 우리는 하버드 교육대학원의 교수이자 성인 발달 연구의 선구자인 로버트 케건의 저명한 연구에 크게 의존했다. 케건의 연구에 따르면, 성

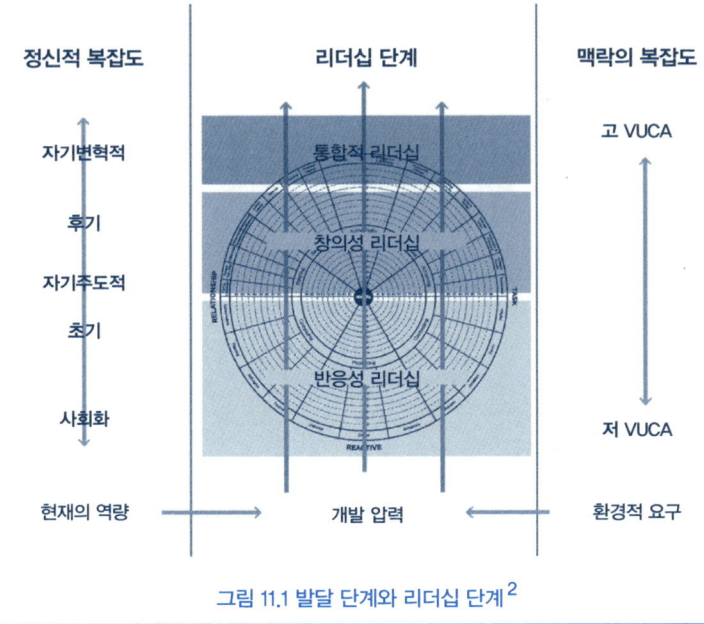

그림 11.1 발달 단계와 리더십 단계[2]

인은 진화 과정에서 다음의 세 단계의 점진적 발달 단계를 거친다.

1. 사회화된 정신
2. 자기 주도적 정신
3. 자기 변혁적 정신

1장에서는 이러한 정신의 발달 단계를 바탕으로 리더십 역시 반응성, 창의성, 통합성의 수준으로 점진적으로 이동한다고 제안했다. 또한 이 프레임워크를 중심으로 유니버설 리더십 모델과 리더십서클 프로필이 어떻게 개발되었는지도 설명한 바 있다. 리더십서클 프로필은 리더가 한 단계에서 다음 단계로 더 빠르게 성장할 수 있도록 설계되었다.

리더십이 자아self를 상황 속에서 어떻게 전개하는가에 관한 것이라면, 우리는 다음과 같은 질문을 던질 수 있다.

"당신은 지금, 어떤 자아를 발휘하고 있는가?"

자아가 사회화된 정신에 기반해 구성되어 있다면, 당신은 반응적으로 리더십을 발휘할 가능성이 높다. 반면, 사회화된 정신을 자기 주도적 정신으로 전환하는 내적/영적 작업을 수행한 리더는 창의적으로 이끌 가능성이 높다. 마찬가지로 자기 변혁적 정신은 리더를 통합적 리더십으로 끌어올린다.

각 단계의 정신과 리더십은 이전 단계보다 더 높은 복잡도에 잘 적응할 수 있도록 발달적으로 진화한다. 이러한 리더십의 진화는 하나의 '비즈니스 영역'이자, 인류의 미래가 걸려 있는 글로벌 과제이다. 이 장에서는 그중에서도 반응성 리더십에서 창의성 리더십으로의 전환에 초점을 맞춘다. 왜냐하면 이것이 바로 오늘날 대부분의 리더들이 직면하고 있는 도전이자 필요한 전환이기 때문이다.

반응성에서 창의성으로 가는 세 가지 움직임

대부분의 위대한 교향곡은 세 개의 악장으로 이루어

져 있다. 각 악장은 앞선 악장을 기반으로 쌓여 전체적으로 하나의 예술 작품을 이룬다. 은유적으로 보자면, 반응성 리더십에서 창의성 리더십으로의 전환도 이와 같다. 전환은 단순한 변화가 아니라, '마음과 정신'의 근본적인 전환, 곧 변혁이다. 이러한 리더십의 진화는 세 가지 내적 움직임으로 설명할 수 있다. 리더는 다음과 같은 세 방향의 내적 이동을 경험하게 된다.

- 타인에 의해 주도되는 삶에서
  → 자기 스스로 주도하는 삶으로
- 안전함을 좇던 리더십에서
  → 목적 중심의 리더십으로
- 개인적 야망을 추구하던 리더십에서
  → 더 큰 공헌을 지향하는 리더십으로

첫 번째 움직임

첫 번째 움직임은 타인에 의해 주도되는 삶에서 스스로 주도하는 삶으로의 전환이다. 타인 주도권에 의해 움직이는 리더는 대개 사회화된 정신 단계에 있다. 이 단계에서는 어린 시절의 조건화와 수년간 형성된 정체성이 리더의 의식과 행동을 지배한다. 즉, 리더는 자신의 상황 속에서 무의식적으로 이러한 자아를 전개하며 살아간다. 그러나 사회화된 정신에서 리더십을 발휘할 경우, 반응적으로 행동할 가능성이 높다. 그 이유는 우리의 행동이 외부 환경과 기대에 의해 결정되기 때문이다.

　이러한 상태에서는 우리는 외부 세계의 메시지에 반응하며 살아간다. 우리는 삶의 주요 인물과 권위자들, 때로는 이미 오래전에 사망한 사람들의 기대, 문화적 규범, 정치·종교적 신념, 그리고 '좋은 사람', '성공한 사람'이 되기 위한 이상적인 정체성 등에 따라 행동한다. 우리의 자존감과 안전감은 외부의 인정에 의존하며, 우리는 기대에 부응하려 애쓰며 행동을 무의식적으로 관리한다. 이러한 리더는 다음과 같은 두려움을 가지고 있다. "기대를 충족시키지 못할까 봐, 비난받을까 봐, 부족하다는 평가를 받을까 봐, 기대하는 사람이 되지 못할까 봐 두렵다."

　그래서 목표를 향해 열심히 달리지만, 실제로는 래리 윌슨Larry Wilson이 말한 것처럼 '지지 않는 게임'을 하고 있을 뿐이다. 이 게임은 결국 자기 자신을 제한한다. 대부분의 리더는 자신이 직면한 복잡도에 비해 충분히 성숙하지 않은 상태로 이러한 게임에 머물러 있다. 리더십은 바로 이 지점에서 사회화된 반응적 자아를 해체하고, 자기 주도적이고 독립적인 창의적 자아를 구축하는 진화를 요구한다. 이는 영성 훈련소이자 변화의 용광로다.

　앞서 언급한 CEO 제프 힐징거는 이러한 진화를 보여주는 대표적 사례다. 그는 10년에 걸쳐 '가장 똑똑한 사람으로 인정받고 싶다'는 욕구를 내려놓는 법을 배웠다. 대신 리더십을 확장하고, 다른 리더를 육성하며, 비전 중심의 팀을 구축하는 일에 집중하게 되고 결국 자기 주도적인 창의적 리더가 되었다.

　자기 주도적 리더는 수많은 외부 메시지 속에서 무엇이 진짜 중요한

지, 그리고 자신이 무엇을 주장하고자 하는지를 분명히 알고 있다. 여기에서 우리는 셀프 리더십을 이렇게 정의할 수 있다.

셀프 리더십이란, 가장 중요한 것을 창출하는 리더십이다.

여기서 "가장 중요한 것"이 바로 자기 주도형 리더인지 여부를 정의하는 기준이다. 스티븐 코비는 이 단계를 '독립'이라고 불렀다. 그 이유는 이들이 '외로운 늑대'처럼 행동해서가 아니라, 자기 가치를 위해 더 이상 외부의 인정이 필요하지 않기 때문이다. 자존감은 내면에서 나온다. 그리고 이는 깊은 목적의식에 따라 살아감으로써 생겨난다.

이러한 목적은 곧 미래에 대한 비전으로 전환되며, 매 순간 그 비전에 부합하는 방식으로 행동하는 '진정성'은 창의적 리더의 전형적 특징이다. 창의성 리더는 자신의 자녀조차 이 조직에서 일하기를 바랄 만큼 훌륭한 조직을 남기고자 한다. 그들은 더 이상 두려움에 의해 움직이지 않으며, 지지 않기 위한 생존 게임을 하지도 않는다. 그들은 자신보다 더 큰 목적을 위해 공헌하고, 그 목적에 의해 움직인다. "진정 중요한 것을 지키지 못한다면, 아무것도 지킬 수 없다." 이 말은 결국, "나는 누구인가?", "나에게 진정 중요한 것은 무엇인가?"로 귀결된다.

이 질문에 대한 정직한 응답이 리더십 확장의 출발점이다. 이는 누군가에게 맞서거나, 무언가에 순응하는 삶이 아니다. 완전한 자기 주도형 리더는 자신의 리더십이 어떻게 진화해왔는지를 인식하고, 그 변화의 과정을 다른 사람에게서 이끌어내는 데 집중한다. 이들은 리더의 리더, 즉 다른 리더를 개발하는 리더가 된다. 그 결과, 이들은 타인과 조직의 능력과 역량을 키우는 데 기여하며, 자신의 리더십을 배가시키는 효과를 만들어낸다. 이러한 리더십은 오늘날 리더들이 직면하는 고도의 복잡도를 동반한 도전에 보다 적합하다. 왜냐하면, 확장 가능한 리더십은 자기 주도적인 창의성 리더십에 의해 가능해지기 때문이다.

두 번째 움직임

'안전에서 목적'으로의 이동은 앞서 살펴본 첫 번째 움직임, 즉 타인 주도에서 자기 주도로의 전환에도 포함된다. 성인의 삶에서 가장 빈번하게 나타나는 핵심적인 긴장은 바로 '목적과 안전' 사이의 긴장이다. 우리는 한편으로는 더 크고 위대한 무언가의 일부가 되기를 원하면서도, 동시에 하루가 끝나면 대출금 상환과 생계의 안정을 걱정한다. 두 요소는 모두 중요하다. 안전을 무시하면 목적이 위협받고, 반대로 안전에 집착하면 목적 또한 위협받는다.

오늘날 가장 성공한 기업가와 창업자들 중에는 바로 이 '안전과 위험' 사이의 균형을 능숙하게 조율하는 능력으로 잘 알려진 이들이 많다. 안전만 추구하며 위험을 회피한다면, 우리는 안전지대 밖에 있는 성장과 학습의 기회를 놓치게 된다. 반대로 신중함 없이 무리하게 위험을 감수하면, 기반 전체가 위협을 받게 된다. 균형을 유지하는 일은 지속적으로 요구되며, 결코 쉽지 않다.

대부분의 리더는 그림 11.2에서 보이듯, 계층적 구조의 피라미드 안에서 살아가고 있다. 우리는 일에 대한 목적의식을 갖고 있고, 세상에

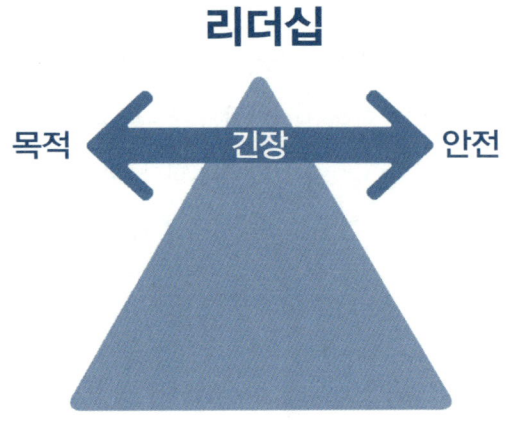

그림 11.2 목적과 안전 사이의 핵심 긴장

기여하고자 하며, 중요한 무언가를 창조하려는 비전도 지니고 있다. 동시에 우리는 재정적 자유를 추구하고, 자신과 가족의 미래를 위한 안전망을 만들기 위해 노력한다.

일반적으로 정상에 오르려는 리더는 안전하게 승진하고자 하는 동기를 함께 갖게 된다. 승리하면 할수록 한 번의 추락이 가져올 타격은 더욱 크고 고통스럽다는 사실을 알고 있기 때문이다. 그래서 우리는 점점 더 상사의 인정을 갈구하고 상사의 은총에서 밀려나는 것을 두려워한다. 주요 이해관계자의 신뢰를 잃지 않기 위해 우리는 거의 무슨 일이든 하려는 유혹에 빠지기도 한다.

그런데 문제가 있다. 목적과 안전은 동시에 추구할 수 없다. 우리가 직면한 대부분의 복잡하고 어려운 문제를 해결하려면 용기가 필요하다. 이러한 순간에 우리의 미래는 명멸하고, 그때 우리가 발휘하는 자아는 현상 유지를 강화하거나, 혹은 조직이 소멸과 비전 수립 사이에서 선택하도록 이끄는 데 기여한다. 만약 우리가 너무 자주 '지지 않기 위해' 행동한다면, 우리는 리드하고 있는 것이 아니라 오히려 스스로를 서서히 소멸시키는 것이다.

첫 번째 움직임에서 우리는 과거의 목소리와 타인의 기대에 이끌려 다니는 삶을 내려놓는다. 그렇게 함으로써 두 번째 악장이 시작되고, 우리는 목적과 안전 사이의 긴장을 조율하며 최적화할 수 있게 된다. 더 이상 지지 않기 위한 생존 게임을 이어가지 않고, '목적'이라는 가장 중요한 것을 위한 게임으로 이동한다. 위대한 사람이 되기 위한 '안전한 길'은 존재하지 않는다.

목적이 이끄는 삶은 분명 위험하다. 그러나 역설적이게도, 이 위험을 감수함으로써 우리는 개인적으로든 집단적으로든 미래를 자신의 책임 아래 둘 수 있다. 그렇게 할 때 비로소, 태어날 때부터 우리에게 주어진 소명과 조화를 이루는 삶과 미래를 창조할 수 있다. 그것은 또 다른 차원의 '안전'을 우리에게 가져온다.

세 번째 움직임

'야망에서 봉사로'의 세 번째 움직임은 앞의 두 가지 움직임—'타인 주도에서 자기 주도로', '안전에서 목적 중심으로'—과 긴밀하게 연결되어 있다. 이 흐름을 명확히 이해하려면, 고창의성 리더와 고반응성 리더가 무엇에 의해 동기 부여되는지를 주관식 응답 분석을 통해 살펴

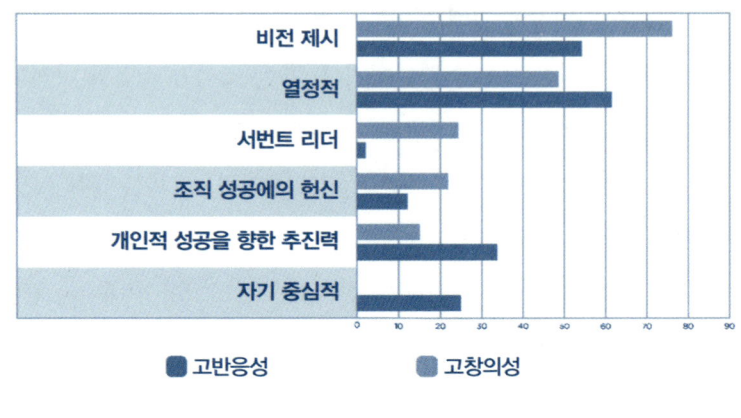

그림 11.3 고반응성 동기와 고창의성 동기

볼 필요가 있다. 이러한 동기는 '이너게임'의 핵심이며, 우리가 어떤 행동을 취할지 혹은 하지 않을지를 결정짓는 근본적인 내적 추진력이다. 동기는 우리가 매순간 어떤 자아를 전개할지, 그리고 우리 주변에 어떤 '날씨'를 만들어내는지를 좌우한다.

그림 11.3은 고반응성 리더와 고창의성 리더의 동기 차이를 보여준다. 두 집단 모두 비전과 전략을 가지고 있지만, 고창의성 리더는 그 이상을 추구한다. 창의성 리더십은 '안전'보다 '목적과 비전'에 초점을 맞춘다는 점을 기억해야 한다. 자기 주도적 정신과 창의성 리더의 특징은 중요한 미래에 지속적으로 집중하는 데 있다. 그렇기에 고창의성 리더가 고반응성 리더보다 훨씬 더 비전 중심적인 리더로 인식되는 것은 전혀 놀라운 일이 아니다. 실제로 두 그룹 사이에는 비전에 대한 인식에서 22점의 차이를 보인다.

그림 11.3은 고반응성 리더와 고창의성 리더의 동기 구조가 어떻게 다른지를 잘 보여준다. 특히 고반응성 리더가 고창의성 리더보다 열정과 추진력 면에서 더 높은 점수를 받았다는 사실은 주목할 만하다. 이미 앞서 언급했듯, 추진력이 지나치게 강할 경우 오히려 부정적인 결과를 낳을 수 있다. 이는 주로 고반응성 리더에게 해당되는 경향이다. 하지만 여기서 더 중요한 부분은 추진력에 대한 디테일이다.[3]

- 고반응성 리더는 고창의성 리더에 비해 '자기 중심적' 또는 '자아 중심적' 동기를 25대 0의 비율로 보였다. 이는 고창의성 리더에게는 자기 중심성이 전혀 나타나지 않는다는 사실을 뜻한다. 이러한 차이는 9장에서 제시된 버블 차트에서도 확인할 수 있다. 그 차트를 보면, 자기중심적인 리더십의 특성은 중간 창의성 리더 집단에 이르러서 사라진다. 즉, 자기 중심성은 반응성 단계에서 두드러지지만 창의성 단계로 전환되면 더 이상 나타나지 않는다.

- 자기 중심적 추진력은 시간이 흐르며 점차 서번트 리더십과 조직의 성공에 대한 헌신으로 대체된다. 리더십이 덜 반응적이고 보다 창의적인 방향으로 전환됨에 따라, 자기 중심적 리더십의 수준은 0으로 떨어지는 반면, 서번트 리더십은 고반응성 리더 집단에서는 전혀 나타나지 않다가, 고창의성 리더 집단에서는 25명에게서 관찰되었다. 즉, 이번 연구에 참여한 100명의 고반응성 리더 가운데 서번트 리더로 묘사된 인물은 단 한 명도 없었다.

- '조직의 성공에 대한 헌신' 점수는 고창의성 리더가 고반응성 리더보다 10점 더 높았다. 흥미로운 차이는 '개인적 성공을 위한 추진력' 항목에서 더욱 분명해진다. 고창의성 리더는 '개인적 성공을 위한 헌신'보다 이 점수가 낮은 반면, 고반응성 리더는 그 반대였다. 이는 고반응성 리더가 개인적 성공에 더 많은 에너지를 집중한다는 것을 보여준다.

현장에서 바라본 시니어 리더들은 이 세 번째 움직임, '야망에서 봉사로'의 전환을 점점 더 많이 실천에 옮기고 있다. 리더십이 반응성에서 창의성으로 변화할수록 리더는 자기 중심성을 내려놓고, 조직 전체의 선(善)에 더 깊이 몰입하게 된다. 이들은 더 이상 자기 목적만을 추구하지 않고, '가장 중요한 것을 실현하는 도구'가 되는 리더십으로 나아간다. 이때 개인의 성공을 향한 추진력은 타인의 성장과 조직의 사명 달성이라는 더 큰 틀 안에서 조율되며, 성숙한 균형을 이룬다.

이러한 전환이 이루어질 때, 리더십은 자유롭게 확장될 준비가 갖춰진다. 고창의성 리더와 고반응성 리더 간의 강점에서 가장 큰 격차를 살펴보면, 이러한 전환을 거치며 자연스럽게 드러나는 리더십의 본질을 파악할 수 있다. (그림 11.4)

이러한 마음과 생각의 전환이 일어날 때 리더십에는 분명한 변화가 나타난다. 먼저, 자기 중심성은 점점 줄어들고, 리더십의 초점은 조직의 역량과 능력치를 개발하는 쪽으로 옮겨간다. 리더는 더 다가가기 쉬운 사람이 되며, 사람들과 함께 일하는 데 능숙해지고, 경청, 고성과

그림 11.4 고창의성 리더 강점과 고반응성 리더 강점의 최대 격차

팀 구축, 멘토링, 임파워먼트와 같은 핵심적인 리더십 역량이 자연스럽게 강화된다. 고창의성 리더는 이러한 전환을 통해 더 침착하고 진실된 태도로 자신의 비전을 실현해 나간다.

세 개의 악장, 하나의 교향곡

『마스터링 리더십』에는 노트르담대학교 스테이어 경영자 교육센터와 공동으로 실시한 연구 결과가 소개되어 있다. (그림 11.5) 이 연구는 사회화 단계, 자기 주도적 단계, 자기 변혁적 단계로 이어지는 성인 발달의 각 단계에 따라 리더십 효과성이 어떻게 달라지는지를 보여준다.

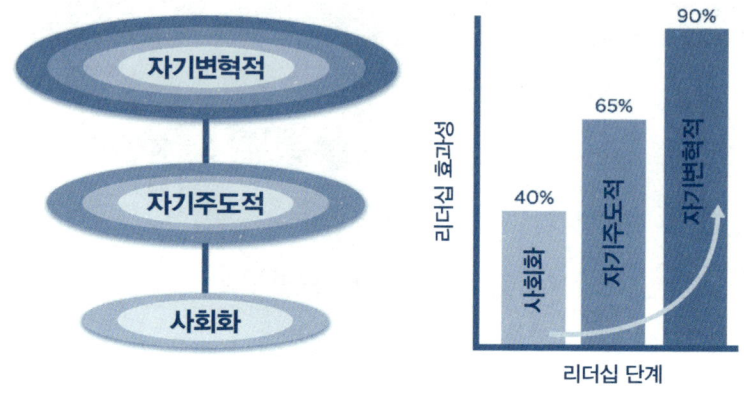

그림 11.5 발달 단계와 리더십 효과성

  연구 결과에 따르면, 발달 단계가 높아질수록 리더로서의 효과성 평가도 함께 상승하는 경향이 뚜렷하게 나타났다. 사회화 단계에 머문 리더는 리더십 효과성 점수가 평균 40백분위수에 불과했다. 반면, 자기 주도적 단계로 측정된 리더는 평균 65백분위수, 자기 변혁적 단계에 도달한 리더는 평균 90 백분위수로 평가되었다.

  이 연구는 주관식 응답 분석과 함께 깊은 함의를 담고 있다. 주관식 응답에서는 리더를 성인 발달 단계에 따라 직접적으로 평가하지는 않았지만, 고창의성 리더 그룹에는 자기 주도적 또는 자기 변혁적 단계의 리더들이 다수 포함되어 있을 가능성이 높다. 이는 곧, 이 연구에 참여한 시니어 리더 평가자들이 리더의 정신적 성숙 수준에 따라 리더십 효과성이 어떻게 변화하는지를 실질적으로 인식하고 있었음을 시사한다. 즉, 리더가 내면의 환경을 변화시키고, 자신을 움직이는 원동력의 깊은 층위까지 성찰하고 조정하게 될 때, 그 리더십은 더 강력해지고 확장 가능한 역량을 갖추게 된다.

이 연구가 제시하는 메시지는 매우 심오하다. "타인 주도성에서 자기 주도성으로 전환될수록, 리더는 덜 자기 중심적이 된다." 이 말은 직관적으로는 낯설게 느껴질 수 있지만, 실제로는 충분히 타당하다. 우리가 삶의 주요 인물—예를 들어 부모, 상사, 조직의 기대 등—의 기준을 충족시키지 못할까 봐 두려워하며 행동한다면, 우리는 결국 자신의 체면과 성공을 위해 타인을 성과의 수단으로 몰아세우는 리더십을 펼치게 된다.

이러한 동기는 때로 놀라운 성과를 만들어내며, 해당 리더가 승진이나 보상을 받는 데 유리하게 작용하기도 한다. 그러나 책임감이 큰 자리로 올라갈수록 이러한 동기 구조는 리더와 조직 모두에게 막대한 부채를 남긴다. 고반응성 리더의 리더십 효과성이 낮은 이유도 바로 여기에 있다. 그들의 10대 부채 목록은 이를 명확하게 보여준다.

이와 같은 리더십은 때때로 카플란Kaplan이 말한 '파괴적 생산성 destructive productivity'으로 나타난다. 이는 성과를 창출하되, 그 과정에서 사람들을 지치게 하고 조직의 정서적·정신적 자원을 고갈시킨다. 결국, 상처 입은 구성원들과 지속 불가능한 시스템만이 남게 된다.

자기 중심적인 목적을 위해 사람들을 이끄는 리더는 지고 싶지 않다는 강박과 두려움에 사로잡힌다. 그 과정에서 더 크고 의미 있는 목적은 희미해진다. 어쩌면 애초부터 그런 목적은 존재하지 않았을 수도 있다. 리더십은 '기여'보다 '성과'에, '공헌'보다 '평가 기준 충족'에 집

착하게 된다.[4]

그러나 타인 주도성에서 자기 주도성으로 이동하면 리더십은 점차 달라진다. 우리는 더 이상 승진과 체면을 위한 추진력에 매몰되지 않고, 더 크고 본질적인 목적을 위한 리더십, 곧 기여 중심의 리더십으로 전환하게 된다. 이것은 자기 중심적 야망에서, 나보다 더 큰 무언가를 위한 봉사로의 이동이다. 이러한 세 단계의 움직임은 결국 하나의 변화된 리더십 교향곡을 만들어낸다. 그림 11.6은 이를 '세 개의 악장으로 구성된 변화의 교향곡'으로 보여주고 있다.

상호 보완적 역량

리더십 스펙트럼의 상단으로 갈수록, 리더는 자신의 핵심 강점(가슴, 머리, 의지)을 더욱 강력하게 발휘할 뿐 아니라 상호 보완적 역량에도 접근할 수 있다. 잭 젠거Jack Zenger와 조 포크만Joe Folkman은 저서 『특별한 리더The Extraordinary Leader』에서 서로 다른 역량이지만 상호 보완적이고 서로를 증폭시키는 역량 쌍이라는 개념을 정립했다.[5] 이 프레임워크는 두 역량이 함께 잘 발달되어 있을 때, 리더십 효과성이 어떻게 배가되는지를 설명한다. 하나의 역량이 다른 역량의 효과를 강화하는 것이다.

그러나 젠거와 포크만은 반응성 리더가 자신의 핵심 강점에 매몰되어 그 역량을 과도하게 사용하는 경향에 대해서는 충분히 다루지 않았

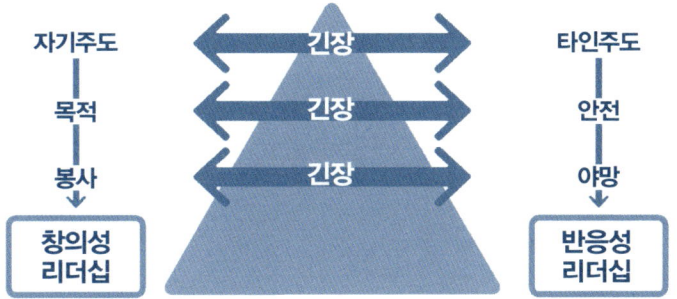

그림 11.6 리더십 마인드셋 전환

다. 예컨대, 순응형 리더는 경청이라는 강점을 가지고 있을 수 있지만, 자신이 원하는 바를 진정성 있고 강하게 표현할 용기와 주장은 부족할 수 있다. 이런 이유로 반응성 리더는 자신의 핵심 강점과 정반대 방향의 역량을 개발하는 데 어려움을 겪는다.

반면, 리더십 스펙트럼의 상위로 이동할수록 상호보완적 역량을 자유롭게 넘나들 수 있는 민첩성이 생긴다. 반응성 리더가 보이지 않는 경계에 갇혀 있는 반면, 창의성 리더는 그 경계를 유연하게 넘는다. 다음은 주관식 응답의 실제 예시이다.

> 메리는 사람들이 더 열심히, 더 스마트하게 일할 수 있도록 영감을 줍니다. 그녀는 팀 분위기를 탁월하게 조성하면서도, 정직하고 직접적인 태도로 팀을 이끕니다. 그녀는 개선이 필요한 부분을 지적하는 것을 두려워하지 않으며, 다른 사람의 아이디어를 지지할 때

그 사람은 진정한 성취감을 느끼고, 다시 해내고자 하는 강한 열망을 품게 됩니다.

이 응답에서 보이듯, 메리는 양쪽 모두의 리더십을 실천하고 있다. 그녀는 직접적이고 정직한 방식으로 책임을 명확히 하면서도, 동시에 높은 신뢰와 팀워크를 조성하는 따뜻한 분위기를 만든다. 또한 다른 사람을 지원하면서도 도전 과제를 부여하는 방식으로 동기부여와 챌린징을 병행한다. 메리는 상황에 따라 가장 적절한 역량을 발휘하며 리더십을 통해 팀워크를 구축하고 다른 리더를 개발하고, 결과 역시 놓치지 않는다. 창의성 리더의 전형적인 모습이다.

반대로, 우리 고객 중 한 명인 제라드는 과거에 모든 상황을 예리하게 파악하는 능력이 뛰어났다. 그러나 그의 책임 수준이 높아지고 관리 범위가 넓어지자, 과거의 강점이 더 이상 요구되는 조건과 일치하지 않게 되었다. 그는 자신의 핵심 강점을 반복적으로 과용하면서 리더십 효과를 오히려 떨어뜨리고 있었다.

제라드는 이제 반응성에서 창의성으로 이동하며 보완적 역량을 개발해야 할 시점에 와 있다. 그는 수직적 성장에 집중하고, 내려놓아야 할 것은 내려놓을 줄 아는 훈련을 해야 한다. 그렇게 함으로써 자신의 강점을 더 이상 강박적으로 사용하지 않고, 보완 역량과 균형 있게 사용할 수 있는 리더가 될 수 있다.

모든 강점은 과용되면 결국 약점으로 전환된다. 강점이 적절히 쓰이지 못하면 효과는 반감되고 실패로 이어질 수 있다. 제라드가 비즈니스 세계에서 계속해서 성공하려면 관계와 팀워크, 타인의 성장 지원과 같은 보완적 역량을 개발해야 한다. 그는 고성과를 위한 추진력과 세밀한 분석력이라는 기존의 강점에만 의존하지 말고, 조직적 확장을 위한 새로운 역량을 내부적으로 길러야 한다. 또한 이러한 전환은 조직 내 다른 고위 임원들과 함께 해야만 한다.

대부분의 조직 고위층에는 제라드와 같은 리더가 많다. 이들은 유능하고 성공적인 리더이지만, 자신의 수준을 넘어선 위치에 도달했고, 자신을 그 자리에 올려준 강점을 절반으로 깎아먹고 있는 상태다. 이들은 복잡도가 높은 환경에서 요구되는 상호보완적 역량에 접근하지 못한 채, 내부 운영 체제를 반응성에서 창의성, 더 나아가 통합성으로 전환하지 못하고 있다. 이러한 진화를 이루지 못하면 결국 낙오할 수밖에 없다. 이것이 오늘날 리더십의 핵심 과제이며, 우리가 직면한 게임의 본질이다.

그림 11.7은 고창의성 리더의 주관식 응답에 담긴 강점 활용 및 상호보완적 역량 개발의 구체적 사례를 시각적으로 보여준다. 응답을 앞뒤로 읽어보면, 상호보완적 역량이 실제로 어떻게 작동하는지 그 힘을 생생히 느낄 수 있다. 고창의성 리더는 기술적으로 유능하면서도 다가가기 쉬운 사람이다. 결과 중심적이면서 동시에 다른 사람을 개발하고 임파워한다. 비전 중심적이면서도 팀워크를 구축한다. (참고로 '목적 지향적 비전'과 '팀워크'는 리더십 효과성과 가장 높은 상관관계를 보이는 두 가지 핵심 역량이다.) 이들은 열정적이면서도 추진력이 강하고, 사람들과 잘 어울린다. 그 외에도 수많은 보완적 특성들이 함께 나타난다.

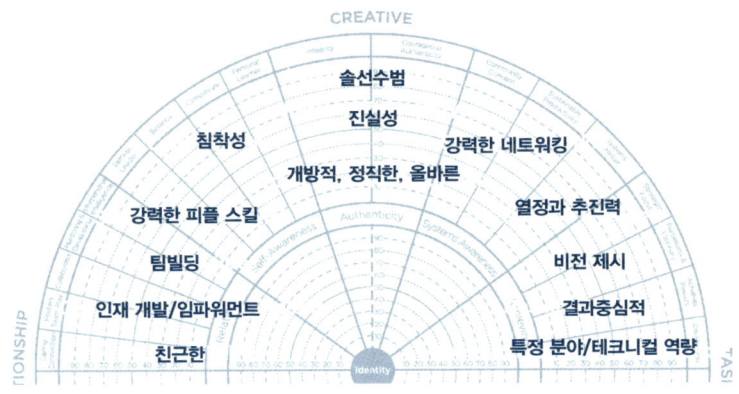

그림 11.7 강점 활용 및 상호보완적 역량 개발

    리더십의 숙련이란 강점들 사이를 민첩하고 유연하게 오가는 능력이다. 고창의성 리더는 어떤 상황에서도 자신의 리더십을 최적화하기 위해 역량들을 조합하고 혼합하는 능력을 발휘한다. 이러한 역량은 정체된 기술이 아니라 확장 가능한 능력이며, 리더가 성장하고 진화함에 따라 더욱 정교하게 다듬어진다. 즉, 이러한 리더십 역량은 리더가 사회화된 정신 단계에서 자기 주도적 정신 단계로, 그리고 더 나아가 자기 변혁적 정신 단계로 진화하면서 자연스럽게 발현된다. 이러한 전환은 동시에 반응성 리더십에서 창의성 리더십, 그리고 궁극적으로 통합적 리더십으로 나아가는 리더십 스펙트럼의 성숙 과정과 맞닿아 있다.

의식 있는 리더십 개발

리더십은 오랫동안 연구된 주제였지만, 동시에 가장 이해도가 낮은 주제이기도 했다. 그러나 이제는 더 이상 그렇지 않다. 우리는 효과적인 리더십의 핵심 요인이 무엇인지, 그리고 그에 도달하는 경로가 어떤 것인지에 대해 명확한 통찰을 갖게 되었다. 우리 연구에 참여한 리더들은 이러한 개발 경로를 놀라울 정도로 정확하게 묘사해주었다. 고반응성에서 중간 반응성, 중간 창의성, 고창의성에 이르기까지 리더십의 전체 스펙트럼을 구체적으로 설명하는 그들의 피드백을 처음 접했을 때 우리는 이렇게 말했다. "와! 여기에 완전한 개발 경로가 있군요. 그리고 리더들은 그 전 과정을 스스로 정확히 보고 있네요!"

리더들이 리더십에 대해 말하는 방식과 인식은, 그들을 유니버설 리더십 모델 내의 특정 위치에 자연스럽게 매칭시킬 수 있을 만큼 명확했다. 이 경험을 통해 우리는 리더십서클 모델이 리더십 모델 자체, 그 모델에 기반한 정교한 진단 도구 그리고 실제 개발을 위한 구체적인 프레임워크 또는 경로를 아우르는 보편적이고 실용적인 프레임워크임을 확인할 수 있었다.

우리 모델은 보편적 개발 원칙과 검증된 경로를 바탕으로 설계되었으며, 리더들은 실제로 리더십 스펙트럼 전반에 걸쳐 수직적이고 개발적으로 분포해 있다. 그리고 각 리더 유형별로 적용 가능한 고유한 개발 경로를 스스로 매우 정확하게 설명해주었다. 그들은 유형별로 수직적 개발(리더십 수준의 심화)과 수평적 개발(보완 역량의 확장)의 구분을 이해하고, 그 두 경로를 어떻게 통합하고 매칭할 수 있는지 구체적으로 보여주었다. 리더들이 우리에게 제기한 핵심 질문은 이것이다.

"어떻게 하면 내 강점을 제대로 발휘하고, 이를 더 강화하고, 확장하고, 지속가능하게 레버리지할 수 있을까?"

이제 남은 질문은 한 가지다. 리더는 어떻게 자신의 개발을 가속화할 수 있는가? 그리고 그 개인의 효과성과 리더십 팀 전체의 집단적 효과성에 지속적이고 실질적인 전환을 만들어내는 실천은 무엇인가? 이러한 개발 어젠다는 선택의 문제가 아니다. 비즈니스의 본질적이고 필수적인 과제이다.

성찰

- 당신은 개인적으로 어떤 발달 단계에 있는가? 사회화 단계, 자기 주도적 단계, 자기 변혁적 단계 중 어느 단계에 있나?
- 당신의 발달 단계는 주변 사람들에게 어떤 영향을 미치나? 당신의 발달 단계는 리더로서의 효과성에 어떤 영향을 미치나?
- 아직 자기 변혁적 단계에 있지 않다고 가정할 때 높은 단계로 올라가려면 어떻게 해야 하는가?

- 12장 -
실천을 통해 리더십을 혁신하다

    자신의 리더십, 또는 조직의 리더십 시스템을 바꾸기 위해 무엇이 효과적인지 우리는 이미 알고 있다. 자신을 변화시키는 기본 메커니즘을 설명하고 이해하는 구체적인 방법을 이번 장에서 소개한다. 하지만 속지 말아야 한다. 리더십이나 삶 속에서 우리가 매일 자신을 드러내는 뿌리 깊은 패턴이다. 따라서 이를 바꾸기란 쉽지 않다.

    변혁, 즉 근본적인 변화는 노력으로 얻어지는 특질이다. 마음이 약한 사람을 위한 것이 아니다. 신화적 전통에 따르면 변화는 영웅의 여정이자 영성 훈련소이다. 개인적으로 많은 노력이 필요하고, 집단적 변화나 확장적 변화에는 더 많은 노력이 필요하다. 우리가 그것을 해낸다면 우리의 리더십은 경쟁 우위가 될 것이다. 변화와 변혁은 우리의 현재 리더십 수준으로는 얻거나 창조할 수 없는 더 높고 큰 그 무언가가 있을 때에만 노력할 가치가 있다. 그런 경우라면 노력할 가치뿐 아니라 삶을 헌신할 가치도 있다.

현재 우리 저자는 하나의 큰 조직에 속한 두 개의 리더십 팀과 함께 일하고 있다. 이 두 팀은 조직의 모든 수익을 책임지고 있다. 이 중 한 팀은 조직 변화를 위한 역량과 능력치를 강화하는 과제와 집단적 개발 과제를 완전히 수용했다. 각 팀원이 그룹 전체의 효과성을 끌어올리면서 팀의 추진력은 뚜렷하고 시너지 효과를 발휘했다. 그들은 더 큰 효과성으로 나아가면서 증폭 효과를 경험하고 있다. 한 명의 리더에서 19명의 리더로, 19명에서 10,000명의 리더로 리더십을 확장하고 있다. 이것이 바로 리더십 확장의 시작 단계이다.

두 번째 팀은 더디게 진행되고 있으며, 요구되는 사항에 대해 경우에 따라 팀원들이 강력히 저항을 하고 있다. 리더는 팀원들에게 집단적 리더십 어젠다를 다룰 것을 지속적으로 요청해 왔지만, 제안은 받아들여지지 않았다. 그들은 여전히 팀으로서의 효과성보다는 개인적 개발에 더 많은 노력을 기울이고 있다. 따라서 상승 효과를 얻지 못하고 있다.

이 두 번째 팀은 기존의 방식에서 벗어나는 데 어려움을 겪고 있다. 때로는 팀원들이 서로 반목하고 서로의 역량을 상쇄하기도 한다. 그 결과 이 팀의 리더는 25,000명이 넘는 직원과 수십만 명의 고객을 대상으로 리더십을 다음 단계로 확장해야 할 판에 이들과 힘든 싸움을 벌이고 있다.

조직 변화를 위해서는 개인의 리더십 효과성을 높이기 위한 내면적,

그리고 개인적 노력이 필요하지만 그것으로는 충분하지 않다. 맞다. 당신 자신부터 시작해야 한다. 하지만 8장에서 설명했듯이 자신의 리더십을 팀, 더 나아가 팀의 팀 등으로 확장하려면 함께 소리 내어 배워야 한다. 개인의 개발이 집단적 리더십의 효과성으로 이어지지 않으면 조직의 변화는 타협의 대상이 된다.

우리는 최근 신젠타의 고위 임원팀과 함께 일했다. 이 세션에서 각 멤버에게는 다른 멤버에게 피드백을 제공했다. 각 멤버는 이에 대한 피드백을 되돌려주기 위해 다음의 질문이 주어졌다.

- 각 동료가 고위 임원팀에게 제공하는 가장 큰 기여는 무엇인가?
- 고위 임원팀의 이익을 위해 동료들이 제거하거나 개선해야 할 한 가지 영역은 무엇인가?[1]
- 각 동료가 계속 기여했으면 하고 바라는 리더십 자질 중에서 당신이 존경하는 점은 무엇인가?
- 팀으로서 달성해야 할 핵심 요소는 무엇인가?

개방적이고 직접적이며 강렬한 회의였다. 각 멤버는 자신이 팀에 도움이 되는 일을 하고 있다는 생각을 명확히 가지고 떠났다. 또한 신젠타를 이끌어가는 데 있어 팀의 집단적 효과성을 높이기 위해 개선해야 할 사항도 밝혀졌다. 각 멤버는 모든 멤버로부터 도전을 받고, 지원도 받으며, 깊은 관계를 맺고 있다는 느낌을 받았다. 멤버들은 함께 가장 중요한 성과를 창출하는 데 더욱 집중했다.

신젠타의 글로벌 담당 이사 존 파Jon Parr가 이 세션에 참여했다. 그는 자신의 리더십을 변화시키고 자신의 명석함을 뛰어넘는 수준으로까지 리더십을 확장하기 위해 노력하는 리더이다. 세션이 끝난 후 그는 우리를 따로 불러서 "이것이 바로 제가 팀과 함께 달성해야 할 목표입니다"라고 말했다. 이것이 바로 리더십 확장이다! 회사의 CEO인 에릭Erik Fyrwald는 자신의 리더십을 최고경영진으로까지 확장했다. 이제 그 리더십은 조직 전체로 확장되고 있다.

8장에서는 리더가 조직에서 이를 달성할 수 있는 방법에 초점을 맞추었다. 이 장에서는 이를 토대로 논의를 이어간다. 유니버설 리더십 모델과 보편적 개발 경로에 입각하여 리더십을 확장하기 위해 위대한 리더들이 하는 일에 내재된 원칙과 실천에 대해 논의한다. 이 장의 모든 원칙과 사례는 개인, 팀, 조직 수준에서 모두 적용할 수 있다. (참고: 이 장에서 '우리'라는 표현은 개인과 집단 모두에 해당된다.)

변화 방법

효과적인 리더는 생성적 긴장을 조성하고 유지하는 데 도움이 되는 다음 네 가지 실천에 참여함으로써 자신과 타인, 조직에서 확장 가능한 리더십의 조건을 조성한다.[2]

1. **우리가 원하는 것에 대해 진실을 말하라.** 비전을 세우고 우리가

함께 달성하고자 하는 결과에 집중한다. 그 결과물을 만들기 위한 의도를 세운다. 이것을 우리의 현실로 만들기로 작정하라. 이러한 의도를 계속 유지하고 매일 재확인하라.

2. 현재 우리가 현실을 어떻게 만들고 있는지에 대해 진실을 말하라. 지금 우리가 만들어내고 있는 결과, 특히 우리가 원하는 것과 일치하지 않는 결과에 대해 진실을 말하라. 우리가 원하지 않는 결과를 만드는 행동을 낳는 내재된 신념이 파악될 때까지 개인적으로, 집단적으로 그 밑바닥을 들여다보라. 당신 자신과 팀원들의 내면에 있는 이러한 신념을 드러내라. 이러한 신념의 허구성을 볼 수 있을 만큼 깊이 파고들어라.

3. 생성적 긴장을 계속 유지하도록 돌아보고 씻어내기를 반복하라. 우리가 원하는 것과 우리가 얻은 것에 대해 진실을 말하는 것을 계속 실천하라.

4. 매일 실천하라. 매일 실험을 하라. 원하는 것을 향해 매일 작은 발걸음을 내딛으라. 경험을 통해 배우라. 다음과 같이 한다면 많은 도움이 된다.

- 그 과정 내내 피드백 받기
- 매일 성찰의 루틴 갖기
- 직관을 믿고 직관적 인사이트에 대한 개방성을 팀원들에게 키워주기
- 이 모든 것을 공개적이고 투명하게, 그리고 주변 사람들의 지원

을 받아 수행하기
　 – 조직 내에서 위의 모든 사항에 대해 장기적이고 체계적인 접근
　　방식 취하기

　이런 과업이 행해진다면 개인적으로 또는 조직적으로 지금의 현실을 비전의 방향으로 만들어감으로써 생성적 긴장이 해소될 가능성이 높아진다. 이는 또한 우리의 사고방식을 전환하여 개인과 조직의 내부 운영 체제를 반응성에서 창의성으로, 더 나아가 통합성으로 업그레이드하는 방법이기도 하다. 이것이 바로 '수직적 상향 이동'과 '수평적 횡적 이동'을 만드는 방식이다. 이는 우리가 강점 상쇄 상태에서 강점 배가 상태로, 더 나아가 우리의 핵심 강점의 보완이 되는 개발이 덜 된 강점에 접근함으로써 강점이 증폭되는 상태로까지 나아가는 방식이다. 요컨대, 이것이 바로 우리 자신보다 더 큰 무언가를 위해 봉사하고 가장 중요한 성과를 창출할 능력을 갖춘 리더, 팀, 조직이 되어가는 방식이다. 이것이 바로 조직의 역량과 능력치를 확장하여 원하는 미래를 만드는 리더가 되어가는 방식이다. 이것이 바로 조직이 변혁하는 방식이다.

　여기까진 간단하다. 자 이제 자세히 들어가보면 어려움이 드러나기 시작할 것이다.

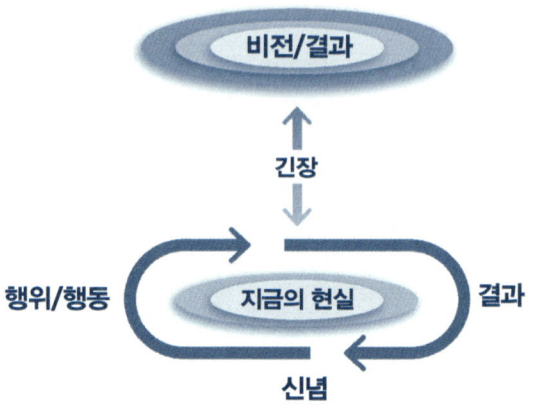

그림 12.1 생성적 긴장

생성적 긴장 만들기

그림 12.1의 생성적 긴장은 창의성 리더의 내부 운영 체제의 핵심 정신 모형이다. 이는 우리가 변화하기로 마음먹었을 때 변화를 일궈내는 방식이며, 우리 자신이 되어가는 방식이기도 하다. 기업가, 예술가, 과학자, 리더 등 삶에서 많은 것을 창조하는 사람들은 창조 행위 자체를 추진하는 에너지를 얻기 위해 긴장을 활용한다.

생성적 긴장은 우리가 원하는 것과 현재 가진 것 사이의 간극에서 비롯된다. 이 두 지점의 차이가 긴장을 만들어내며, 이 긴장은 물리학적으로 보자면 본래 상태, 즉 긴장이 없는 상태로 되돌아가려는 속성을 지닌다. 생성적 긴장은 하나의 구조이며 구조는 성과를 결정한다. 생성적 긴장 구조는 본질적으로 지금의 현실이 비전을 향해 나아가도록 한다.

진실을 말하라

우리가 무엇을 원하든, 그것을 창조하기 위해서는 우리가 원하는 것이 무엇이며, 그것을 '왜' 원하는지를 구체적으로 인식하는 것에서 시작해야 한다. 이 시점에서는 그것을 어떻게 실현할지 알 필요는 없다. 시작할 때는 그저 우리가 만들고자 하는 결과에 집중하면 된다.

막연한 비전으로는 결코 해낼 수 없다. 우리의 영혼은 타협된 목표에는 자신을 투자하지 않는다. 이는 개인적으로도, 조직적으로도 마찬가지다. 생성적 긴장을 불러일으키는 에너지는 결과를 향한 우리의 열정, 즉 사랑이다. 목표가 진정으로 중요하지 않다면 생성적 긴장은 생겨나지 않으며, 우리는 그 여정을 완수할 수 없다.

다시 말하지만, 셀프 리더십이란 '가장 중요하게 여기는 결과를 창출하는 것'이다. 리더십은 이러한 역량을 개인적으로 확장하고, 집단적으로 증폭시킨다. 따라서 생성적 긴장을 조성하는 첫 번째 단계는 중요한 결과에 집중하는 것이다. 이러한 명료함은 목적, 비전, 결과, 행동 등 다양한 수준에서 생겨날 수 있으며, 각 단계가 명확하고 잘 정렬될수록 생성적 긴장은 더욱 강력해진다.

목적 분별하기

목적은 우리 열정의 깊은 원천이자 진북True North이며 우리가 어떤 일에 관심을 갖는지에 대한 이유이기도 하다. 주의를 기울이면 삶은 우리가 '왜' 이 자리에 있고 '무엇'이 중요한지를 끊임없이 이야기한다. 그 점들을 연결하는 일은 우리의 몫이지만, 스티브 잡스가 2005년 스탠퍼드대 졸업식 연설에서 말했듯 "앞을 내다보고 점을 연결할 수는 없다."[3] 목적을 분별하는 작업에는 삶의 목소리를 깊이 경청하고, 삶의 사건들이 목적을 가지고 있다는 신뢰가 필요하다. 변혁적 리더들은 이 과정을 거쳐왔다. 이들은 목적 지향적이며, 리더십을 통해 다른 이들이 자신의 존재 이유를 발견하도록 격려한다.

'높은 목적'을 분별하는 일은 조직의 필수 요소이며 조직 정체성의 핵심이다. 목적을 발견하고 이를 명확히 하는 일은 최고경영진의 핵심 임무 중 하나이다. 시장과 모든 이해관계자는 어떤 방식으로 서비스를 받기를 원하는지에 대한 단서를 끊임없이 남기고 있다. 우리는 어떻게 하면 모든 이해관계자에게 최적으로 봉사하면서도 우리의 마음을 움직이고, 우리를 하나로 정렬시킬 수 있는 목적을 발견할 수 있을까? 이 과정을 제대로 수행하면 조직에 엄청난 에너지를 불어넣을 수 있다.

비전 증류하기

　　　　　　비전 없이는 목적을 실현할 수 없다. 목적은 방향, 즉 진북의 방향을 제시하고 비전은 그 목적이 향하는 구체적인 도달 지점을 제공한다. 모든 설득력 있는 비전에는 목적이 담겨 있다.

　비전은 바람직한 미래의 모습을 그림으로써 생성적 긴장을 촉진한다. 창의성 리더십이 가장 중요한 성과를 창출하는 역량인 자기 주도적 단계의 리더십이라면, 비전은 그 핵심 요소라 할 수 있다. 목적 있는 비전은 자기 주도형 창의성 리더십의 중심이며, 생성적 긴장의 진정한 진북이다. 비전 없이는 긴장도 없다.

　리더십의 근본적인 역할 중 하나는 조직이 목적 있는 비전에 집중하도록 이끄는 것이다. 실제로 리더십서클 프로필에서 '목적과 비전' 차원은 리더십 효과성과 가장 높은 상관관계를 가진다. 비전을 만들려면 현재는 존재하지 않지만 미래에 존재할 것을 구체화하는 데 시간을 투자해야 한다. 자신이 가장 바라는 삶과 비즈니스의 모습을 묘사하고, 그것이 실현되었을 때 실현되었음을 알 수 있을 정도로 명확히 해야 한다. 이를 위해 혼자 성찰하거나 팀과 함께 생각을 정리하고, 필요하면 주요 이해관계자와의 대화를 통해 명확성을 더한다. 간단히 말해 목적 있는 비전을 중심으로 리더십 팀이 구성되지 않는다면 리더는 리딩할 수 없다.

　최근 우리는 한 대형 의료 회사의 고위 경영진과 자리를 함께할 기회를 가졌다. 이 자리에서 그들은 자신들에게 맡겨진 조직의 미래에 대해 논의했다. 회의 전 인터뷰를 통해 조직이 나아갈 방향에 대해 분명한 그림을 그리고자 하는 강력한 욕구가 있다는 사실이 드러났다. 그들은 모두 자국의 의료 산업이 오랜 기간 심각한 와해를 겪고 있음을 잘 알고 있었고, 폭발적으로 증가하는 VUCA 환경 속에서 조직에 대한 새로운 비전을 만들어야 한다는 점에도 동의하고 있었다.

하루 반나절 동안의 회의와 두 차례의 미래 구상 및 설계 워크숍을 진행한 후, 그들은 자신들의 조직에 대한 새로운 설명에 놀라움을 감추지 못했다. 그 누구도 이런 비전을 가지고 회의에 들어오지는 않았지만, 각자가 갖고 있던 비전의 구성 요소들이 합쳐져 결과적으로 기대를 훨씬 뛰어넘는 새로운 비전이 탄생한 것이다. 그들은 자신들이 구상한 것을 실제로 실현할 수 있다는 확신을 갖게 되었고, 그렇게 된다면 단지 조직의 성공에 그치지 않고 자국의 의료 산업과 의료 서비스의 결과 자체를 극적으로 변화시킬 수 있는 가능성도 보았다.

그들은 눈물을 흘리며, 그 어느 때보다 서로 연결되었다고 느꼈다. 함께 만든 비전은 각자가 의료계에 몸담게 된 개인적 목적과도 맞닿아 있었기 때문에, 그들은 이 비전을 만드는 데 전력을 다할 수 있었다. 더 높은 목적과 강력한 비전을 중심으로 개인적 긴장과 집단적 긴장이 동시에 조성된 대단한 회의였다.

결과 및 행동

비전은 전략과 목표로 정제된다. 이는 비전이 실현되었을 때 나타나는 '결과물'이다. 그러나 종종 간과되는 사실이 있다. 바로 '우리가 다른 미래를 만들고 싶다면 지금 당장 그것을 실천해야 한다'는 점이다. 즉, 우리는 모든 상황에서 이를 실제 행동으로 구현해야 한다.

리더십을 발휘하는 방식은 개인적으로든 집단적으로든, 매 순간마다 상황에 맞게 전개되어야 한다. 리더들은 보다 민첩하고 창의적이며 참여도가 높고 혁신적인 구조와 문화를 구축함으로써 경쟁력을 갖추고자 노력한다. 그러나 이러한 변화의 시도가 반응성에 기반해 이뤄질 경우 효과는 떨어지고 실패할 가능성도 높아진다. 변화에는 창의성 리더십이 반드시 필요하다.

우리 연구에 참여한 리더들은 어떤 리더십이 필요한지를 분명하게 알려 주었고, 어떤 행동이 효과적이며 어떤 행동이 효과가 없는지를 구체적으로 설명해 주었다.

그림 12.2는 전 세계 시니어 리더들이 효과가 있다고 인정한 강점들의 목록이다. 목록에는 고창의성 리더에게 공통적으로 나타난 상위 10가지 강점과, 고반응성 리더와의 차이가 가장 두드러진 강점이 추가되어 있다. 이 목록을 통해 가장 효과적인 리더와 가장 덜 효과적인 리더 간의 차이를 확인할 수 있다.

작동하는 것

- 강력한 피플 스킬
- 비전 제시
- 팀빌딩
- 개인적/친근한
- 솔선수범
- 열정과 추진력
- 경청
- 인재육성
- 임파워먼트
- 긍정적 태도
- 동기부여
- 침착성
- 진실성
- 서번트 리더

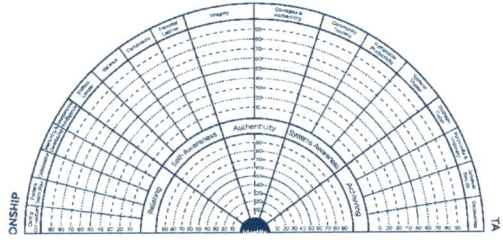

그림 12.2 가장 큰 리더십 차별적 요인

이 목록은 리더십서클 프로필의 상반원에 제시된 창의성 역량과 나란히 놓고 볼 때, 효과적인 리더십 행동의 유형을 파악하는 데 있어 강력한 출발점이 될 수 있다.

리더십을 보다 효과적으로 변화시키는 가장 빠른 방법은 이러한 행동이나 역량 중 하나를 중심으로 생성적 긴장을 조성하는 것이다. 4장과 8장에서는 이를 개선하거나 개발함으로써 리더십을 한 단계 끌어올릴 수 있는 핵심 요소에 대해 설명했다. 우리는 이를 '잠금 해제 움직임 unlocking move'이라 부른다.

과연 어떤 '하나'의 움직임이 리더십을 잠금 해제할 수 있을까? 이 움직임은 반응성 성향에 숨어 있는 강점일 수도 있다. 보편적인 개발 경로에서 첫 번째 움직임은 핵심 강점을 반응적 구조에서 '해방'시키는 것이다. 예를 들어, 사람 위에 군림하는 파워와 사람과 함께하는 파워 사이에는 어떤 차이가 있을까? 두 가지 모두 결과를 위해 의지와 추진력이라는 동일한 핵심 강점을 사용하지만, 그 결과는 전혀 다르게 나타난다. '큰 한 가지'는 예를 들어 경청과 같은 강점으로 새롭게 부상할 수 있으며, 이를 활용해 리더십을 다음 단계로 도약시킬 수 있다. 다른 사람의 의견과 피드백은 이러한 '큰 한 가지'를 발견하는 데 매우 유용하다.

'큰 한 가지'를 찾았다면, 그것을 자신의 목적과 비전에 직접적으로 연결하는 시야를 갖추자. 자신에게 가장 필요한 행동 변화가 자신이 가장 중요하게 여기는 가치와 연결되어 있음을 인식할 때, 생성적 긴장의 동기가 생겨난다.

4장에서는 개발 계획서를 작성할 때 '큰 한 가지'를 먼저 찾는 것으로 시작할 것을 권장했다. 아직 찾지 못했다면, 지금 당장 찾기를 강력히 권한다. 아울러 다음과 같은 실천도 함께 권장한다. 앞서 논의한 피드백 회의에서는 이러한 일이 실제로 벌어졌다. 목표는 분명하다. 팀을 구축하고, 집단적 효과성을 높이며, 리더십을 확장하는 것. 그리고 이는 조직의 모든 직급에서 취약성을 드러내고 투명하게 협업하는 방식을 통해 이뤄질 수 있다.

지금의 현실에 대한 진실 알리기

지금 일어나고 있는 현실에 대해 진실을 말하는 것은 에너지를 불러일으킨다. 현재가 긍정적일 때도 많지만, 사람들은 정작 칭찬을 자주 하지 않는다. 우리 대부분은 자신이 이룬 성취를 무시하는 경우가 자주 있는데, 이는 결코 도움이 되지 않는다. 자신이 이룬 바를 인정하는 행위는 '우리는 마음먹은 것은 무엇이든 창조할 수 있다'는 믿음을 더욱 강하게 만든다. 인정은 추진력을 제공한다.

그렇다면 회의 중에 있는 그대로의 진실이 얼마나 자주 드러날까? 경험상 그리 흔치 않다. 회의가 길어지는 이유 중 하나는 '정치적 지뢰'나 '논의할 수 없는 주제'를 피하려고 하면서 의미 없는 논의로 시간을 허비하기 때문이다. 리더로서 우리는 피드백을 주고받는 훈련이 되어 있지 않기 때문에, 360도 피드백 결과를 받으면 놀라거나 심지어 충격을 받는 경우가 많다. 피드백이 불편하므로 회피하게 되고, 조직 내 직급이 올라갈수록 피드백을 받을 기회는 점점 줄어든다. 권력자에게 진실을 말하는 일은 위험을 수반하기 때문이다. 그러나 지금 일어나고 있는 일에 대해 있는 그대로의 진실을 인식하는 일은 어렵지만, 장기적인 성공을 위해 반드시 필요하다.

현실에 대한 진실을 외면하는 것은 곧 생성적 긴장을 포기하는 일이다. 생성적 긴장이란 현재의 위치와 우리가 도달하고자 하는 지점 사이의 간극을 직시함으로써 생겨나는 내면의 불편한 긴장이다. 이 긴장은 의심, 스트레스, 두려움, 다양한 형태의 내적 갈등을 유발한다. 이에 대한 반응으로 사람들은 반응성 행동을 취한다. 이러한 내적 갈등을 제거하려는 방식으로 대응하는 것이다. 통제, 방어, 순응 같은 반응성 전략은 두려움과 내적 갈등을 빠르게 없애기 위해 고안된 방식이다.

만약 의심과 두려움을 신속히 제거하려는 습성이 있다면, 이는 두 가지 전략으로 나타난다. 첫째, 원하는 것에 대해 거짓말하는 것이다. 비전을 축소하거나 가능성을 부정하고 틀 안에 머무르려는 태도다. 둘째, 지금의 현실에 대해 거짓말하는 것이다. 어려운 대화를 회피하고, 타인을 조종하거나 통제하며, 불편한 진실을 담고 있는 과학을 외면하는 방식이다.

이 두 가지 전략은 내적 갈등이나 팀 내 갈등을 줄이는 데는 일정 부분 효과가 있지만, 생성적 긴장과 타협하는 것이며, 결국 우리가 가장 중요하게 창조하려는 능력을 심각하게 훼손한다. 그러므로 우리가 진정 원하는 것과 실제로 얻고 있는 것에 대해 진실을 말하는 일은 반드시 필요하다.

피드백은 지금의 현실에 대한 진실을 명확히 인식하는 데 도움이 된다. 우리가 어떻게 비효과적으로 행동하고 있는지를 알게 되면, 그것을 바꾸기 위한 행동이 가능해진다. 방향을 이탈하고 있다는 사실조차 모른 채 '좋은 시간'을 보내는 것은, 결국 잘못된 길로 가는 것일 수 있다.

표 12.1에는 고반응성 리더가 가장 자주 보이는 상위 10가지 부채 목록과 함께, 효과적인 리더와 비효과적인 리더 간에 가장 큰 차이를 보이는 부채 항목도 함께 제시되어 있다.

리더십서클 프로필 하반원에 제시된 반응성 성향과 표 12.1의 '효과

표 12.1 리더십을 차별화하거나 상쇄하는 요소

작동하는 것	작동하지 않는 것
• 강력한 피플 스킬	• 비효과적인 상호작용 스타일
• 비전 제시	• 팀 플레이어가 아님
• 팀빌딩	• 팀이 완전히 개발되지 않음
• 개인적/친근한	• 과도한 요구
• 솔선수범	• 마이크로 매니징
• 열정과 추진력	• 팀에 책임감을 부여하지 않음
• 경청	• 집중하지 않고 경청하지 않음
• 인재육성	• 과도한 자기중심성
• 임파워먼트	• 감정 조절 부족
• 긍정적 태도	• 참을성 없음
• 동기부여	• 과도한 디테일/전술 중심
• 침착성	• 충동적 의사결정/판단
• 진실성	• 명료화되지 않은 비전
• 서번트 리더	• 유연하지 못한

적이지 않은 행동 목록'을 함께 살펴보면, 무엇이 우리의 역량을 무효화하는지, 다시 말해 우리는 어떻게 우리 자신의 의도와 경쟁하게 되는지를 잘 파악할 수 있다. '잠금 해제 움직임'을 만들어내고, '큰 한 가지'를 중심으로 생성적 긴장을 조성하기 위해서는 이 두 목록, 즉 작동하는 행동과 작동하지 않는 행동 목록을 숙지해야 한다.

생성적 긴장 모델의 하단부는 루프loop 구조를 갖고 있다. 그림 12.3은 현재의 현실과 내부 운영 체제 간의 관계를 보여준다. 우리의 행동은 우리가 내면에 깊이 자리 잡고 있는 신념과 가정들로 구성된 내부 운영 체제로부터 비롯된다. 특정한 방식으로 행동하면 그에 따른 결과가 나타나고, 이 결과는 다시 우리의 신념을 강화한다. 이러한 과정은 개인뿐 아니라 집단 차원에서도 발생하며, 시간이 지나면서 조직 문화로 굳어진다.

우리는 대개 우리의 신념이 사실임을 뒷받침하는 충분한 '증거'를 가지고 있다고 느낀다. 오랜 시간 동안, 개인적으로 또 집단적으로 우리의 신념을 '진실'처럼 여기고 행동해 왔고, 그 행동이 일정한 결과를 낳았으며, 그 결과는 다시 우리의 신념이 타당하다는 확신을 강화해 왔다. 그래서 우리의 관점에서 볼 때, 우리의 신념은 언제나 참처럼 보인다.

물론, 이것은 우리가 반응성 구조의 한계에 부딪힐 때까지의 이야기다. 그 순간이 되어야만 우리는 자신의 내면에 자리한 신념을 비로소 성찰할 수 있다. 그리고 그래야만, 지금까지와는 다른 결과를 만들어 낼 수 있는 새로운 선택지를 가질 수 있다.

물리학자 데이비드 봄David Bohm은 "의식은 현실을 창조한 다음 '내가 한 일이 아니다'라고 말합니다"라고 한 적이 있다. 우리의 신념은 수면 아래에서 작동한다. 신념은 눈에 보이지 않기 때문에 무의식적으로 우리의 행동을 지배한다. 우리는 자신도 모르는 사이에 현실을 만들어가고 있는 것이다.

지금의 현실에 대해 진실을 말한다는 것은 다음과 같은 모든 차원을 인식하는 것이다. 우리가 어떻게 보이고 있는지를 알아차리고 이에 대해 책임지는 것, 리더로서 우리가 어떤 분위기(날씨)를 만들어내는지를 자각하는 것, 우리의 행동이 타인과 조직 문화, 결과에 어떤 영향을 미치는지를 인식하고 인정하는 것, 마지막으로 우리의 습관적 행동 이면에 숨어 있는 신념을 들여다보는 것이다. 더 나아가, 우리 신념의 중심

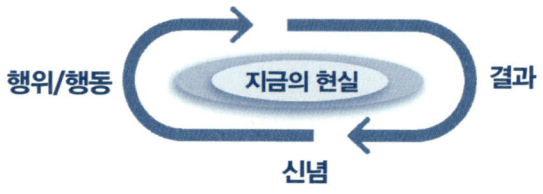

그림 12.3 생성적 긴장의 루프

에 있는 거짓과 환상까지 볼 수 있어야 한다.

반응성 신념은 개인의 정체성을 자신의 강점이나 재능과 동일시하는 경향이 있다. 예를 들면, "나는 내가 가진 아이디어에 의해 정의된다", "당신이 나를 받아준다면 나는 안전하다", "높은 성과는 나를 가치 있는 사람으로 만들어준다"와 같은 생각이다. 그러나 이 모든 믿음은 거짓이다. 우리의 안전, 가치, 선함은 외부의 평가로 정의되지 않는다. 우리는 본질적으로 선하고, 안전하며, 가치 있는 존재다.

이러한 신념을 해체함으로써, 우리는 강점이나 재능을 자존감이나 정체성의 기반으로 삼아야 한다는 심리적 부담에서 벗어날 수 있다. 그 결과, 강점에 대한 강박적 집착도 줄어든다. 예를 들어, 자신의 아이디어가 채택되도록 대화를 끊임없이 통제하려는 강박에서 벗어날 수 있다. 이를 통해 훨씬 더 효과적인 방식으로 행동할 수 있는 선택권이 생긴다. 우리는 언제나 배울 수 있다는 전제 아래, 깊이 경청하는 태도를 선택할 수 있다. 요컨대, 리더십의 효과를 저해하는 행동을 멈추고 새로운 방식을 시도할 수 있게 되는 것이다. 이것이 바로 리더십을 해방하고 효과성을 끌어올릴 수 있는 '큰 한 가지'이며, 그렇게 되었을 때 우리의 강점은 배가된다.

요약하자면, 중요한 것을 창조하는 데 결정적 영향을 미치는 '큰 한 가지'에 개인적으로 혹은 집단적으로 집중하고, 신념 – 행동 – 결과 사이의 관계를 자각함으로써 생성적 긴장감을 조성할 수 있다. 이 주제에 대해 진실을 말하고자 노력할수록, 우리는 의도한 방식대로 변화할 가능성이 높아진다. 생성적 긴장은 리더십 역량의 상향 이동이나 보완적 능력의 수평적 이동에 실질적인 도움을 주는 방식으로 작동한다.

6장에서 리더십을 저해하거나, 선택한 '큰 한 가지'를 방해할 수 있는 주요 반응성 성향 하나를 선택해 개발 계획서에 기술할 것을 권장했다. 작성한 내용을 다시 검토하고, 그러한 행동을 하게 된 이유에 대해 스스로에게 들려주는 이야기를 들어보자. 만약 그렇게 행동하지 않는다면, 당신은 무엇을 잃게 될까?

내면의 대화를 따라가다 보면, 그 행동의 근원에 있는 핵심 두려움이나 신념에까지 이르게 된다. 만약 그 신념을 포착할 수 있다면, 진지하게 묻자. 그 신념은 진실인가? 대부분의 경우, 그 신념은 거짓이며 수정이 필요하다는 결론에 이르게 된다. 이것이 바로 리더십 방식에 근본적인 변화를 만드는 더 깊은 작업이다.

이러한 작업을 집단적 실천으로 확대할 것을 적극 권장한다. ① 우리 조직 문화를 이끄는 내부 운영 체제에 대해 함께 성찰해 보자. "우리는 업무를 어떻게 조직하고, 조직을 어떻게 설계하며, 전략적 선택을 어떻게 하고, 서로를 참여시키는 데 어떤 전제를 작동시키고 있는가?" ② 우리는 각자의 반응성 성향뿐 아니라 그 기반이 되는 두려움과 신념을 서로 공개할 수 있을 만큼의 신뢰를 구축하고 있는가?

리더로 구성된 팀에서 이런 신뢰 기반으로 작업이 이루어질 때, 우리는 비효과적인 행동을 공감하면서 빠르게 중단시키고, 효과적인 것을 증폭시킬 수 있는 힘을 갖게 된다.

의도를 갖기

의도는 의지력보다 더 강력하다. 의지력은 에고의 힘이며 때로는 의도하지 않은 결과를 초래한다. 이에 비해 의도는 영혼의 힘, 다시 말해 영적인 에너지이다. 의도는 우리를 통해, 그리고 우리의 리더십을 통해 실현되고자 하는 목적과 비전을 위해 보이지 않는 힘을 이끌어낸다. 요한 볼프강 폰 괴테 Johann Wolfgang von Goethe는 이렇게 말했다.

> 다짐하기 전까지는 망설임이 있고, 물러설 기회가 있으며, 모든 것은 비효율적이다.
> 창조와 주도에 관한 한 가지 진리가 있다. 이 진리를 알지 못하면 수많은 아이디어와 훌륭한 계획이 사라지게 된다.
> 그것은 바로, 스스로 강하게 다짐하는 순간 '신의 섭리'도 움직이기 시작한다는 것이다.
> 다짐이 없었다면 결코 일어나지 않았을 모든 일이 벌어진다. 그 결

정 하나로 인해 예기치 않은 사건, 만남, 물질적 지원 등, 누구도 예상치 못했던 일들이 연쇄적으로 일어나며 상황은 우리에게 유리하게 전개된다.
할 수 있는 일이나 꿈이 있다면 지금 당장 시작하라. 대담함에는 천재성, 힘, 마법이 깃들어 있다. 지금 시작하라.[4]

우리는 가장 중요한 것을 중심으로, 목적에 부합하는 의도를 세우고 강력한 힘을 끌어내어 이를 실행에 옮길 수 있다. 조셉 캠벨Joseph Campbell의 말처럼 "우리가 의도적으로 행동하면 모든 문이 열린다." 이것이 바로 창의적 사고방식의 마법이다.

의식은 사회화된 단계에서 자기 주도 단계로, 다시 자기 변혁 단계를 거쳐, 통합적 의식 단계로 진화한다. 그에 따라 우리의 의도도 점점 더 강력해진다. 그 결과 우리는 가장 중요한 것을 창조하고, 다른 사람의 역량을 개발하는 촉매가 된다. 우리의 진화는 곧 다른 사람들의 진화를 촉진하는 과정이며, 우리는 함께 리더십을 확장하는 토대가 된다.

멈춤, 도전, 선택[5]

생성적 긴장이 발생하는 그 순간, 이를 다룰 수 있는 간단하고 실용적인 방법이 있다. 바쁜 일상 속에서 무엇이 반응성 행동을 유발하는지를 추적하기란 거의 불가능하다. 그렇기에, 지금 이 순간 할 수 있는 가장 효과적인 일은 익숙한 행동 패턴을 '중단하는 것'이다. 이를 위한 세 가지 실천 단계가 있다. 멈춤, 도전, 선택이다.

우리가 의도, '큰 한 가지', 또는 집단과의 약속에 어긋나는 행동을 하거나 하려는 순간, 가장 먼저 할 일은 단순히 '멈추는 것'이다. 멈추고, 내면과 관계 속에서 어떤 일이 일어나고 있는지 알아차려야 한다. 스스로를 탓하거나 자책하지 않고, 그저 멈춘 채 주의를 기울여보자. 잠시 숨을 고르고, 지금 일어나고 있는 상황과 그에 대한 자신의 충동적 반응 사이에 작은 공간을 만들어보자.

그리고 그 공간에 서서 '도전'하라. "이것이 우리가 원하는 미래와 일치하는가?"라는 질문을 스스로에게 던져보라. 과거의 방식대로 계속 생각하고 행동한다면 앞으로도 같은 결과가 반복될 것이다. 다른 결과를 원한다면 지금과는 다르게 생각하고 행동해야 한다. 도전이란, 익숙한 패턴에 의문을 제기하고, 그 행동이 어디로 향하는지를 상기하며, 우리가 원하는 미래에 부합하는 방향으로 다시 집중하는 것이다.

그다음은 선택이다. 다른 방식으로 임할 것을 의식적으로 선택하자. 예를 들어, "지금은 내 아이디어를 주장하기보다, 먼저 대화하고 경청하고 배워보자." 그게 전부다. 그 다음은 계속 나아가는 것이다. 어떤 일이 벌어지는지 지켜보라.

이 단순한 실천은, 우리 안에 생성적 긴장을 불러일으킨다. 또한 나중에 그 상황을 되짚어보며 자신이 어떻게 과거의 패턴으로 되돌아갔는지를 관찰하는 것도 좋은 연습이다. 그 순간 내면에서 무슨 일이 있었는지 느껴보라. 두려움, 분노, 의심 같은 감정의 목소리에 귀를 기울여 보라. 그 목소리들이 들려주는 이야기를 따라가고, 그 이야기 속에 깔려 있는 그럴듯한 가정들을 찾아보라. 그 가정들에 질문을 던지고 그 이면에 있는 환상을 꿰뚫어 보라.

이처럼, 이야기뿐 아니라 그 기저에 있는 신념과 사고방식에 더 익숙해질수록 우리는 그 반응 패턴 전체를 더 빠르게 멈출 수 있다. 그리고 그 경험에서 배운 내용을 팀과 나누라. 당신이 인간적인 모습을 드러낼 때, 신뢰는 쌓이고 모두가 함께 배울 수 있다.

요컨대, ① 자신이 진정으로 원하는 것이 무엇인지, 그리고 그것을 실현하기 위해 어떤 모습으로 행동하고 싶은지를 명확히 알고 ② 효과성을 약화시키는 행동을 할 때, 그 순간 스스로에게 들려주는 이야기를 더 잘 인식할수록, 오래된 패턴을 중단하고, 다시 원하는 것에 집중하는 일이 훨씬 수월해진다.

실천

생성적 긴장을 조성하는 일은 지속적인 실천이어야 한다. 이 실천이 점차 습관으로 자리 잡으면, 그다음 단계는 '큰 한 가지'와 함께 앞으로 나아가는 방법을 실험하는 것이다. 하나의 새로운 행동을 시도해보라. 작은 단계를 밟고, 때로는 실패하더라도 안전한 실험을 계속하라. 그 영향을 지켜보고, 필요하면 조정한 뒤 다시 시도하라. 실험을 거듭하면서 우리는 예전의 행동 패턴으로 돌아가려는 순간을 자각하게 되고, 이러한 경험을 통해 내면의 신념과 그것이 어떻게 작동하는지에 대해 더 깊이 배우게 된다. 우리는 우리가 만들고자 하는 것에 다시 의도를 집중함으로써, 생성적 긴장을 재조성할 수 있다. 그리고 다음 실험으로 넘어가자. 작은 성공을 인정함으로써, 생성적 긴장은 더욱 강화된다. 이러한 과정 속에서 우리는 새로운 신념을 만들고, 이는 보다 효과적인 행동과 리더십을 통해 생성된 새로운 결과들에 의해 다시 강화된다. 그게 전부다. 실천 – 관찰 – 성찰. 이 과정을 반복하라. 그리고 지지적이고 지속적인 피드백을 구하라.

직관

위에서 언급한 아이디어 가운데 온전히 이성적인 것은 없다. 우리는 오직 이성적인 사고만으로는 목적을 발견하거나 비전을 만들어낼 수 없다. 영감이 필요하며, 직관은 그 영감으로 향하는 관문이다. 직관은 우리가 삶을 헤쳐나가는 데 필요한 정보를 보이지 않는 내면 차원, 즉 잠재의식이나 초의식으로부터 끌어낼 수 있는 내장된 능력이다.

그렇다면 영감은 어디에서 오는가? 위대한 아이디어는 어떻게 탄생하는가? 그것은 우리가 발명해낸 것일까, 아니면 의도적이고 이성적인 다짐에 의해 우리에게 '주어지는' 것일까? 영화 「무한대를 아는 남자」에 등장하는 토마스 하디는 케임브리지의 수학 천재이자 가장 이성적인 인간으로 묘사된 인물이지만 동료들에게 다음과 같은 놀라운 말을 전한다. "이 공식은 우리가 발명한 게 아니라 이미 존재하고 있었으며, 가장 영리한 사람들, 아마도 신의 경지에 다다른 사람들만이 그것을 발견하고 증명할 수 있도록 기다리고 있었습니다."[6]

알버트 아인슈타인도 비슷한 통찰을 남겼다. 그는 "직관은 새로운 지식의 아버지이며, 경험주의는 단지 오래된 지식의 축적일 뿐이다. 인류를 발전시키는 것은 지성이 아니라 직관이다. 직관은 인간에게 이 생의 목적을 알려준다. 행복하기 위해 영원에 대한 약속은 필요 없다. 나의 영원은 지금이며, 내 관심사는 오직 하나, 내가 있는 이곳에서 내 목적을 이루는 것이다. 이 목적은 부모나 환경에 의해 주어진 것이 아니라, 알 수 없는 어떤 요인들에 의해 이끌린다. 그런 요인들이 나를 영원의 일부로 만든다"[7]고 말했다.

생성적 긴장은 일종의 힘의 장이다. 괴테의 인용문이 보여주듯, 명확한 의도를 바탕으로 조성된 생성적 긴장은 보이는 것과 보이지 않는 많은 것을 움직인다. 그것은 어려움을 돌파할 수 있는 힘을 끌어당기는 일종의 중력장처럼 작용한다. 이 중 일부는 이성적으로 이해할 수 있지만, 일부는 우리를 놀라게 한다. 그것은 섬광처럼 갑작스럽게 다가온다. 목적과 비전에는 영감의 순간적 번쩍임이 필요하며, 직관적 깨달음은 흔히 우리가 스스로를 제한하고 있던 핵심 신념 가까이 도달했을 때 떠오른다. 그 순간의 직관은 자기 자신에 대한 통찰을 낳고, 삶과 리더십을 바꿀 수 있는 계기가 된다.

회의의 속도를 늦추고, 팀 대화에 집중하는 것만으로도 직관이 작동할 여지가 생긴다. 중요한 문제에 대한 시스템적 설계나 기술적 해결책이 순식간에 떠오를 수 있다. "왜"인지 설명할 수는 없지만, 그 순간 무엇을 해야 할지를 아는 감각이 문제를 돌파하는 데 결정적일 때가 있다. 직관과 이성은 나란히 작동하면서, 생성적 긴장을 해소하는 데 필요한 통찰력과 학습을 제공한다. 직관적 역량을 활용하면 리더로서, 또 리더로 구성된 팀으로서 성장하는 속도 역시 빨라진다. 직관은 집중과 사고 이후에 찾아오는 휴식, 이완, 마음챙김, 대화의 시간 속에서 가장 잘 작동한다.

성찰

몇 년 전, 우리 비즈니스 파트너인 로마 가스터Roma Gaster와 패드레이그 오설리반Padraig O'Sullivan은 매우 효과적인 리더들의 일상 업무 방식에 대한 연구를 수행했다. 우리는 데이터베이스에서 리더십서클 프로필 점수가 상위 80백분위수 이상에 해당하는 고위 리더들, 즉 특출난 리더 그룹을 추려냈고, 이들을 연구에 초대했다. 그 중 25명의 리더가 연구 참여에 동의했다. 그림 12.4는 이들의 리더십서클 프로필을 보여준다. 이들의 프로필은 고창의성 리더 군과 유사한 양상을 보인다.

그런 다음, 스마트폰이나 태블릿에 다운로드할 수 있는 앱을 만들어, 이들이 자기 개발과 최고의 성과 유지를 위해 매일 실천한 내용을 기록

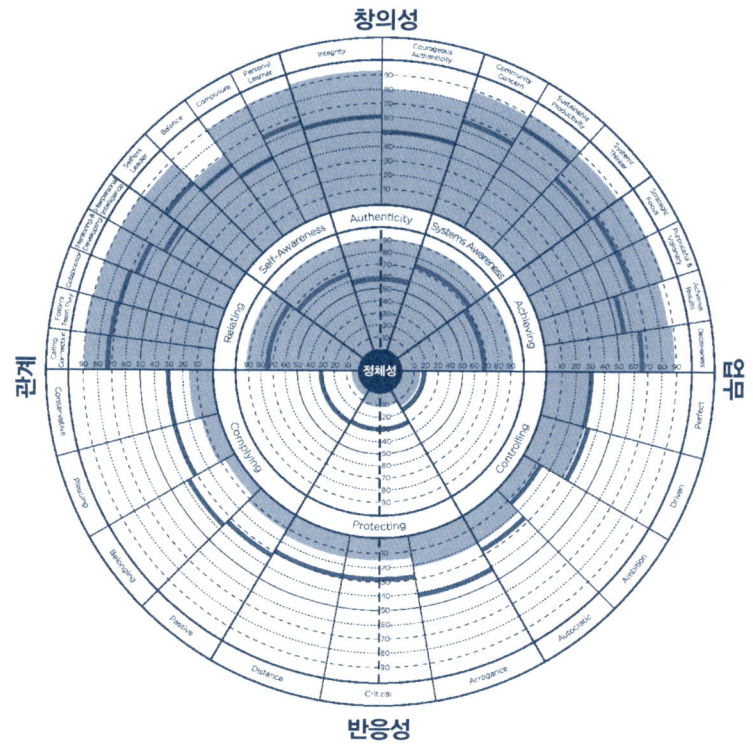

그림 12.4 탁월한 리더 25명의 콜렉티브 리더십서클 프로필

하도록 했다. 놀랍게도 이들은 아침과 저녁에 성찰하는 습관을 갖고 있었다. 특히 아침 성찰을 통해 다음과 같은 유익을 얻었다고 보고했다.

- 오늘 하루를 준비하고 '구조화'될 수 있게 도와준다.
- 내가 어떻게 보여질지에 대해 '의도'를 세우는데 도움이 된다.
- '인정과 감사'의 수준이 높아진다.

- 전날의 일을 '되돌아보고' 처리할 시간을 갖게 해준다.
- 나의 감정적/신체적 상태에 대한 '인식을 통해 오늘 일어날 감정적 변화의 무게'에 대비할 수 있다.
- '정신적 경각심'을 불러일으킨다.
- '관점'을 제공한다.

이 리더들은 또한 저녁 명상을 통해 하루를 마무리하고, 잘된 점과 그렇지 않은 점을 검토하며, 성공을 인정하고 감사의 마음을 표현하고, 집중력을 유지하며 현재에 머무를 수 있었다고 말했다. 하루를 시작할 때, 낮 시간, 저녁에 성찰하는 습관은 자신이 어떤 모습으로 보이는지, 어떻게 상호작용하는지를 더 의식하는 데 도움이 되었다. 그 결과, 이들은 다른 리더를 지원하고 도전하며 개발하는 데 더 집중하고 능숙해졌으며, 더 효과적인 리더십을 발휘하고 주변의 역량과 잠재력을 확장할 수 있었다. VUCA 환경에서 개발 격차를 줄이고 리더십을 확장하며 지속적으로 높은 성과를 내기 위해서는 매일 성찰하는 루틴을 가져야 한다.

피드백

앞에서 피드백의 가치에 대해 여러 차례 강조한 바 있다. 모든 동적 시스템에는 피드백 루프가 필요하다. 그렇다면 리더와 리더로 구성된 팀이라고 해서 왜 예외여야 할까? 주변 사람들은 우리를 매우 정확하게 보고 있기 때문에, 그들의 피드백은 리더십 개발을 촉진하는 데 중요한 역할을 한다. 그들은 리더십의 전체 스펙트럼을 인식하고, 그 안에서 우리를 어디에 위치시킬지를 판단한다. 우리 고유의 특성에서 비롯된 강점과 부채를 동시에 바라보는 것이다. 그들은 있는 그대로의 우리를 보고 있다. 우리는 이미 피드백이 풍부한 환경에 놓여 있다. 이제 남은 일은 그 환경을 최대한 활용하는 것이다.

한 번은, 주변 사람들을 '죽이고' 있다는 평가를 받은 한 재무책임자의 리더십을 코칭하고 그를 조직 내에서 구조하기 위해 투입된 적이 있다. 동료들은 그와 함께 일하기를 꺼려했고, 그의 태도는 최고경영진 전체의 효과성을 약화시키고 있었다. 결국 CEO는 그의 변화를 위해 우리를 불렀다. 만약 변하지 않으면 해고될 터였다. 자리를 잃을 수도 있는 위기 속에서 그는 마음을 열었다. 그는 리더십서클 프로필 결과를 통해 자신이 리더로서 어떻게 보이고 있는지를 처음으로 인식하게 되었고, 우리는 그에게 직원들과 간단한 대면 피드백 세션을 가져보라고 제안했다. 피드백을 받을 때에는 자신의 비효과적 행동에 대해 다음과 같은 간단한 질문을 구체적으로 던져보라고 권유했다.

- 나의 이 행동은 어떻게 보이나요? 내가 어떻게 하고 있나요?
- 나의 그 행동이 당신과 다른 사람들에게 어떤 영향을 주나요?
- 무엇을 다르게 해야 하나요?
- 무엇을 더 늘리고 줄이고 그대로 유지해야 하나요?

우리는 그에게 방어적이지 않은 태도로 경청하고, 변명하거나 논쟁하지 않으면서 계속 질문을 이어가도록 격려했다. 이후 진행된 코칭 세션에서 우리는 피드백 세션이 어떻게 진행되었는지 물었다. 그는 이렇게 말했다. "제가 어떻게 비쳐지는지 전혀 몰랐어요. 예를 들어, 제 표정 하나만으로도 대화가 중단될 수 있다는 사실을 몰랐습니다."

그 재무책임자는 변화하기 시작했다. 그는 자신의 공격적인 리더십의 뿌리를 깊이 들여다보며 취약성을 감당했다. 시니어 팀원들과의 깊은 관계 속에서 의미 있는 진전을 이뤄냈다. 결국 그는 최고경영진과 조직 전반에 걸쳐 매우 긍정적인 영향력을 발휘하는 리더로 거듭났다.

사람들은 우리에게 할 말이 많고, 우리가 성공하기를 바란다. 우리는 단지 묻고, 그리고 들으면 된다. 간단하지만 결코 쉬운 일은 아니다. 변화가 그렇듯 피드백도 학습이 필요한 과정이다. 그러나 더 효과적인 리더가 되기 위한 가장 실용적인 방법이기도 하다.

진실 말하기

이 장에서 소개한 모든 실천은, 팀 내에서 그리고 조직 전체를 향해 각 팀원이 1대 1 미팅에서 서로에게 진실을 말할 수 있는 분위기에 달려 있다. 리더십을 확장하는 리더로 구성된 팀은 어려운 대화에 익숙해져야 하며, 중요한 말을 직접적이고 진정성 있으며 연민 어린 방식으로 전할 수 있는 용기를 갖춰야 한다. 이것이야말로 리더십 확장의 기본적인 실천이다. 일정 기간 우리와 함께 작업한 팀들은 종종 이렇게 말하곤 한다. "우리는 그동안 피했던 대화를 할 수 있게 되었고, 그것도 잘 할 수 있게 되었습니다. 이것이 바로 '모든 것'을 바꿔놓았습니다."

창의성 리더십을 확장하려면, 근본적인 진정성이 필요하다. 팀이 이러한 진정성을 일관되게 실천하지 못한다면, 반드시 이를 바꿔야 한다.

변화 주도

가장 빠르게 리더십을 확장하는 리더는 조직 차원의 시스템적 변화뿐만 아니라 개인의 변화까지 함께 도모하기 위해 다음의 두 가지를 추가로 실천한다. ① 장기적인 체계적 개발 접근법을 취하고, ② 공적인 자리에서든 개인적인 자리에서든 취약성을 드러내는 동시에 변화를 주도하는 것이다.

개인과 집단의 변화에는 시간이 필요하다. 온 마을이 함께 움직여야 가능한 일이다. 따라서 작동하는 것은 오직 장기적인 접근 방식뿐이다. 안타깝게도 대부분의 변화 시도는 단기적이고 일시적이며, 개인의 변화에만 초점을 맞춘다. 더 깊은 내면의 개발이 필요하다는 점은 무시되고, 기술적 측면만 강조되며, 사적인 차원에서만 접근하고 전체 시스템에 대한 고려는 빠져 있다.

리더십을 의미 있게, 그리고 지속 가능한 방식으로 확장한 이들 가운데 일부는 스스로 개인적인 변화를 이끌어냈다. 사실상 조직의 최고 개발 책임자 역할을 자처한 것이다. 조직의 개발 어젠다가 자신의 개발 격차와 직접적으로 연결되어 있음을 인식할 때, 우리는 개인 및 팀 차원의 개발 과제를 조직 개발 과제와 동등한 수준에서 받아들이게 된다.

리더는 소리 내어 배워야 하며, 가장 뛰어난 리더는 공개적으로, 취약성을 드러낸다. 깊은 관계 속에서 배운다. 개발 격차는 진공 상태에서는 존재하지 않는다. 개인과 팀의 개발 격차는 더 큰 시스템의 진화 요구와 긴밀하게 연결되어 있으며, 상호 의존적인 관계에 있다. 이 사실을 이해할 때 비로소 가장 효과적인 리더십이 가능해진다.

- 개인적, 집단적, 시스템적 개발은 비즈니스의 필수 요소이다.
- 조직은 사람과 마찬가지로 내부 운영 체제(문화)를 가지고 있다.
- 조직은 고위 경영진의 의식 수준보다 높은 성과를 낼 수 없다.
- 고위 경영진의 집단 의식은 문화의 주요 매개체이다.
- 리더로서 우리의 주된 임무는 개발을 주도하는 것, 즉 다른 리더를 개발하는 것이다.
- 우리는 시스템과 분리되어 있지 않다.
- 우리는 전체 시스템의 축소판이다.
- 경쟁에서 불리한 리더십 방식을 지원하고 유지하는 시스템을 바꾸지 않는 한 개인의 변화와 팀의 효과성을 향한 노력은 실패할 가능성이 크다.
- 시스템의 기능과 역기능이 모두 우리 안에 있다. 실행하지 않으면

변화도 없다.
- 변화 행동은 공개적으로 그리고 취약성이 드러남을 무릅쓰고 해야 한다.
- 위대해지기 위한 안전한 방법은 없다.

개인의 변화와 시스템의 변화는 함께 이루어져야 한다. 이것이 바로 리더십이 영성 훈련의 터가 되는 이유이며 최고의 리더들이 자신의 개발 격차를 공개하고 도움을 요청하는 이유이기도 하다. 이들은 또한 전체 시스템이 '큰 소리로' 학습할 수 있도록 장려하는 변화 프로세스를 작동시킨다. 특히 피드백, 학습, 지속적인 개발을 제도화한다.

2장과 8장에서 언급한 의도적 개발지향 조직에서는 '의도적 설계'가 성과를 결정하고, 조직은 이를 실제로 수행하며 놀라운 비즈니스 성과를 만들어낸다. 이러한 조직이 특별한 이유는, 구성원 각자의 성장과 개선이 자연스럽고 강력하게 장려되도록 의도적으로 설계된 시스템이기 때문이다. 이 조직들은 수직적 개발을 염두에 두고 설계되어 있으며, 각 구성원이 보다 높은 수준의 의식과 역량으로 개발 이동하도록 지원한다.

이러한 조직은 몇 가지 독특한 설계 매개변수를 갖고 있다. 첫째, 그들의 문화는 위로부터 주도된다. 그러나 이는 전통적인 위계적 방식이 아니라, 고위 리더 역시 다른 구성원들과 마찬가지로 배울 것이 많다는 인식에서 출발한다. 그들은 함께 큰 소리로 배우며 모범을 보인다. 둘째, 피드백이 끊임없이 이루어진다. 피드백이 문화적으로 그리고 지속적으로 이뤄지고 구성원들은 각자의 강점과 개발 격차를 연속적으로 인식한다. 셋째, 개발은 기대이자 업무의 일환이다. 개선이 이뤄지지 않는다면 뭔가 해야 할 때라는 뜻이다. 이처럼 이러한 조직은 피드백이 풍부하고 지원적인 문화를 구축해 개발을 촉진하며, 그 결과 누구에게도 뒤지지 않는 수준의 비즈니스 성과를 달성한다.

우리가 고객과 함께하는 대부분의 작업은, 풍부한 피드백 환경을 조성하여 진단, 코칭, 학습 소그룹을 통해 각자가 책임 의식을 갖고 자신의 개발 목표를 달성하도록 돕는 데 중점을 둔다. 우리는 리더들에게 지속적인 피드백이 주어지도록 책임 서클을 만들게 했다. 또한 리더로 구성된 팀이 서로의 개인적인 개발 주제뿐 아니라, 조직을 이끌 때 어떤 모습이어야 하는지를 함께 의식하며 집단적 효과성을 의도적으로 발전시키는 팀 개발 프로젝트를 다년간에 걸쳐 진행하고 있다. 이 모든 과정은 비즈니스 대화와 별도로 진행되는 것이 아니라, 실제 비즈니스 대화가 진행되는 그 흐름 속에서 이루어진다.

우리는 고객이 리더십 어젠다를 정의하고, 개인 및 집단의 개발 격차를 해소하기 위한 시스템을 구축하도록 지원한다. 그리고 이를 통해 조직 전반에 보다 의식적인 리더십 개발이 확장될 수 있도록 조건을 조성하는 일을 함께 한다. 이러한 변화의 여정에서 개발은 위로부터 주도되고, 큰 소리로 이루어지며, 취약성을 드러내는 방식으로 수행된다. 또한 내면에서의 변화, 즉 내부 운영 시스템의 업그레이드를 통해 실현된다. 이 과정은 체계적이며 근본적으로 인간적이고, 깊은 관계의 틀 안에서 더 높은 목적을 향해 나아가는 방식이다. 집단적 리더십의 효과성을 촉진하기 위해, 개인의 변화에 초점을 맞춘다.

이러한 조직은 마치 영성 훈련소처럼, 모든 사람을 생성적 긴장 속에 놓이게 하는 변화의 용광로가 된다. 그 결과, 반응성 리더십에서 통합적 리더십으로의 전환까지는 아니더라도, 창의성 리더십과 그에 상응하는 조직 문화를 이끌어내는 근본적인 변화가 가능해진다.

이것이 바로 더 민첩하고, 적응적이며, 탄력적이고, 혁신적이며, 참여도가 높은 조직을 만들어내는 방식이다. 이것이 바로 리더가 리더십 확장을 위한 조건과 실천을 마련하는 방법이다. 그리고 이것이 유일한 방법이다. 고위 경영진이 이 작업에 참여하지 않고 성공한 조직 혁신 사례는 단 한 건도 없다.

과제

- 지속적인 지지적 피드백은 리더십을 발전시키는 데 매우 강력한 방법이다. 이 책의 마지막 과제는, 당신이 신뢰하고 당신을 잘 아는 사람들로 구성된 책임 서클을 직접 구성하는 것이다. 책임 서클은 당신에게 지속적이고 진솔한 피드백을 제공할 것이다.
- 당신의 개발 계획서에 이 역할을 맡을 수 있는 사람들의 목록을 작성하라. 또한 이 계획서에는 당신을 위한 책임 서클을 어떻게 구성할 것인지 그 방법도 함께 명시하라.

13장 - 위태로운 세상을 위한 통합적 리더십

　우리가 아주 위험한 미래와 가능성으로 가득 찬 세상을 동시에 마주하고 있다는 것은 더 이상 비밀이 아니다. 어느 쪽이든 불확실한 미래이기에 우리는 현명하게 앞으로 나아가야 한다. 그렇지 않으면 끔찍한 결과를 맞이하게 될 터이다.

　오늘날의 리더십은 우리가 마주한 도전에 제대로 대응할 수 있을까? 나는 그렇지 않다고 본다. 현재의 글로벌 상황은 우리를 개발 격차로 몰아넣고 있으며, 우리는 너무 자주 스스로를 상쇄시키고 있다. 리더십은 반드시 진화해야 한다.

　제프리 웨스트Geoffrey West는 최근 『스케일: 생물 · 도시 · 기업의 성장과 죽음에 관한 보편 법칙』이라는 책을 출간했다[1]. 웨스트는 물리학자이지만 생물학으로 시선을 돌려서 자연에 보편적인 확장 법칙이 존재하는지를 탐구했다. 그의 발견은 실로 놀라웠다.

웨스트는 자신이 '힘의 법칙power law'이라고 부른 개념을 밝혀냈다. 즉, 자연은 놀라울 정도로 일관된 방식으로 규모를 확장하는데, 이는 수학적으로 설명될 수 있을 만큼 명확하다. 이는 부선형sublinear 확장이라 불리며, 자연은 확장될수록 오히려 더 적은 에너지를 들이고도 더 큰 크기를 유지할 수 있다. 예를 들어, 고래는 사자보다 훨씬 더 많이 먹지만, 몸무게 대비로 보면 사자가 고래보다 더 많은 에너지를 소비한다. 이처럼 섭취량과 에너지 소비 간의 상관관계는 모든 포유류에 적용되는 간단한 공식으로 예측할 수 있다. 자연은 이처럼 부선형적으로 확장된다.

반면, 경제나 기업 같은 인간이 만든 조직은 초선형supralinear 방식으로 확장되기 때문에 규모가 커질수록 더 많은 입력과 에너지가 필요하다. 이것이 웨스트가 책의 말미에 제시한 딜레마다. 그는 인간이 자연과 지구 생태계 속에서 집단적으로 어떻게 규모를 확장해 왔는지를 글로벌 트렌드 관점에서 조망했다.

웨스트는 인구, GDP, 오염 등 인류 활동의 여러 지표가 초선형적으로 증가하고 있으며, 그로 인해 인류가 '특이점singularity'에 도달하고 있다고 보았다. 물리학에서 특이점은 성장이 무한대로 치솟을 때 도달할 수 있는 지점이다. 인간의 활동과 시스템이 초선형적으로 확장되고 있기 때문에, 우리는 다양한 측면에서 성장을 지속할 수 없는 특이점에 빠르게 접근하고 있다. 그러나 어떻게든 시간을 연장할 수 있다면 보다 오랫동안 성장 궤도를 유지할 수 있을 것이다. 혁신은 그 시간을 연장하는 데 효과가 있다. 자연은 부선형적으로 확장되기 때문에, 시간의 지평을 넓히기 위해서는 혁신이라는 인간의 개입이 필요하다. 물론 지금 우리는 확장을 제한하는 몇몇 글로벌 제약에 직면해 있지만, 인류는 지금까지 이와 유사한 위기를 상당히 능숙하게 돌파해 왔다.

혁신이 필요하다는 점에서, 웨스트는 '파괴적 혁신 disruptive innovation'의 속도에 주목했다. 컴퓨터와 인터넷이 그 대표적인 사례다. 혁신은 더 적은 자원으로 더 많은 일을 가능하게 해주기 때문에, 앞서 언급한 규모의 법칙이 예견하는 특이점에 도달하지 않고도 시간을 연장하며 성장을 이어갈 수 있는 가능성을 제공한다. 그러나 이제는 혁신의 속도 자체가 특이점에 다다르고 있다. 사회 전체의 패러다임을 바꾸는 파괴적 혁신의 주기는 점점 짧아져 이제는 20~25년 주기로 단축되고 있다. 문제는 파괴적 혁신이 지나치게 빠르게 일어날 경우, 인간의 적응 능력을 압도해 사회 구조 자체를 붕괴시킬 수 있다는 점이다. 바로 그 지점이 우리가 특이점에 도달하게 되는 순간이다.

이것이 바로 웨스트가 말하는, 우리가 직면한 '캐치-22(catch-22, 빠져나올 수 없는 모순적 딜레마)' 상황이다. 지금보다 더 빠른 속도로 파괴적 혁신이 일어나지 않는다면 우리는 곤경에 처하게 된다. 그러나 그 파괴적 혁신은 결국 사회 구조를 압도하고야 말 것이다. 이것이 바로 복잡도이다. 그리고 우리는 그 한가운데에 있다. 우리가 경제의 기하급수적인 성장을 계속해서 추구한다면, 그 속도는 더욱 가속화될 것이고, 또 그렇게 해야만 할 것이다. 물론 우리는 이제 '무제한적 성장'이라는 개념 자체를 재고할 필요가 있다. 논쟁의 여지가 있겠지만, 그렇게 하지 않으면 안 된다. 그러나 그 선택 역시 또 다른 복잡하고 새로운 시스템적 딜레마를 불러올 것이며, 이에 대해서도 신속한 혁신이 요구된다.

결국 아무리 피하려 해도 우리는 전례 없는 수준의 혁신, 적응력, 확장성, 지속 가능성, 회복력, 집단 지성, 참여, 임파워먼트, 민첩성, 체계적 사고, 그리고 글로벌 협력을 지속적으로 요구하는 점점 더 심화되는 복잡도와 파괴적 변화에 직면해 있다. 그리고 이 모든 역량은 모든 수준에서, 그것도 대규모로 필요하다. 이 모든 것을 조직 차원에서 대규모로 실행할 수 있어야만 조직은 지속적인 성공을 거둘 수 있다. 국가기관 역시 마찬가지다.

더욱이 앞에서 언급한 모든 요소들은 전 세계적 차원에서 요구된다. 따라서 지금 우리에게 필요한 것은, 이 상황을 헤쳐 나갈 수 있을 만큼 모든 수준에서 충분히 효과적이고, 성숙하며, 현명하고, 집단 지성을 발휘할 수 있는 리더십이다. 이를 위해서는 전례 없는 수준의 집단적 협력과 혁신, 그리고 성숙한 리더십이 필요하다.

그렇다면 현재 리더십의 상태는 이 도전에 맞설 만큼 준비되어 있는가? 우리 저자들은 그렇지 않다고 생각한다. 그리고 창의성 리더십만으로는 충분하지 않다고 본다.

이 책 대부분의 분량을 창의성 리더십을 중심으로 설명해 왔기에, 이 주장이 다소 의외로 들릴 수도 있다. 창의성 리더십은 반응성 리더십에 비해 훨씬 더 나은 리더십이며, 진화적으로도 반드시 필요한 단계다. 그러나 우리가 지금 직면하고 있는 복잡도의 수준을 고려하면, 창의성 리더십만으로는 부족하다. 이제 필요한 것은 통합적 리더십이다. 이것이 바로 리더십의 미래다.

스스로 변화하는 내부 운영 체제가 뒷받침하는 통합적 리더십에 대해서는 『마스터링 리더십』에서 보다 자세히 설명하고 있다. 현재 리더들 가운데 단지 5%만이 통합적 수준에 도달해 있다. 이러한 리더가 극소수에 불과하다는 사실은, 우리가 집단적 개발 격차를 더욱 심각하게 인식해야 함을 보여준다. 그렇다고 해서 희망이 없는 것은 아니다. 이러한 변화에 준비된 리더 그룹은 분명 존재한다.

이 책에서 우리는 고창의성 리더 그룹이 창의성 리더와 통합적 리더가 상향 편중된 표본이라는 점을 강조해 왔다. 이는 다음 단계의 리더십 효과성과 성숙도로 이행할 수 있는 리더들이 상당수 존재한다는 것을 의미한다. 오늘날 대부분의 리더는 여전히 반응성 리더십을 발휘하거나 창의성 리더십으로 전환 중에 있다. 따라서 이 전환을 성공적으로 이끌어내기 위해 리더십 개발은 반드시 지속되어야 한다. 동시에, 리더들이 더욱 발전할 수 있도록 — 즉, 완전히 성숙한 통합적 리더로 성장할 수 있도록 — 지원하는 방법도 배워야 한다. 이제 이것은 비즈니스의 과업을 넘어선, 글로벌 차원의 필수 과제가 되었다.

여러 리더십 문헌에서 이러한 전환을 위한 방법이 제시되어 있다. 존 맥키John Mackey와 라젠드라 시소디아Rajendra Sisodia는 『깨어있는 자본주의Conscious Capitalism』에서 복잡도 속에서도 번창하며 집단의 복지에 기여할 수 있는 조직과 리더십 모델에 대해 설명하고 있다.[2] 프레데릭 랄루Frederic Laloux는 『조직의 재창조Reinventing Organizations』에서 복잡한 환경에서도 성장할 수 있도록 설계된 독창적이고 혁신적인 조직 사례들을 소개했다.[3] 그가 '청록 조직teal organization'이라 부르는 조직들은 통합적으로 설계되고 운영되는 특징을 지닌다.

로버트 케건과 리사 라헤이는 『에브리원 컬처』에서 조직 내 모든 구성원의 성장을 촉진하기 위해 의도적이고 의식적으로 설계된 성공적인 조직 사례를 설명했다.[4] 우리 역시 『마스터링 리더십』에서 이와 같은 주장을 전개한 바 있다. 이 책들 모두는 복잡도 속에서도 번영할 수 있도록 설계된 새로운 유형의 조직에 대해 설명하고 있다.

이러한 새로운 유형의 조직은 리더십이 미성숙하면 발전할 수 없다. 이러한 조직에서는 통합적 리더십이 가장 바람직하지만, 최소한 창의성 리더십은 갖추고 있어야 한다. 리더십의 미래는 통합적 리더십에 있다. 우리는 모든 수준에서 리더십을 확장하고, 변화의 속도에 발맞춰 혁신하며, 복잡도 속에서도 번영할 수 있도록 혁신적으로 설계된 조직을 만들어야 한다.

이러한 조직은 앞서 언급한 '영성 훈련소'의 개념을 다시 떠올리게 한다. 비즈니스 환경의 압박은 우리에게 끊임없이 더 깊은 성장을 요구한다. 창의성 리더십에서 통합적 리더십으로 전환하는 과정에서 우리는 자기주도적 존재에서 주도적 존재로 이동하게 된다. 다시 말해, 우리는 더 이상 타인의 시선이나 기대에 의해 정의되지 않으며, 동시에 개인의 목적의식만으로도 충분하지 않다. 우리는 자신을 내려놓고, 그것보다 훨씬 더 큰 어떤 것—즉, 우리의 삶과 리더십을 통해 구현되기를 원하는 무언가—에 의해 정의된다. 우리는 다가오는 집단적 미래의 '서번트'가 되어, 스스로를 위대한 목적을 위해 사용되도록 내어 주고자 한다.

이처럼 통합적 리더십으로의 전환 과정은 우리가 오랜 시간 가꿔온 진정성 있고 목적 지향적인 자아를 또 다른 방식으로 변화시키는 경험이기도 하다. 그 자아는 분열과 재통합의 과정을 거치며 한층 더 성숙하게 재구성된다. 이러한 변화를 통해 우리는 자신을 하나의 시스템, 곧 여러 자아로 구성된 생태계로 바라보는 데 더욱 익숙해진다.

더 높은 곳으로 올라가기 위해서는 더 깊은 곳으로 들어가야 한다. 그래서 우리는 또 다른 차원의, '영원히 미완성된 존재'로서의 자기 자신과 마주하게 된다. 이제 우리는 우리 안의 빛과 어둠, 남성성과 여성성, 기능성과 역기능, 온전함과 결함까지도 더 많이 품을 수 있게 된다. 그리고 그 모든 것을 가혹한 판단이 아니라, 새롭게 깨어나는 자기 연민으로 받아들이게 된다.

이 새로운 내적 능력은 우리의 리더십을 변화시킨다. 이제 우리는 누구를 비난하거나 편을 들거나 자신의 비전을 주장하지 않고도, 세상의 기능과 역기능을 더 넓게 포용할 수 있게 된다. 우리 자신과 세상을 보다 시스템적인 관점에서 바라보게 되었기 때문이다. 우리는 시스템의 개발 격차가 곧 우리 자신의 개발 격차와 맞닿아 있다는 사실을 알고 있다. 이제 우리는 단순히 조직의 변화를 지원하는 차원을 넘어서, 시스템이 우리의 기능과 역기능을 개인적으로 그리고 집단적으로 반영하고 있다는 인식 아래, 급진적이고도 인간적인 방식, 그리고 깊은 관계 속에서 변화를 주도한다.

그림자를 덜 투사하게 되면서, 우리는 갈등 상황에서도 상대방을 적이나 반대자로 만들지 않고 접근할 수 있게 된다. 다른 사람도 나와 마찬가지로 노력하고 있는 존재임을 인정하게 되면, 경청하고, 배우고, 연민을 가지고, 강점의 시각에서 대화하게 된다. 리더십 팀 내부는 물론, 다양한 이해관계자들 사이에서도 모든 사람이 승리할 수 있는 혁신적이고 적응력 있는 해결책을 함께 만들어내는 대화를 하게 된다. 우리는 함께, 그리고 크게 배운다.

우리가 마주한 과제는 높은 수준의 집단 지성과 시스템적 통찰을 요구하기 때문에, 우리는 알고 있는 것과 확신하고 있던 것을 기꺼이 내려놓는다. 누구도 이 모든 것을 혼자서 해결할 만큼 충분히 똑똑하지 않기 때문이다.

우리는 포용적이고 참여적이며, 발전적이고 VUCA 세계의 목적에 부합하는 새롭고 민첩한 조직을 함께 혁신적으로 설계한다. 그렇게 함으로써 우리는 다가올 미래의 서번트이자 시스템 설계자로서, 공동의 복지를 실현해 가는 존재가 된다.

이 모든 것은 은혜로 주어진 것이다. 우리 저자는 시스템 안에— 우리가 내려놓고, 도움을 요청하며, 알지 못함을 인정하고, 함께 길을 배워갈 수 있을 만큼의— 은혜가 존재한다고 믿는다. 점진적으로 더 높은 목적에 의해 쓰임을 받기 위해 자아를 내려놓을 때, 우리는 '형성'되고 '영감'을 받는다.

무엇을 해야 할지, 어디로 가야 할지, 또는 무엇을 어떻게 바꿔야 할지를 갑자기 깨닫게 되는 순간이 있다. 그것은 통찰이라는 직관의 파도에 실려 오는 지혜의 은혜다. 우리는 더 깊은 차원의 자기 이해에 도달하고, 그 인식 속에서 인류 전체와의 깊은 유대감을 발견할 때, 그것이 바로 은혜임을 깨닫는다. 그리고 우리를 앞으로 이끄는 적절한 순간에 우연처럼 일어나는 사건들의 동시성 속에서, 우리는 축복과 놀라움을 느낀다.

이 모든 것은 은혜로 가득하다.

앞서 언급한 바와 같이, 이전 장에서는 스티브 잡스가 스탠퍼드 대학 졸업식에서 한 유명한 연설에 대해 이야기했었다. 그는 그 자리에서 이렇게 말했다.

> 다시 말하지만, 앞으로 나타날 점들은 연결할 수 없습니다. 뒤로 돌아봤을 때에만 점들을 연결할 수 있습니다. 따라서 미래에는 어떻게든 점들이 연결될 것이라는 믿음을 가져야 합니다. 직감, 운명, 인생, 업보 등 여러분이 가진 무언가를 믿어야 합니다. 이 접근 방식은 저를 실망시킨 적이 없으며 제 인생에 큰 변화를 가져왔습니다.[5]

통합적 리더로서 우리는 우리에게 유리하게 작동하는 보이지 않는 힘에 의지하는 법을 배운다. 삶이 우리를 사용하고자 하는 방향으로 과감하게―때로는 맹목적으로―발을 내딛을 때, 보다 큰 선과 더 나은 자기 자신을 위해 우주가 어떻게 우리를 대신해 움직이는지를 발견하게 된다. 이를 위해서는 신뢰와 믿음이 필요하다. 용기 있게 앞으로 나아가면 결국 점들이 연결될 것이라는 믿음, 그것은 본질적인 신뢰에서 비롯된다.

인류의 선함과 우리를 앞으로 이끄는 힘에 대한 본원적 믿음이 있다면, 이 불안정하고 혼란스럽고 불확실한 세상 속에서도 우리는 헤쳐 나가고, 성공하며, 번영할 수 있는 은혜가 주어질 것이라 믿게 된다. 이 믿음은 우리에게 '가능성의 세계'를 열어주고, 나아가 '실현 가능한 세계'로 인도해줄 것이다.

이 섭리적 우주에 내재된 은혜를 활성화하기 위해서는, 우리가 살아가는 이 세상과 모든 생명이 의존하고 있는 지구를 위해 봉사하고자 하는 더 높은 차원의 헌신이 필요하다. 이러한 헌신은 우리를 지구와 연결하고, 우리 모두의 내면에 존재하는 하나의 영성과 연결한다. 헌신과 본원적 믿음이 함께할 때, 괴테가 말했듯이[6] "신의 섭리가 움직이고", 더 큰 선을 위해 우리와 손을 잡는다. 신의 섭리가 우리 공동체를 위해 움직이게 되면, 밝고 희망찬 미래를 향해 점들이 연결되기 시작한다. 통합적 리더십은 이러한 은혜가 주어질 때 탄생하고, 그 은혜 속에서 가장 잘 작동한다.

마지막으로, 통합적 리더십은 우리 안에 내재된 합일성unity을 직감한다. 우리는 우리 안의 매우 다른 자아들이 이루는 생태계 속에서 각고의 노력 끝에 그 아름다움을 발견할 수 있을 때, '적'이라고 생각했던 다른 사람들도 결국 우리와 크게 다르지 않다는 사실을 알게 된다. 그렇게 우리는 우리 모두가 공유하고 있으며, 이미 우리 자신인 더 깊은 하나됨의 경지에 도달한다. "우리 모두는 서로이기 때문"이다. 이것은 모든 영적 전통의 핵심에 놓여 있는 본질적 진리다. (역주: 불교에서는 '상즉(相卽)'의 개념을 통해, 모든 존재가 상호 의존하며 하나로 연결되어 있음을 강조한다.)

우리 저자들은 리더십의 미래가 은혜로 주어진 통합적 리더십이며, 우리 안에 내재된 하나됨을 전제로 하여 이끄는 것이라고 믿는다. 이것이야말로 지구의 모든 생명체가 공동으로 번영할 수 있는 미래를 만들어가는 길이다. 지금 우리가 살아가는 세상의 운명은 모든 수준의 리더들에게 달려 있다. 그리고 그중에서도, 합일성에 영감을 받아 통합적 리더십으로 진화하고 있는 중요한 위치의 리더들에게 그 책임은 더욱 크다고 믿는다.

당신이 조직의 개발 어젠다에 투자하고 있다면, 그것은 단순한 전략을 넘어, 세계의 미래가 요구하는 성숙하고 숙련된 리더십을 개발하는 일에 기여하고 있는 것이다.

부록

부록 A
리더십서클 프로필의 차원

관계 형성은 사람, 그룹, 조직에서 최선을 이끌어내는 방식으로 다른 사람들과 관계를 형성하는 리더의 역량을 측정한다. 다음으로 구성된다.

- **관계 배려**는 따뜻하고 배려 깊은 관계를 형성하려는 리더의 관심과 능력을 측정한다.
- **팀플레이 조성**은 구성원, 조직 전체, 그리고 자신이 속한 팀 내에서 높은 성과를 이끌어내는 팀워크를 조성하는 리더의 역량을 측정한다.
- **협력자**는 리더가 이해관계자들이 공통의 기반을 찾고 협력할 수 있도록 타인을 참여시키는 정도를 측정한다.
- **멘토링 및 개발**은 리더가 멘토링을 통해 타인의 성장과 개발을 촉진하며 지속적인 관계를 유지하는 능력을 측정한다.

- **대인관계 지능**은 리더가 타인의 말을 경청하고 갈등 및 논쟁에 효과적으로 대응하며, 타인의 감정을 이해하고 자신의 감정을 관리하는 능력을 측정하는 지표다.

자기 인식은 지속적인 전문성과 개인적 성장에 대한 리더의 지향성, 그리고 통합적 리더십 수준에서의 내면적 자기 인식 표현 정도를 측정하는 항목이다. 다음의 네 가지 하위 요소로 구성된다.
- **이타적 리더**는 리더가 자기 이익보다 봉사와 공동선을 우선시하는 정도를 측정한다. 이는 신용이나 개인적 야망보다 공동의 이익과 결과 창출을 더 중요하게 여기는 태도를 반영한다.
- **균형**은 리더가 일과 가정, 활동과 성찰, 업무와 여가 사이에서 건강한 균형을 유지할 수 있는 능력을 측정한다. 이는 자아를 잃지 않으면서 삶의 스트레스를 효과적으로 관리하는 자기 조절 능력을 의미한다.
- **침착**은 갈등이나 긴장이 고조된 상황에서도 침착함과 중심을 유지하며, 차분하고 집중된 시각을 견지할 수 있는 리더의 능력을 측정한다.
- **자기계발자**는 리더가 학습과 개인적·직업적 성장에 대해 얼마나 강한 의지와 관심을 갖고 있는지를 측정한다. 여기에는 자기 인식, 지혜, 지식, 통찰력의 지속적 성장과 성찰의 실천 여부가 포함된다.

진정성은 리더가 진정성 있고 용기 있는 방식으로 타인과 관계를 형성하는 역량을 측정한다. 다음의 두 가지 하위 요소로 구성된다.
- **진실성**은 리더가 자신이 지지하는 일련의 가치와 원칙을 얼마나 잘 준수하는지를 측정한다. 즉, 리더가 '말을 지킨다'고 신뢰받을 수 있는 정도를 나타낸다.
- **용감한 진정성**은 리더가 어려운 입장을 취하고, 조직 내에서 회피되기 쉬운 위험한 주제('논의할 수 없는 것')를 제기하며, 까다로운 관계 문제를 공개적으로 다루려는 의지를 얼마나 가지고 있는지를 측정한다.

시스템 인식은 리더의 인식이 전체 시스템의 개선, 생산성, 공동체 복지에 얼마나 초점을 두고 있는지를 측정한다. 다음의 세 가지 하위 요소로 구성된다.
- **공동체 관심**은 리더의 봉사 지향성을 측정한다. 특히, 리더가 자신의 리더십 유산을 공동체 및 글로벌 복지에 대한 봉사와 연결시키는 정도를 평가한다.
- **지속가능한 생산성**은 리더가 조직의 전반적인 장기적 효과성을 유지하거나 향상시키는 방식으로 성과를 달성하는 능력을 측정한다. 이를 위해 인적 및 기술적 자원을 어떻게 균형 있게 관리하는지를 본다.
- **시스템 사고**는 리더가 전체 시스템의 관점에서 사고하고 행동하는 정도, 그리고 시스템의 장기적 건강성을 고려하여 의사결정을

내리는 능력을 측정한다.

성취는 리더가 비전과 진정성, 그리고 높은 성과 수준의 리더십을 얼마나 효과적으로 제공하는지를 측정한다. 다음의 네 가지 하위 요소로 구성된다.
- **전략적 초점**은 리더가 조직이 장기적으로 번창할 수 있도록, 단기와 장기를 아우르는 전략적 사고와 계획을 얼마나 엄격하게 수행하는지를 측정한다.
- **목적과 비전**은 리더가 자신의 개인적 목적과 비전에 대해 얼마나 명확하게 커뮤니케이션하고, 그에 헌신하는지를 측정한다.
- **성과달성**은 리더가 목표 지향적이며, 실제로 목표 달성 및 탁월한 성과에 대한 실적을 얼마나 보유하고 있는지를 측정한다.
- **결단력**은 리더가 시의적절하게 결정을 내리는 능력과, 불확실한 상황에서도 안정적으로 앞으로 나아갈 수 있는 역량을 측정한다.

순응은 리더가 자신의 내적 의도와 가치에 따라 행동하기보다는, 타인의 기대에 순응함으로써 자존감과 자기 가치를 얻으려는 경향을 측정한다. 다음의 네 가지 하위 요소로 구성된다.
- **보수적**은 리더가 보수적으로 사고하고 행동하며, 절차를 중시하고 조직 내 미리 정해진 규칙을 따르는 정도를 측정한다.
- **비위맞춤**Pleasing은 리더가 인간으로서 안정감과 가치를 느끼기 위해 타인의 지지와 승인을 얼마나 강하게 구하는지를 측정한다.

이 항목은 특히, 리더가 타인의 호감과 확인에 따라 자신의 가치와 자존감을 판단하는 경향이 있는지를 평가한다.
- **소속감**은 리더가 순응하고 규칙을 따르며, 권위자의 기대에 부응하려는 욕구의 정도를 측정한다. 이는 리더가 다른 사람들과 얼마나 잘 어울리는지를 반영하며, 리더의 창의성을 문화적으로 수용 가능한 범위 안으로 제한하는 역할을 하기도 한다.
- **수동적**은 리더가 자신의 힘을 외부 환경이나 타인에게 내어주는 경향을 측정한다. 이는 리더가 자신을 인생의 주도적 창조자가 아니라, 변화에 영향을 미치지 못하고 원하는 미래를 만들어낼 힘이 부족하다고 믿는 정도를 나타낸다.

방어는 리더가 자신을 보호하고, 자기 가치를 확립할 수 있다는 신념을 얼마나 강하게 가지고 있는지를 측정하는 척도로, 거리두기, 비판적 태도, 오만으로 구성된다.
- **오만**은 리더가 우월하고 이기적이며 자기 중심적으로 비치는 '큰 자아'를 외부에 투사하는 경향을 측정한다. 이는 타인에게 고압적으로 다가가는 리더의 태도를 반영한다.
- **비판적 태도**는 리더가 타인이나 시스템에 대해 지속적으로 의문을 제기하고, 비판적이며 다소 냉소적인 태도를 취하는 성향을 측정한다.
- **거리두기**는 리더가 감정적으로 거리를 두고 냉담하거나 위축된 태도를 보이며, 동시에 내면적으로는 우월감을 느끼고 자신의 가

치와 정체성을 지키려는 성향을 측정한다.

통제는 리더가 업무 성취와 개인적 성과를 통해 자기 가치와 정체성을 확립하려는 정도를 측정한다. 다음의 네 가지 하위 요소로 구성된다.

- **완벽**은 리더가 안정감과 자기 가치를 느끼기 위해 완벽한 결과를 추구하고, 매우 높은 기준에 따라 성과를 내야 한다는 욕구를 측정한다. 이러한 리더는 모든 기대치를 초과 달성하고, 영웅적인 수준의 성취를 이루는 데서 자긍심과 존재 의미를 찾는다.
- **의욕 과잉**은 리더가 많은 것을 노력으로 성취해야만 가치 있는 사람이라 여기는 정도를 측정한다. 이 척도는 '노력을 통해 성취를 이뤄야 한다'는 강한 신념을 바탕으로 한다. 이 스타일은 균형을 유지하면서 타인의 성취도 함께 지원할 수 있다면, 긍정적인 직업 윤리로서의 강점이 될 수 있다.
- **야망**은 리더가 조직 내에서 앞서 나가고, 승진하고, 타인보다 더 나은 사람이 되기를 바라는 정도를 측정한다. 야망은 강력한 동기 부여 요인이 될 수 있지만, 이 척도는 그 동기가 건설적이고 발전을 촉진하는 것인지, 아니면 과도하게 자기중심적이고 경쟁적이며 부정적인 것인지를 함께 평가한다.
- **권위적 태도**는 리더가 강압적이고 공격적이며 통제적인 방식으로 영향력을 행사하려는 성향을 측정한다. 이는 자존감과 자기 가치를 강함, 통제력, 지배력, 무적, 정상에 있음 등과 동일시하는

경향을 반영한다. 이러한 리더는 더 많은 수입, 더 높은 지위, 더 큰 성취, 더 높은 평판, 더 빠른 승진 등 비교와 경쟁을 통해 가치를 판단하는 경향이 있다.

부록 B
리더십 효과성과 비즈니스 성과

『마스터링 리더십』에서는 리더십서클 프로필의 리더십 효과성 척도와 비즈니스 성과 척도 간의 상관관계에 대한 연구 결과를 소개하고 있다. 연구팀은 관리자들에게 시장 점유율, 수익성, 자산 수익률, 제품 및 서비스의 품질 등 다양한 지표를 기준으로 비즈니스 성과를 평가하도록 요청해 비즈니스 성과 지표를 구축했다. 이후 해당 지표와 리더십서클 프로필의 리더십 효과성 측정치 간의 상관관계를 분석한 결과, 리더십 효과성과 비즈니스 성과 사이에 0.61이라는 강력한 상관관계가 있다는 사실을 확인했다(그림 B.1). 이 결과는 500개 조직을 대상으로 수행한 평가를 기반으로 도출된 것이다. 이후 이 연구는 2,000개 조직과 25만 명의 응답자를 대상으로 확장되었으며, 동일한 결과가 반복적으로 관찰되었다.

연구팀은 비즈니스 성과 데이터를 가장 높은 순위에서 가장 낮은 순

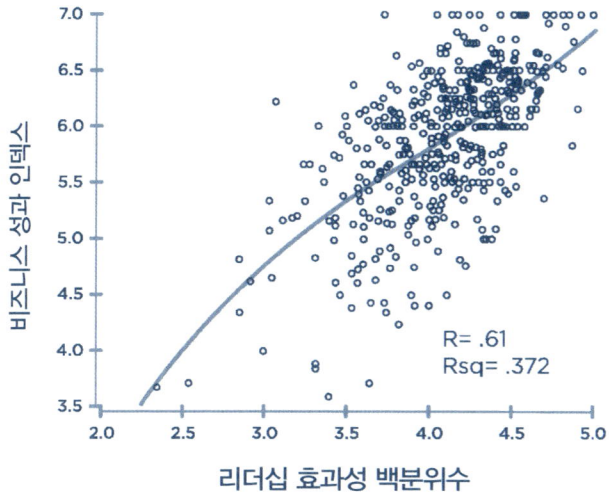

그림 B.1 리더십 효과성 및 비즈니스 성과

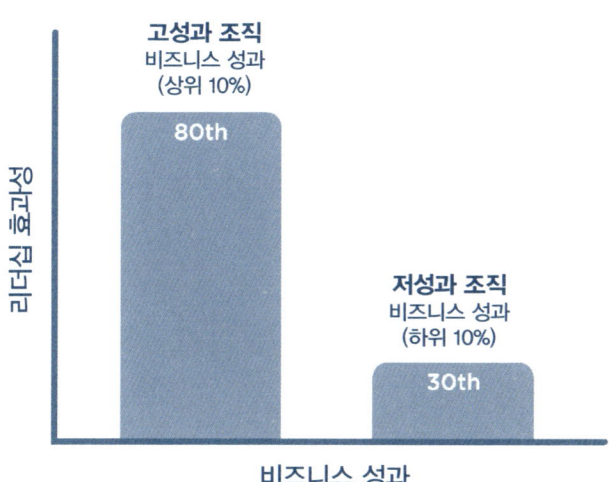

그림 B.2 고성과 조직과 저성과 조직의 리더십 효과성 점수

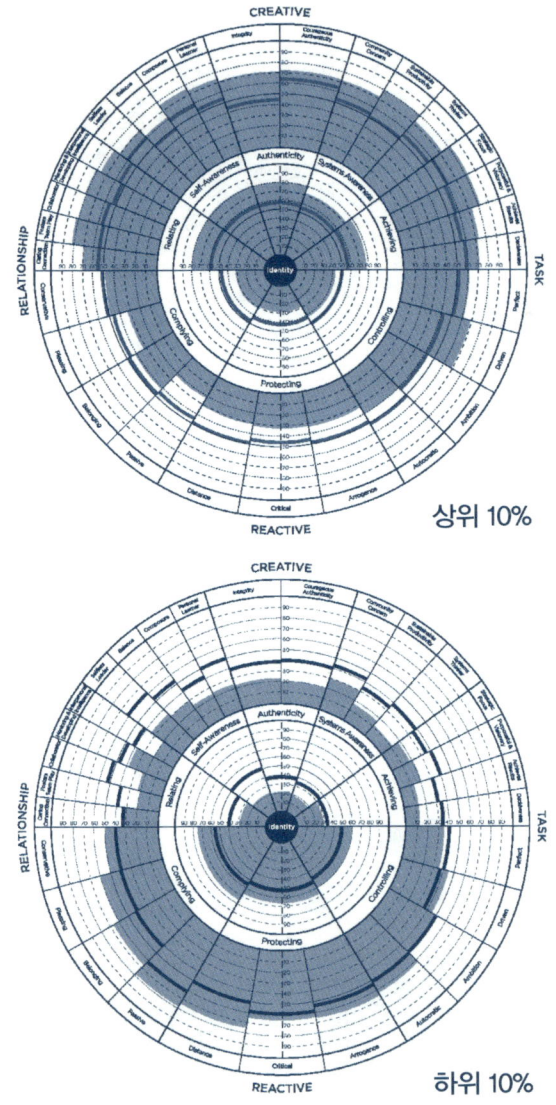

그림 B.3 고성과 조직과 저성과 조직의 종합 리더십 프로필

320 ··· 리더십 스케일업

위까지 정렬한 뒤, 상위 및 하위 성과 그룹에 속한 조직 리더들의 평균 리더십 효과성 점수를 비교했다. 그림 B.2에 따르면, 성과가 가장 높은 조직에 속한 리더들의 평균 리더십 효과성 점수는 80백분위수였던 반면, 성과가 가장 낮은 조직의 리더들은 30백분위수에 불과했다. 이러한 데이터는 명확한 사실을 보여준다. 고성과 조직일수록 창의성 리더십이 우세했고, 반대로 저성과 조직일수록 반응성 리더십이 지배적이었다.

또한 연구팀은 비즈니스 성과가 가장 높은 것으로 평가된 리더십서클 프로필과 비즈니스 성과가 낮은 것으로 평가된 리더십서클 프로필을 비교 분석했다(그림 B.3). 그 결과, 비즈니스 성과가 뛰어난 조직은

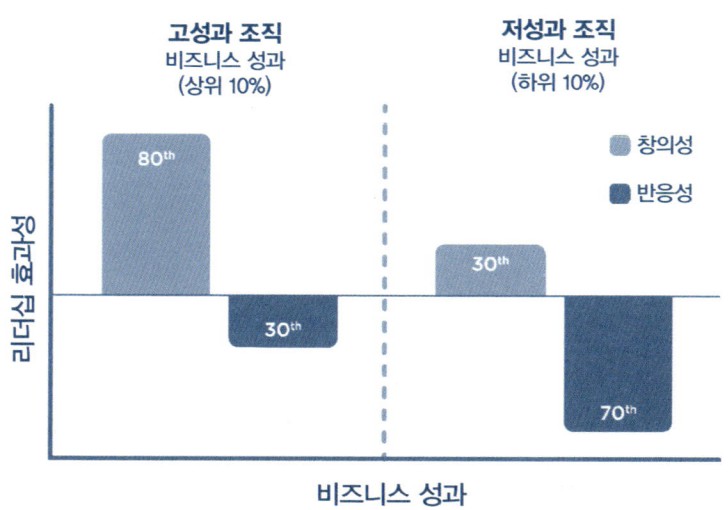

그림 B.4 고성과 조직과 저성과 조직의 창의성 리더십과 반응성 리더십 비교

창의성 리더십 점수가 높았고, 반대로 성과가 저조한 조직은 반응성 리더십 점수가 높게 나타났다.

그림 B.4는 이와 동일한 정보를 다른 방식으로 요약한 자료다. 고성과 조직의 경우, 창의성 점수는 평균 80백분위수, 반면 반응성 점수는 30 백분위수로 낮게 나타났다. 반대로 저성과 조직은 반응성 점수가 평균 70 백분위수, 창의성 점수는 30백분위수 수준으로 측정되었다.

이러한 결과는 매우 분명한 사실을 보여준다. 창의성 리더십은 반응성 리더십을 압도한다. 창의성 리더십은 결정적인 경쟁 우위를 제공하는 반면, 반응성 리더십은 경쟁에서 불리한 요인으로 작용한다.

부록 C
연구 방법론

 이 책에 보고된 주관식 응답에 대한 연구는 1978년에 설립된 독립 연구 기관인 월드와이드 리서치 및 평가 연구소Worldwide Institute for Research and Evaluation, WIRE에서 수행되었다. 이 기관은 개인과 조직을 위한 기술 평가 및 연구 지원을 제공하고 있으며, 본 부록에 수록된 연구 방법론에 관한 글은 WIRE의 전무이사 라니 반 두센Lani Van Dusen이 작성했다.

LQ지표에 대한 설명 및 LQ를 기반으로 한 특정 샘플 선택

 리더십 지수LQ: Leadership Quotient는 리더십서클 데이터베이스를 정렬하고 샘플 그룹을 정의하기 위해 사용된 기준이다.

LQ는 글로벌 데이터베이스와 비교하여, 창의성과 반응성이라는 두 가지 렌즈를 통해 본 리더십 개발의 진행 수준을 평가하는 범주형 척도이다. 여기서 표준 편차가 비교 기준으로 활용된다.

LQ는 0.01에서 2까지의 값을 가지며, 총 16단계로 구성된 평가 점수로 나타난다(그림 C.1의 매트릭스 참조, 주석 1). 이 중에서 티핑포인트 Tipping Point는 1점으로 정의되며, 이는 리더가 창의성 기반에서 주도적으로 리더십을 발휘하고 있는 상태를 의미하며, 리더십 개발의 높은 단계에 도달했음을 나타낸다. 반대로 1보다 낮은 점수는, 리더가 아직 반응성 성향이 창의성 역량을 압도하거나 상쇄하는 단계에서 활동하고 있음을 의미한다.

LQ는 리더십서클 프로필에 포함된 리더십 효과성 척도와 강한 양의 상관관계를 보인다(상관계수 = 0.93)(주석 2). 즉, LQ 범주 점수가 높을수록 해당 리더가 효과적인 리더로 간주될 가능성이 크다.

이 책에서 사용된 샘플은, 강조 표시된 셀에 해당하는 LQ 범주형 점

		반응성 점수			
		낮음	중간-낮음	중간-높음	높음
창의성 점수	높음	2	1.75	1.5	1.33
	중간-높음	1.5	1.33	1	.75
	중간-낮음	1	.75	.67	.50
	낮음	.67	.50	.33	.01

그림 C.1 글로벌 데이터베이스[3]와의 비교를 기반으로한 LQ 범주별 점수

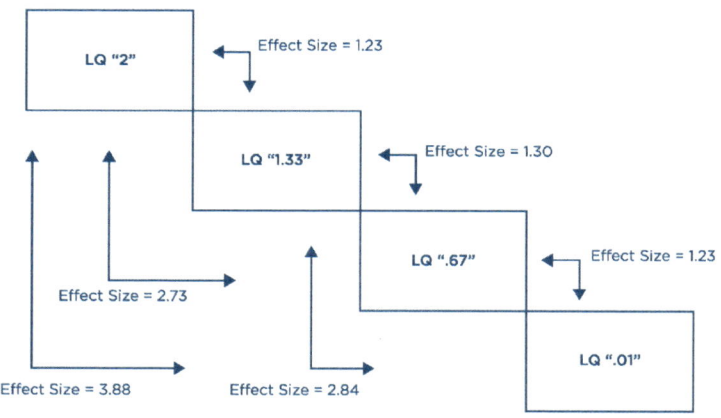

그림 C.2 본 연구에서 사용된 4가지 LQ 카테고리의 평균 리더십 효과성 점수 및 효과 크기

수를 받은 리더들 중에서 무작위로 선정되었다. 이러한 특정 리더를 선택한 이유는 그림 C.2에서 확인할 수 있듯, 해당 집단이 리더십 개발과 효과성 측면에서 가장 큰 편차를 보였기 때문이다.

그림 C.2의 효과성 크기 점수는 표준 기반에 있는 서구 리더들을 대상으로 한 것으로 책에 보고된 샘플 효과 크기 점수와 약간 차이가 있다.

주관식 응답의 정성적 분석에 대한 설명

매트릭스 분석을 통해, 리더십서클 프로필 평가의 일환으로 리더들에게 제공된 개방형 피드백 중 4개 샘플에서 공통된 주제를 도출하였다. 매트릭스 분석은 특정 그룹의 범주별 응답을 표 형태로 정리한 뒤, 이를 코딩하고 해석하는 정성적 기법이다. 예를 들어, 행은 공통된 주제를, 열은 관심 그룹(이 연구에서는 창의성과 반응성 수준이 다른 특정 리더 그룹)을 나타낸다.

행에 포착된 주제는 반복적으로 등장하는 문구, 개념, 구성요소 및 그 동의어를 기반으로 응답 데이터에서 도출된다. 유사한 성격의 아이디어는 하나의 주제로 묶이며, 이 주제는 콘텐츠의 전체적 의미를 요약하는 형식으로 정리된다. 이 과정 덕분에 서로 다른 단어로 표현되었지만 실제로는 동일한 내용을 내포한 응답들을 하나의 공통 주제 아래 통합할 수 있다.

응답 데이터 내에서 어떤 구 또는 문장이 특정 주제와 연결될 때마다, 해당 주제(행)와 리더 그룹(열)에 해당하는 매트릭스 셀에 해당 리더의 코드가 기록된다.

이번 분석에서는 하위 10% 리더 그룹에 나타난 주제만 보고되었다. 여기서 제시된 핵심 주제는 평가자의 관점에서 보았을 때, 리더십 효과성에 실질적으로 기여하거나 도전 과제를 드러내는 가장 널리 퍼지고 눈에 띄는 특성을 반영한다. 모든 리더의 강점과 과제를 포함한 것은 아니라는 점에 유의해야 한다.

각 핵심 주제에 대해, 언급된 리더 수와 지지 강도를 기준으로 지지 점수를 산정하였다. 예를 들어, 어떤 리더에 대해 한두 명의 평가자만 특정 주제를 언급했을 경우, 이는 '약한 지지'로 간주되어 0.5점이 부여되었다. 반면, 세 명 이상의 평가자가 동일한 주제를 언급한 경우에는 '강한 지지'로 간주되어 1점이 부여되었다.

그룹별 리더 수에 따라 점수는 다르게 계산되며, 100명으로 구성된 그룹(고창의성 및 고반응성 그룹)은 100점 만점 기준의 백분율, 50명으로 구성된 그룹(중간 창의성 및 중간 반응성 그룹)은 50점 만점 기준의 백분율로 환산되었다. 지지 점수가 높을수록, 해당 특성이 그 그룹 리더들 사이에 더 널리 퍼져 있다는 것을 의미한다.

부록 D
주제별 강점과 약점의 정의

주제별 강점

- **분석적 사고**: 주요 이슈에 집중하기 위해 복잡한 정보를 선별하여 상황을 빠르게 분석한다.
- **균형** : 건강한 일과 가정생활을 유지한다.
- **침착** : 압박을 받거나 어려운 문제를 다룰 때 침착하고 차분한 태도를 유지한다. 냉정하고 침착함을 유지한다. "침착하고 냉정하며 차분합니다."
- **창의적/혁신적** : 틀에 박힌 사고에서 벗어나 변화를 추구한다.
- **인재육성** : 다른 사람의 성장과 발전을 위해 경험을 공유하고 멘토링, 코칭, 경력 개발 및 개발 경험을 제공한다.

- 특정 분야/테크니컬 지식 : 조직문화 및 시장과 관련된 우수한 지식 및 경험. 특히 조직문화, 시장과 관련된 지식을 말한다.
- 구성원 역량 강화 : 리더십을 공유하고 사람들이 주인의식을 갖고 해결책을 찾고 결정을 내리고 실수로부터 배우도록 장려한다. 사람들의 능력과 지시를 따르고자 하는 의지를 신뢰한다.
- 효과적인 의사결정 : 사용 가능한 모든 정보를 활용하여 신속하게 올바른 결정을 내린다.
- 공정/일관성 : 모든 사람에게 동일한 기준을 적용하고 한번 지시가 내려지면 흔들리지 않는다.
- 지속적인 개선에 집중 : 시스템과 프로세스의 효율성과 효과성을 높인다.
- 자기개발에 집중 : 성과에 대한 피드백을 요청하여 항상 배우고 성장하려고 노력한다.
- 커뮤니케이션 능력 : 구두 및 서면 커뮤니케이션 모두에서 간결하고 이해하기 쉬운 형식으로 정보를 명확히 전달한다. 명료한 화법을 구사한다.
- 경청 : 다른 사람이 자신의 의견을 발표할 때 주의 깊게 경청하고 집중한다.
- 협상/중재 : 서로 반대되는 견해에 대한 합의를 도출하고 모두에게 최선의 이익을 위해 갈등을 해결한다. 약속이나 윈윈 솔루션을 찾는데 능숙하다.
- 문제 해결 : 문제의 근원을 파악하고 혁신적인 해결책을 제시한다.

- 성실함 : 건전한 직업 윤리
- 지적/명석한 : 예리한 두뇌와 예리한 사고력
- 솔선수범 : "좋은 롤 모델입니다."
- 회사 가치 실천 : 회사 가치에 부합하는 방식으로 리더십을 발휘한다. 회사가 지지하는 가치의 예이다.
- 동기부여 : 다른 사람들이 탁월하도록 영감을 준다. 카리스마.
- 개방적이고 정직한 상호작용 : 투명하고 "직설적"이다.
- 열린 마음 : 새로운 아이디어에 개방적이며 다양한 관점에서 사물을 바라본다.
- 열정과 추진력 : 열정적이고 추진력이 강하며 조직과 자신의 성공에 대한 강한 의지를 가지고 있다.
- 진실성 : 자신의 가치관을 실천한다. 정직하고 신뢰할 수 있으며 명예롭다.
- 개인적/친근한 : 친절하고 호감이 가며 유머 감각이 뛰어나다. 개방적인 정책을 유지한다. 접근 가능하다.
- 긍정적 태도 : 낙관적이고 낙천적이며 할 수 있다는 태도를 가지고 있다.
- 올바른 방향 제시 : 목표 달성을 위한 명확하고 일관된 로드맵을 제시하여 조직의 비전을 행동으로 옮긴다.
- 피드백 제공 : 다른 사람에게 솔직하고 건설적인 조언을 제공한다.
- 기여 인정 : 좋은 노력과 성과에 대해 공개적으로 보상하고 칭찬한다.

- 필요에 민감하게 반응 : 다른 사람의 필요와 도움 요청에 반응한다.
- 결과중심 : 달성해야 할 목표와 결과를 얻는 방법을 알고 있다. 사람들에게 책임을 묻고 결과를 도출하기 위해 신뢰할 수 있다. 신뢰할 수 있고 행동지향적이다.
- 서번트 리더 : 타인과 조직의 필요를 우선시한다. 겸손하고 이타적이다.
- 높은 기준 설정 : 자신과 조직을 높은 수준으로 유지한다.
- 다양한 견해와 이해관계자의 인식을 구함 : 사업 계획 개발 및 의사 결정에 활용한다.
- 강력한 네트워킹 : 다른 비즈니스 리더와 파트너십을 구축한다. 다양한 그룹을 하나로 모으는데 능숙하며 고객에게 집중한다.
- 강력한 대인관계 기술 : 높은 수준의 대인관계 능력을 갖추고 있다. 배려, 자비, 넓은 마음, 존중이 있다. 다른 사람들과 잘 연결되고 자신이 가치 있다고 느낌
- 팀빌딩 : 팀의 노력을 하나로 묶고 참여시키고 지원한다. 팀원들을 지원하고 이니셔티브를 옹호한다.
- 철저함 : 잘 조직화되어 있고 세부사항에 주의를 기울인다.
- 비전 제시 : 정렬을 촉진하는 미래에 대한 매력적인 비전을 커뮤니케이션 한다. 팀과 조직이 성공할 수 있는 전략적 방향과 비즈니스 계획을 파악하고 설정한다.

주제별 도전/부채

- 냉담함 : 다른 사람들과 소통하지 않으며 너무 멀거나 접근하기 어렵다고 표현할 수 있다.
- 갈등 회피 : 문제에 즉시 직면하지 않고 개입하거나 문제를 해결하기 위해 너무 오래 기다린다. 상황이 오래 지속되도록 허용한다.
- 책임 전가 : 결과 부족에 대해 다른 사람을 비난하거나 다른 사람을 판단하고 그들의 업무에서 결점을 찾으려 한다.
- 개인적인 문제 논의 : 과도한 스트레스를 유발하지 않고 문제를 해결할 수 있는 일대일 대화에 참여하지 않거나 개인을 편 가르기 하거나 다른 사람들 앞에서 질책한다.
- 실수를 인정하지 않음 : 일이 잘 풀리지 않을 때 책임을 지지 않는다.
- 조언이나 건설적인 비판을 받아들이지 않음 : 사건을 너무 개인적으로 받아들이거나 방어적으로 대응하는 경향이 있다.
- 다른 사람들과 잘 어울리지 못함 : 다른 사람에게 공감하지 못하거나 다른 사람이 다른 강점을 가지고 있다는 것을 인정하지 않는다.
- 자원을 과소평가함 : 목표를 달성하는데 필요한 자원의 수를 인식하지 못한다. 다른 사람에게 과도한 부담을 줄 위험이 있으며 할 수 있는 것보다 더 많은 것을 약속한다.
- 편애 : 다른 팀원들과 일관성 없는 행동을 보인다. 자신이 좋아하

는 사람과 함께 일하고 의지하고 개발하려고 한다.
- 비전을 충분히 설명하지 못함 : 다른 사람들이 이해할 수 있는 용어로 비전을 설명하지 않았고 적절한 방향, 목표, 우선순위를 제시하지 못한다. 모든 사람을 같은 페이지에 참여시키는데 어려움을 겪는다.
- 참을성 없음 : 다른 사람들이 너무 느려서 따라잡지 못하면 쉽게 좌절한다. 충분한 시간을 갖고 충분한 정보를 바탕으로 의사결정을 내리기보다는 일을 서두르는 경향이 있다.
- 흥분하며 반응함 : 너무 빨리 판단하고 모든 사실을 확인하지 않거나 모든 견해를 고려하지 않고 성급하게 결론을 내린다.
- 집중하지 않고 경청하지 않음 : 다른 사람의 아이디어 특히 자신의 아이디어와 일치하지 않는 아이디어에 귀를 기울이지 않는다. 다른 사람이 일하는 동안 다른 업무에 참여하거나 자신의 아이디어를 발표하기 위해 방해한다.
- 비효과적 커뮤니케이션 : 사람들에게 정보를 제공하지 않거나 정보제공을 보류하거나 적시에 정보를 제공하지 않는다.
- 비효과적 상호작용 스타일 : 오만하거나 겸손하거나 독재적이거나 대립적이거나 과도한 비판적인 것으로 묘사되는 불쾌한 언어 및 비언어적 커뮤니케이션이다.
- 융통성 없음 : 모든 상황에 대해 동일한 접근 방식을 사용하여 편협하고 통제적이다. "마이웨이 아니면 하이웨이"
- 감사하는 마음 부족 : 공헌을 공개적으로 인정하거나 다른 사람들

과 성공을 공유하지 않는다.
- **감정 조절이 부족함** : 성질이 급하고 특히 계획대로 일이 진행되지 않을 때 감정적으로 폭발하고 화를 낸다.
- **마이크로 매니징** : 다른 사람이 업무를 완수할 수 있도록 신뢰하지 않거나 사람들이 결정을 내리고 문제를 해결할 수 있도록 임파워링하지 않는다. 모든 일을 혼자서 하려고 한다.
- **도전하지 않음** : 리더에게 도전 과제가 없었거나 주목받거나 언급된 적이 없다.
- **팀 플레이가 아님** : 독립적으로 운영하며 팀에 충분한 자원을 제공하지 않거나 팀의 필요를 인식하지 못한다. 혼자서 결정을 내리고 자신의 목표에만 집중한다.
- **충분하지 않은 경험** : 리더십을 처음 접하는 경우 해당 직책에 대한 지식 배경, 경험이 부족하다.
- **불신** : 자신이 말한대로 행동하지 않고 약속은 하지만 지키지 않는다. 때로는 오해의 소지가 있거나 진실성이 결여된 것으로 묘사되기도 한다.
- **과도한 요구** : 다른 사람을 너무 열심히 너무 빨리 몰아붙이고 비현실적인 기대치를 설정하여 다른 사람이 자신의 현재 능력을 따라잡을 수 없도록 한다. 기대가 충족되지 않을 때 용서하지 않고 가혹하다.
- **과부하/과도한 헌신** : 일이 산재해 있다. 처리해야 할 일이 너무 많다.

- **의사 결정력의 부족** : 어려운 결정을 망설이거나 미루는 경향이 있다. 결단력이 부족하다.
- **다른 사람들이 변화를 받아들이도록 하는데 어려움을 겪음** : 변화를 옹호하지 않거나 변화에 대한 저항을 극복하는 방법을 모른다.
- **사소한 일에 땀을 흘림** : 문제에 대해 까다로워 보이거나 과도한 세부 사항을 지향한다.
- **팀이 완전히 개발되지 않음** : 개발 기회를 제공하지 않는다. 역할과 책임이 명확하게 정의되어 있지 않다.
- **팀이 책임지지 않음** : 팀은 품질 결과에 대해 책임을 지지 않으며 마감일을 맞추기 위해 전략에 따라 실행하는데 어려움을 겪는다. "이 정도면 충분하다"는 안일한 생각으로 품질에 대한 집중력이 부족하다.
- **과도하게 관습적임** : 조직의 노선에 따르거나 현상 유지에 급급하다.
- **과도한 디테일함** : 세부 사항까지 너무 깊이 파고든다. 너무 전술적이다.
- **과도하게 타인의 비위 맞추는데 집중** : 다른 사람들이 어떻게 생각할지 걱정한다. 인정, 승인 또는 호감을 얻고자 하는 욕구가 강하다.
- **과도하게 부정적임** : 주로 부정적이며 팀이나 조직에 대해 패배감을 느끼거나 부정적인 경우가 많다.
- **과도하게 내성적이거나 수동적임** : 자신의 신념을 위해 싸우지 않

는다. 변화나 새로운 도전을 너무 꺼려한다.
- 과도한 자기 중심적 : 팀보다 개인적인 의제와 이익을 우선시 한다. 다른 사람의 성과를 자랑하고 공로를 가로챈다.
- 과도하게 일함 : 일에 너무 많은 시간을 투자한다. 개인 생활을 위한 시간이 없다.

주

1장

1. Bob Johansen, Leaders Make the Future: Ten New Leadership Skills for an Uncertain World (San Francisco: Berrett-Koehler, 2009). Latest edition: Bob Johansen, Leaders Make the Future: Ten New Leadership Skills for an Uncertain World, 2nd ed.(San Francisco: Berrett-Koehler, 2012).
2. Bob Johansen, The New Leadership Literacies: Thriving in a Future of Extreme Disruption and Distributed Everything (Oakland, CA: Berrett-Koehler, 2017).

2장

1. In Mastering Leadership (p. 101), 리더십서클 프로필이 측정하는 리더십 역량들은 모두 리더십 효과성과 매우 높고 일관된 상관관계를 보인다. 반면, 반응성 행동들은 효과성과 반비례하는데 상관관계의 강도에는 다소 차이가 있다. 우리가 확인한 바에 따르면 일부 국가, 특히 개발도상국에서는 가부장적 리더십 스타일이 더 높게 평가되는 경향이 있다. 이러한 경향은 이상적/최적 프로필에서도 확인된다.

4장

1. 우리는 대부분의 평가자들이 조직 내 리더라고 가정한다. 왜냐하면, 연구대상 대부분을 시니어 리더(L1-L3)로 선정했기 때문에 조직을 대상으로 한 이 연구의 평가자 대부분은 이사회 멤버부터 L4에 이르는 고위 리더일 것이다. 물론 모든 평가자에게 해당되는 것은 아니지만 이 연구는 대부분 고위 리더가 다른 고위 리더에게 피드백을 제공한 것을 대상으로 하기 때문에 평가자와 리더라는 단어를 혼용하여 사용한다.
2. 연구진은 열정과 추진력을 분리하기 어렵다고 해서 함께 묶었다. 리더가 가진 추진력의 특성을 구분하는 데 도움이 되는 다른 관련 주제들도 있었다. 연구원들은 보고서에

서 고반응성 리더의 경우 자기중심적 추진력을 더 강조하고 고창의성 리더는 미션에 대한 봉사를 더 강조하는 것을 발견했다. 연구진은 이러한 차이점을 하위 주제로 분류했지만 어떤 종류의 추진력이 설명되고 있는지 알 수 없는 경우가 많았기 때문에 열정과 추진력 두 가지를 함께 묶어 두었다.

3. https://www.nordea.com/en/ press-and-news/news-and-press-releases/news-en/2017/investing-in-female-ceos-pays-off.html. 로버트 케건과 리사 라스코우 라헤이, 변화면역: 우리가 변하지 못하는 진짜 이유. 정혜, 오지연역, 2020.

5장

1. Robert Kaplan, Beyond Ambition: How Driven Managers Can Lead Better and Live Better (San Francisco: Jossey-Bass, 1991).

6장

1. https://www.predictiveindex.com/blog/what-a-millenniallearned-from-a-ceo/
2. https://globalgurus.org/reminder-2014-goals-purpose-success-serveothers-purpose-life-love-loved/

10장

1. 우리는 1940년대와 1950년대에 저술된 정신분석학자 카렌 호나이의 연구에서 이 3방향의 성격 체계를 처음 접했다. 그녀의 저서 『신경증적 갈등에 대한 카렌 호나이의 정신분석』에서 그녀는 앞으로 나아가기, 반대로 가기, 멀어지기라는 세가지 성격 구조를 설명하고 있다. 핵심 성격 유형 또는 에너지에 대한 이 세가지 설명은 다양한 시스템에서 나타난다. 구르지예프의 에니어그램 (3의 법칙), 패스워크 (사랑의 가면, 평온의 가면, 힘의 가면), 기독교 영적 전통 (삼위일체), 동양의 영적 전통 (음, 양, 중성), 연금술 및 과학 (전자, 양성자, 중성자) 등이 그것이다. 이는 심오한 의미를 지닌 보편적인 구조이다.

2. 세계 최고의 성인 발달 연구자 중 한 명인 밥 케건과 리사 라헤이는 저서 〈변화에 대한 면역력〉에서 성인 발달의 3단계를 설명하고 있다. 케건이 말하는 성인 발달의 첫번째 단계는 '사회화' 단계로, 이 단계에서는 어린 시절의 환경과 과거 및 현재 주변 환경의 메시지와 기대에 따라 자아를 정의한다. 대부분의 성인은 이 발달 단계에서 기능한다. 성인 발달 분야에는 많은 단계별 발달 이론이 있으며, 모두 인간 발달의 변하지 않는 동일한 궤적을 설명한다. 각 단계 사이에 선을 긋고 각기 다른 이름을 사용하여 레벨을 표시할 뿐이다. 동서양의 영적 전통에서도 마찬가지이다. 이러한 프레임워크는 인간 발달의 보편적인 과정을 가리킨다.
3. '자기주도성'은 밥 케건의 모델에서 성인 발달의 두번째 단계이다. '사회화'에서 '자기주도성'으로 전환하는 것은 대부분의 성인이 인생에서 겪는 주요 발달 변화이다. 이러한 근본적인 사고의 전환이 일어나면서 우리는 타인의 기대에 부응하는 타인에 의한 정체성에서 자신의 깊은 목적의식, 가치관, 비전에 따라 살아가는 '자기주도'로 이동하게 된다. '자기주도성'은 창의성 리더십의 전제 조건이다.

11장

1. Ronald Heifetz, Leadership without Easy Answers (Boston: Harvard University Press, 1998).
2. 『마스터링 리더십』에서 우리는 반응적, 창조적, 통합적 틀을 케건의 성인 발달의 3단계 모델과 동의어로 사용했다. 그 이후로 틀을 약간 변경했다. 우리는 이제 리더십의 단계(반응성, 창의성, 통합적)가 점진적으로 성숙하는 발달 단계(사회화, 자기 주도적, 자기 변혁적)에서 비롯된다고 생각한다.
이 도표는 의도적으로 지나치게 단순화되었으며, 다양한 발달 이론이 서로 어떻게 관련되어 있는지, 리더십 수준, 리더십서클 프로필의 규범적 데이터와 관련되어 있는지에 대한 통계적, 이론적 뉘앙스를 나타내려는 의도가 아니다. 이 도표는 방향적으로 올바른 것을 목표로 한다. 리더십의 진보적인 단계는 성인 발달의 진보적인 단계에 의해 뒷받침된다는 것을 의미한다. 또한, 오늘날의 VUCA 환경에서 대규모 조직의 고위 리더십의 복잡한 맥락에서 리더의 성숙된 내적 발달과 그들이 얼마나 효과적일 수 있는지에(그리고 리더십서클 프로필에서 어떻게 측정될 수 있는지에) 관계가 있음을 시사한다. 리더의 현재 역량(현재의 자기 복잡성)과 그들이 속한 환경 간의 상호 작용의 효과적인 방법을 찾으려고 노력하는 것(상황의 복잡도)은 개발의 시련이다. 운영 환경의 변동성, 복잡성, 불확실성, 모호성은 리더에게 개발 요구를 제기한다. 그들은 현재 성인 발달 수준에 있는 내재적 역량을 통해 이러한 요구에 대응한다. 다른 사람들은 이러한 역량을 리더십으로 표현한다. 즉, 반응성, 창의성, 그리고 통합적 성향과 행동의 표현이다.

이 책에서 설명하는 창의성 리더십은 복잡한 맥락에서 성인의 발달 단계가 늦은 자기 주도적 단계에 도달했을 때 가장 완벽하게 성숙한다고 생각한다. 창의성 리더십은 마음과 행동의 변화에 달려 있기 때문에 늦은 자기 주도적 의미 체계에서 편리하게 도출된다. 케건의 모델은 성인의 발달 단계를 크게 세 가지로 나누고 있기 때문에, 우리가 성숙한 자기 주도적 자기 관리라고 부르는 것은 4단계의 범위 안에 속하는 모든 사람들을 포함하지는 않지만, 4단계를 넘어서 완전히 확립되고 성숙해 가는 사람을 포함한다. 우리는 리더의 약 20-25%가 이 범주에 속한다고 추정한다.

이 추정에 있어 중요한 점은 개발 모델과 측정의 단계가 진행 중인 작업이며, 리더십 측정에 대한 단계 측정의 본체는 초기 단계에 있다는 것이다. 따라서 20-25%라는 추정치는 (1) CEO의 행동 논리와 조직의 변화 노력 간의 관계에 대한 빌 토버트의 종단 연구, (2) 케건과 라헤이가 그들의 저서 『변화 면혁』에서 보고한 개인 정신 능력과 비즈니스 효과성 간의 관계, 그리고 (3) 우리 자신의 연구에서 나타난 패턴을 기반으로 한다. 이 패턴은 간단하다. 성인 발달의 점진적 단계와 리더십 효과성의 측정값 사이에는 긍정적인 관계가 있지만, 측정된 성과에서 큰 도약은 후기 단계(4단계 이후)에서 발생한다. 이 패턴은 『마스터링 리더십』에서 제시한 연구에서 나타난 패턴과도 일치한다.

3. 이 분석을 위해, 우리는 연구에서 확인된 하위 주제를 살펴보았다. 내용 분석에서 40개의 주제별 강점이 도출되었지만, 훨씬 더 많은 하위 주제가 나타났다. 매트릭스 내용 지지 점수가 계산되는 방식 때문에, 하위 주제를 단순히 합산하는 것만으로는 주요 주제를 파악할 수 없다. 그래서 반응성이 높고 창의성 리더 사이에 큰 격차가 있는 일부 하위 주제가 가장 큰 격차 목록에 포함되지 않았다. 가장 큰 격차 목록에는 하위 주제가 아닌 주요 주제가 포함되었다.

4. Robert Kaplan, Beyond Ambition: How Driven Managers Can Lead Better and Live Better (San Francisco: Jossey-Bass, 1991).

5. Jack Zenger and Joseph Folkman, The Extraordinary Leader: Turning Good Managers into Great Leaders , 2nd ed. (New York: McGraw-Hill, 2009).

12장

1. 첫 번째 두 질문은 패트릭 렌시오니(Patrick Lencioni)의 저서 『팀이 기능하지 못하게 하는 다섯 가지 장애(The Five Dysfunctions of a Team)』(San Francisco: Jossey-Bass, 2002).에서 가져온 것이다.
2. 우리는 '창조적 지향'과 '구조적 긴장'의 틀을 제시한 로버트 프리츠(Robert Fritz, 1989)의 연구에 큰 빚을 지고 있다.
3. https://news.stanford.edu/2005/06/14/jobs-061505/
4. https://www.goodreads.com/quotes/1465306-until-oneis-committed-there-is-hesitancy-the-chance-to
5. Larry Wilson and Hersch Wilson, Play to Win!: Choosing Growth over Fear in Work and Life (Austin, TX: Bard Press, 1998). Latest edition: Larry Wilson and Hersch Wilson, Play to Win!: Choosing Growth Over Fear in Work and Life , rev. ed. (Austin, TX: Bard Press, 2004).
6. https://ottawa.bibliocommons.com/item/quotation/986822026
7. https://upliftconnect.com/spiritual-wisdom-of-albert-einstein/

13장

1. 제프리 웨스트, 스케일: 생물 도시 기업의 성장과 죽음에 관한 보편 법칙 (이한음 역, 김영사 2020).
2. 존 맥키와 라지 시소디아, 의식적 자본주의(보스턴: 하버드 비즈니스 스쿨 출판부, 2014).
3. 프레더릭 라루, 조직의 재창조: 세상을 바꾸는 혁신적 조직 재창조 이야기 (박래효 역, 생각사랑 2016).
4. 로버트 케건과 리사 라스코우 라헤이, 에브리원 컬처: 모든 사람이 성장하는 조직 문화 만들기 (장문영, 장효택 역, 호모스피리투스 2021).
5. https://news.stanford.edu/2005/06/14/jobs-061505/
6. https://www.goodreads.com/quotes/1465306-until-one-is-committed-there-hesitancy-the-chance-to.

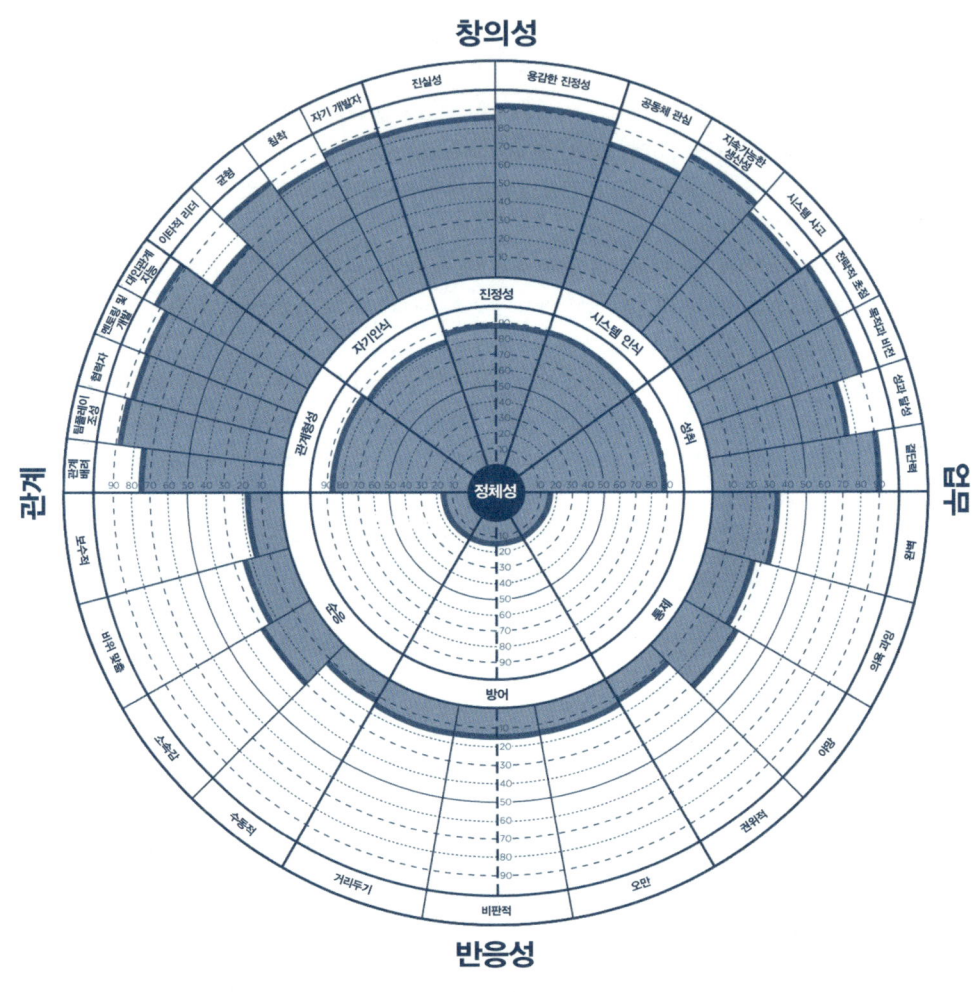

리더십서클 프로필

리더십 스케일업

초판 1쇄 인쇄 2025년 8월 21일
초판 1쇄 발행 2025년 9월 3일

지은이 로버트 앤더슨, 윌리엄 애덤스
옮긴이 한숙기, 김현주, 박미혜
펴낸이 유정연

이사 김귀분
책임편집 신성식 **기획편집** 조현주 유리슬아 황서연 정유진 **디자인** 안수진 기경란 디자인붐
마케팅 반지영 박중혁 하유정 **제작** 임정호 **경영지원** 박소영

펴낸곳 흐름출판 **출판등록** 제313-2003-199호(2003년 5월 28일)
주소 서울시 마포구 월드컵북로5길 48-9(서교동)
전화 (02)325-4944 **팩스** (02)325-4945 **이메일** book@hbooks.co.kr
홈페이지 http://www.hbooks.co.kr **블로그** blog.naver.com/nextwave7
출력·인쇄·제본 삼광프린팅(주) **용지** 월드페이퍼(주) **후가공** (주)이지앤비(특허 제10-1081185호)

ISBN 978-89-6596-743-9 03320

- 이 책은 저작권법에 따라 보호를 받는 저작물이므로 무단 전재와 복제를 금지하며,
  이 책 내용의 전부 또는 일부를 사용하려면 반드시 저작권자와 흐름출판의 서면 동의를 받아야 합니다.
- 흐름출판은 독자 여러분의 투고를 기다리고 있습니다. 원고가 있으신 분은 book@hbooks.co.kr로
  간단한 개요와 취지, 연락처 등을 보내주세요. 머뭇거리지 말고 문을 두드리세요.
- 파손된 책은 구입하신 서점에서 교환해 드리며 책값은 뒤표지에 있습니다.

살아가는 힘이 되는 책 흐름출판은 막히지 않고 두루 소통하는 삶의 이치를 책 속에 담겠습니다.